· 马克思主义理论研究和建设工程重点教材 ·

思想道德与法治

（2023年版）

本书编写组

高等教育出版社·北京

图书在版编目（CIP）数据

思想道德与法治 ：2023年版 /《思想道德与法治（2023年版）》编写组编. -- 2版. -- 北京 ：高等教育出版社，2023.2
ISBN 978-7-04-059902-2

Ⅰ. ①思… Ⅱ. ①思… Ⅲ. ①思想修养-高等学校-教材②法律-中国-高等学校-教材 Ⅳ. ①G641.6 ②D920.4

中国国家版本馆CIP数据核字（2023）第012587号

Sixiang Daode yu Fazhi

策划编辑 刘成荫 夏 阳 杜计娟
责任编辑 刘成荫 夏 阳
封面设计 王凌波 杨立新
版式设计 王凌波 李小璐
责任校对 陈 杨
责任印制 刁 毅

出版发行 高等教育出版社
社 址 北京市西城区德外大街4号
邮政编码 100120
购书热线 010-58581118
咨询电话 400-810-0598
网 址 http://www.hep.edu.cn
http://www.hep.com.cn
网上订购 http://www.hepmall.com.cn
http://www.hepmall.com
http://www.hepmall.cn
印 刷 山东新华印务有限公司
开 本 787mm×960mm 1/16
印 张 16.5
字 数 220千字
版 次 2021年8月第1版
2023年2月第2版
印 次 2023年5月第4次印刷
定 价 18.00元

本书如有缺页、倒页、脱页等质量问题，请到所购图书销售部门联系调换。

版权所有 侵权必究
物 料 号 59902-00

·马克思主义理论研究和建设工程重点教材·

马克思主义理论研究和建设工程咨询委员会委员、审议专家

（以姓氏笔画为序）

王伟光　王晓晖　王梦奎　王维澄　王嘉毅
韦建桦　尹汉宁　左中一　龙新民　宁吉喆
邢贲思　曲青山　曲爱国　刘永治　刘国光
江　流　江金权　汝　信　孙　英　孙　谦
孙业礼　苏　星　李　伟　李　捷　李书磊
李君如　李忠杰　李宝善　李培林　李景田
李慎明　吴杰明　吴德刚　何毅亭　冷　溶
沈春耀　怀进鹏　张　宇　张文显　张树军
张研农　陈　晋　陈宝生　邵华泽　欧阳淞
金冲及　金炳华　周　济　郑必坚　郑科扬
赵长茂　南振中　信春鹰　侯树栋　逄先知
逄锦聚　姜　辉　袁贵仁　袁曙宏　贾高建
夏伟东　顾海良　徐光春　高　翔　高永中
龚育之　隆国强　蒋乾麟　韩　震　韩文秀
谢伏瞻　甄占民　靳　诺　路建平　虞云耀
蔡　昉　雒树刚　滕文生　颜晓峰　魏礼群

《思想道德与法治（2023年版）》课题组

首席专家

沈壮海　王　易

主要成员（以姓氏笔画为序）

冯秀军　邢云文　邢国忠　宇文利　李志强
余一凡　张　瑜　陈柏峰　陈柳裕　侯　猛
彭庆红　谢玉进　廖　奕

目　录

绪　论　担当复兴大任　成就时代新人

时间之河川流不息，每一代青年都要面对和回答时代的问卷。我们所处的新时代，是中国特色社会主义新时代，也是大学生成长成才、成就事业的好时代。我们面临的新时代，既是近代以来中华民族发展的最好时代，也是实现中华民族伟大复兴的最关键时代。当代青年是同新时代共同前进的一代，既拥有广阔发展空间，也承载着伟大时代使命。当代大学生要成为担当民族复兴大任的时代新人，必须有理想、敢担当、能吃苦、肯奋斗，不断提升思想道德素质和法治素养，不负时代，不负韶华，努力为新时代贡献青春力量。

中国的未来属于青年，中华民族的未来也属于青年。青年一代的理想信念、精神状态、综合素质，是一个国家发展活力的重要体现，也是一个国家核心竞争力的重要因素。

——习近平

一、我们处在中国特色社会主义新时代

大学阶段，是人生发展的重要时期，是世界观、人生观、价值观形成的关键时期。怎样处理好理想与现实、个人与集体、竞争与合作、权利与义务、自由与纪律、友谊与爱情、学习与工作等方面的关系，做什么样的人，怎样的生活才有意义等，这一系列的人生课题，都需要大学生去观察、思索、选择、实践。步入人生新阶段，放飞人生新梦想，需要对我们所处的新时代有深入了解和真切感悟。

新时代是我们理解当前所处历史方位的关键词。经过长期奋斗，中国特色社会主义进入了新时代。这意味着近代以来久经磨难的中华民族迎来了从站起来、富起来到强起来的伟大飞跃，迎来了实现中华民族伟大复兴的光明前景；意味着科学社会主义在21世纪的中国焕发出强大生机活力，在世界上高高举起了中国特色社会主义伟大旗帜；意味着中国特色社会主义道路、理论、制度、文化不断发展，拓展了发展中国家走向现代化的途径，给世界上那些既希望加快发展又希望保持自身独立性的国家和民族提供了全新选择，为解决人类问题贡献了中国智慧和中国方案。

从数字看新时代十年（2012—2022）

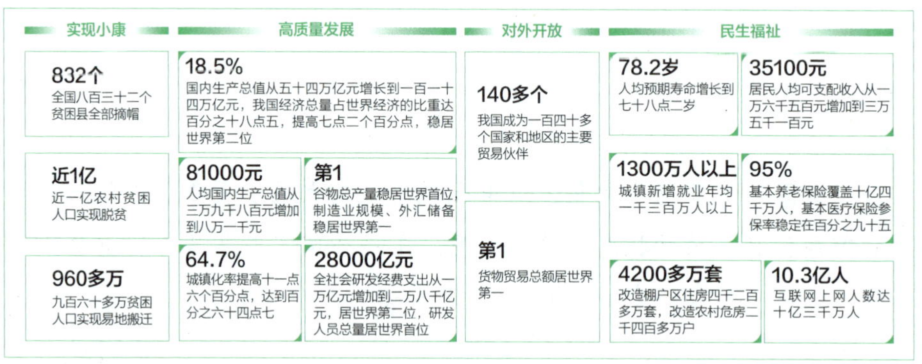

这个新时代，是承前启后、继往开来、在新的历史条件下继续夺取中国特色社会主义伟大胜利的时代，是决胜全面建成小康社会、进而全面建设社会主义现代化强国的时代，是全国各族人民团结奋斗、不断创造美好生活、逐步实现全体人民共同富裕的时代，是全体中华儿女勠力同心、奋力实现中华民族伟大复兴的中国梦的时代，是我国不断为人类作出更大贡献的时代。

中国特色社会主义进入了新时代，勤劳勇敢的中国人民更加自信自尊自强。中国这个古老而又现代的东方大国朝气蓬勃、气象万千，中国特色社会主义道路、理论、制度、文化焕发出强大生机活力，奇迹正在中华大地上不断涌现。

——习近平

党的十八大以来，在奋进新时代的伟大实践中，以习近平同志为核心的党中央团结带领全国各族人民，完成了脱贫攻坚、全面建成小康社会的历史任务，实现了第一个百年奋斗目标，成功推进和拓展了中国式现代化。在习近平新时代中国特色社会主义思想的指引下，实现中华民族伟大复兴进入了不可逆转的历史进程。新征程上，中华民族追梦之路更清晰、筑梦之基更坚实、圆梦之策更精准，正在意气风发向着全面建成社会主义现代化强国的第二个百年奋斗目标迈进。今天，我们生逢中华民族发展的最好时期，拥有更优越的发展环境、更广阔的成长空间，比历史上任何时期都更接近、更有信心和能力实现中华民族伟大复兴的目标，同时必须准备付出更为艰巨、更为艰苦的努力。

拓展

对党和人民事业具有重大现实意义和深远历史意义的三件大事

2022 年 10 月 16 日，中国共产党第二十次全国代表大会在北京隆重开幕。习近平作报告时指出，十年来，我们经历了对党和人民事业具有重大现实意义和深远历史意义的三件大事：一是迎来中国共产党成立一百周年，二是中国特色社会主义进入新时代，三是完成脱贫攻坚、全面建成小康社会的历史任务，实现第一个百年奋斗目标。这是中国共产党和中国人民团结奋斗赢得的历史性胜利，是彪炳中华民族发展史册的历史性胜利，也是对世界具有深远影响的历史性胜利。

中国梦是历史的、现实的，也是未来的；是国家的、民族的，也是每一个中国人的。只有每个人都为美好梦想而奋斗，才能汇聚起实现中国梦的磅礴力量。作为实现民族复兴的先锋力量，青年不懈追求的梦想始终与振兴中华的责任担当紧密相连。在革命战争年代，青年一代满怀革命理想，为争取民族独立、人民解放冲锋陷阵、抛洒热血；在社会主义革命和建设时期，青年一代响应党的号召，向困难进军，向荒原进军，保卫祖国，建设祖国，在新中国的广阔天地忘我劳动、艰苦创业；在改革开放和社会主义现代化建设新时期，青年一代发出团结起来、振兴中华的时代强音，争当改革先锋，为祖国的繁荣富强开拓奋进、锐意创新；在中国特色社会主义新时代，广大青年接过历史的接力棒，为实现民族复兴的历史宏愿矢志不渝，用臂膀扛起如山的责任，用青春和汗水创造新的奇迹。

拓展

党史上的青年英杰

在中国共产党领导人民进行革命、建设、改革的伟大历史进程中，青年英雄辈出。中共一大召开时毛泽东是 28 岁，周恩来参加中国共产党时是 23 岁，邓小平参加旅欧中国少年共产党时是 18 岁。杨靖宇牺牲时是 35 岁，赵一曼牺牲时是 31 岁，江姐牺牲时是 29 岁，红三十四师师长陈树湘牺牲时是 29 岁，邱少云牺牲时是 26 岁，雷锋牺牲时是 22 岁，黄继光牺牲时是 21 岁，刘胡兰牺牲时只有 15 岁。守岛 32 年的王继才第一次登上开山岛时是 26 岁，航天报国的“嫦娥”“神舟”团队平均年龄是 33 岁，“北斗”团队平均年龄是 35 岁。这样的青年英杰数不胜数！

新时代的大学生朝气蓬勃、好学上进、刚健自信、胸怀天下、担当有为，是可爱、可信、可为的一代，是民族复兴伟大进程的见证者和参与者，也是中国特色社会主义事业的生力军。新时代为大学生成长成才、勤学报国提供了广阔的空间和无限的机遇，经济建设主战场、文化发展大舞台、社会建设新领域、科技创新最前沿、基层实践大熔炉，都是当代大学生贡献聪明才智、书写青春篇章的热土，中华民族伟大复兴的中国梦终将在一代代青年的接力奋斗中变为现实。

二、新时代呼唤担当民族复兴大任的时代新人

青年兴则国家兴，青年强则国家强。青年一代有理想、有本领、有担当，国家就有前途，民族就有希望。大学生是国家宝贵的人才资源，肩负着人民的重托、历史的重任。我们要肩负历史使命，坚定前进信心，立大志、明大德、成大才、担大任，努力成为堪当民族复兴重任的时代新人，让青春在为祖国、为民族、为人民、为人类的不懈奋斗中贡献蓬勃能量。

在这次抗疫斗争中，青年一代的突出表现令人欣慰、令人感动。参加抗疫的医务人员中有近一半是“90后”、“00后”，他们有一句话感动了中国：2003年非典的时候你们保护了我们，今天轮到我们来保护你们了。长辈们说：“哪里有什么白衣天使，不过是一群孩子换了一身衣服。”世上没有从天而降的英雄，只有挺身而出的凡人。青年一代不怕苦、不畏难、不惧牺牲，用臂膀扛起如山的责任，展现出青春激昂的风采，展现出中华民族的希望！让我们一起为他们点赞！

——习近平

立大志，就是要有崇高的理想信念，牢记使命，自信自励。“功崇惟志，业广惟勤。”崇高的理想信念是人生和事业的灯塔，决定我们的方向和立场，也决定我们的精神状态和实际行动。青年理想远大、信念坚定，是一个国家、一个民族无坚不摧的前进动力。没有崇高的理想信念，就会导致精神上的“软骨病”，人的勇气、意志与毅力都会出现严重问题，从而极易受到各种不良思想行为的诱惑、误导、传染，难以在时代洪流中成为砥柱新人，甚至被时代洪流所淘汰。

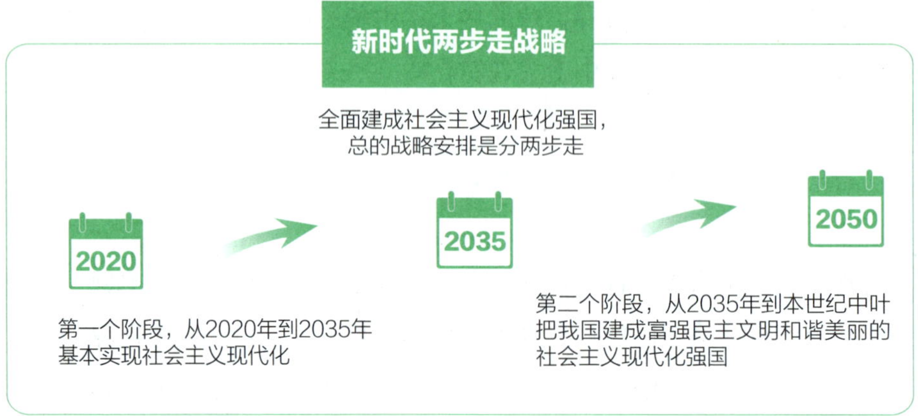

全面建成社会主义现代化强国的任务书、时间表、路线图，为广大青年清晰指明了历史使命、奋斗目标和前进方向。大学生要有作为中华儿女的骄傲和自豪，不断增强做中国人的志气、骨气、底气，树立正确的政治方向和远大的人生志向，坚定中国特色社会主义道路自信、理论自信、制度自信、文化自信，把理想信念建立在对科学理论的理性认同上，建立在对历史规律的正确认识上，建立在对基本国情的准确把握上。大学生要保持对理想信念的激情和执着，将实现中华民族伟大复兴的中国梦的历史使命内化为担当的自觉，外化为实际的行动，矢志不渝、笃行不怠。

明大德，就是要锤炼高尚品格，崇德修身，启润青春。“重莫如国，栋莫如德。”青年引风气之先，其道德水准和精神风貌直接影响一个民族的文明素养。在恢弘壮阔的奋进路上，青春底色需要勤加擦拭，青春的璞玉离不开大德滋养。我们要建成的社会主义现代化强国，不仅要在物质上强，更要在精神上强。持久深沉的道德力量，对于大学生成长成才极为重要。只有把正确的道德认知、自觉的道德养成、积极的道德实践结合贯通，自觉树立和践行社会主义核心价值观，崇德修身，夯基固本，才能让青春的航船劈波斩浪、行稳致远。在日常生活中，大学生须时常用真善美来雕琢自己，努力使自己成为品德高尚的人，同时积极带动他人崇德向善。面对变幻时势，要明辨是非、恪守正道，不人云亦云、盲目跟风；面对外部诱惑，应保持定力、严守规矩，用勤劳和诚实创造美好生活，拒绝投机取巧、远离自作聪明；面对幸福生活，应饮水思源、懂得回报，感恩党和国家，感恩社会和人民；面对时代使命，要体察世间冷暖、民众忧乐、现实矛盾，从中找到人生真谛、生命价值、事业方向。

成大才，就是要有高强的本领才干，勤奋学习，全面发展。“青春虚度无所成，白首衔悲亦何及。”不断增强的本领才干，是青春焕发光彩的重要源泉。大学生素质和本领的强弱，直接影响着民族复兴的进程。身处日新月异的新时代，面对世界百年未有之大变局，知识更新周期大大缩短，大学生要有本领不够的危机感、能力不足的紧迫感，自觉加强学习、勤奋探索，勇于实践，全面发展。

> 学习就必须求真学问，求真理、悟道理、明事理，不能满足于碎片化的信息、快餐化的知识。要通过学习知识，掌握事物发展规律，通晓天下道理，丰富学识，增长见识。人的潜力是无限的，只有在不断学习、不断实践中才能充分发掘出来。
>
> ——习近平

“学如弓弩，才如箭镞。识以领之，方能中鹄。”大学生要下苦功夫、求真学问、练真本领，通过学习知识，掌握事物发展规律，丰富学识，增长见识，更好为国争光、为民造福。大学生既要惜时如金、孜孜不倦，下一番心无旁骛、静谧自怡的功夫，又要突出主干、择其精要，做到又博又专、愈博愈专；既打牢扎实基础，又及时更新知识；既刻苦钻研理论，又积极掌握技能；既向书本学，又向实践学、向群众学；既立足优秀传统，又面向时代前沿，努力成为兼收并蓄、融会贯通、本领高强、全面发展的优秀人才。概言之，大学生应把学习作为首要任务，树立梦想从学习开始、事业靠本领成就的观念，让勤奋学习成为青春远航的动力，让增长本领成为青春搏击的能量。

担大任，就是要有天下兴亡、匹夫有责的担当精神，讲求奉献，实干进取。“历尽天华成此景，人间万事出艰辛。”青春至美是担当，青年的担当是决定人生价值的最大砝码。有担当的青年是影响时代发展进程的重要力量。新时代的中国，更需要使命在肩、奋斗有我的精神。我们越是接近中华民族的伟大复兴，越是需要付出更为艰巨、更为艰苦的努力。大学生的担当精神体现为奉献祖国、服务人民、尽心尽力、勇于担责。大学生要自觉树立国家意识、民族意识、责任意识，把个人的前途命运与国家、民族的前途命运紧紧地联系在一起，在尽责集体、服务社会、奉献国家中实现人生理想和人生价值；大学生要坚持实践第一、知行合一，求真务实、有为善为，勇于面对实际生活中的各种挫折考验，时刻准备应对各种风险挑战，勤奋刻苦、磨砺意志、脚踏实地、孜孜不倦；大学生要始终保持昂扬向上的精神状态，富有求新求变的朝气锐气，敢于站在变革前沿，引领潮流之先，守正创新，以新的实践创造更大成就，为中国发展挺膺担当，以奋斗姿态激扬青春，不负时代，不负华年。

当代大学生建功立业的舞台空前广阔，梦想成真的前景空前光明，每个人都有机会在实现中国梦的伟大实践中创造自己的精彩人生。当代大学生要坚定不移听党话、跟党走，怀抱梦想又脚踏实地，敢想敢为又善作善成，立志做有理想、敢担当、能吃苦、肯奋斗的新时代好青年，让青春在全面建设社会主义现代化国家的火热实践中绽放绚丽之花。

三、不断提升思想道德素质和法治素养

要成为担当民族复兴大任的时代新人，大学生应通过思想道德素质和法治素养的不断提升，切实提高思想觉悟、道德水准和文明素养，夯实全面发展的基础，展现新时代奋进者、开拓者、奉献者的新风貌和新姿态。

人的本质是一切社会关系的总和。一个人要安身立命、成长成才、贡献社会，需要不断地调整自身与他人的关系，不断实现人的社会化。其中

最为重要的，就是要正确认识自己、认识他人、认识社会，学习掌握运用道德和法律规范，正确调整自己的行为。

法律是成文的道德，道德是内心的法律。法律和道德都具有规范社会行为、调节社会关系、维护社会秩序的作用，在国家治理中都有其地位和功能。法安天下，德润人心。法律有效实施有赖于道德支持，道德践行也离不开法律约束。法治和德治不可分离、不可偏废，国家治理需要法律和道德协同发力。

——习近平

思想道德和法律都是调节人们思想行为、协调人际关系、维护社会秩序的重要手段。思想道德和法律虽然在调节领域、调节方式、调节目标等方面存在很大不同，但是二者都是上层建筑的重要组成部分，共同服务于一定的经济基础。“徒善不足以为政，徒法不能以自行。”在我国，社会主义思想道德建设和法治建设紧密联系，相互补充、相互促进，为党和国家事业提供坚实的思想基础、精神支撑和制度保障。一方面，思想道德建设为法治建设提供思想指引和价值基础。思想道德为法律的制定、发展和完善提供价值准则，是社会主义法律正当性和合理性的重要基础；思想道德能够促进人们自觉尊法学法守法用法，维护法律权威；思想道德调整社会关系的范围和方式更加广泛灵活，与法治建设共同促进良好社会秩序的形成。另一方面，法治建设为思想道德建设提供制度支撑和法律保障，通过对思想道德的基本原则予以确认，为思想道德建设提供国家强制力保障。科学立法和民主立法，可以将思想道德有机融入法律体系，使法律具有鲜明道德导向，让法治成为良法善治；严格执法和公正司法，有利于维护社会公平正义，弘扬真善美、打击假恶丑，使思想道德要求在实践中得到切实遵循；全民普法和全民守法，有助于提高人们信守法律的思想道德水平，引导人们自觉履行法定义务、家庭责任、社会责任。

是否具备良好的思想道德素质和法治素养，是一个人能否被社会接纳并更好实现自身价值和社会价值的关键。大学生成长成才的过程是一个思想道德素质和法治素养不断提升的过程。思想道德素质是人们的思想观念、政治立场、价值取向、道德情操和行为习惯等方面品质和能力的综合体现，反映着一个人的思想境界和道德风貌，是促进个体健康成长、社会发展进步的重要保障。法治素养是指人们学习法律知识、理解法律本质、运用法治思维、依法维护权利与依法履行义务的品质和能力，对于保证人们尊崇法治、遵守法律具有重要的意义。法律必须转化为人们内心自觉，才能真正为人们所遵行。良好的思想道德素质和法治素养，是新时代大学生把握发展机遇、做好人生规划、书写时代华章的必备条件，需要在学习中养成、自律中锤炼、实践中升华。

拓展

思想政治理论课是落实立德树人根本任务的关键课程

思想政治理论课承担着对大学生进行系统的马克思主义理论教育的任务，是巩固马克思主义在高校意识形态领域指导地位、坚持社会主义办学方向的重要阵地，是全面贯彻党的教育方针、落实立德树人根本任务的关键课程。高等学校本科思想政治理论课包括“马克思主义基本原理”课、“毛泽东思想和中国特色社会主义理论体系概论”课、“习近平新时代中国特色社会主义思想概论”课、“中国近现代史纲要”课、“思想道德与法治”课和“形势与政策”课。

“思想道德与法治”是一门融思想性、政治性、科学性、理论性、实践性于一体的思想政治理论课。本课程针对大学生成长过程中面临的思想道德与法治问题，开展马克思主义的人生观、价值观、道德观、法治观教育，帮助大学生提升思想道德素质和法治素养，成长为自觉担当民族复兴大任的时代新人。学习本课程，有助于大学生领悟人生真谛、把握人生方向，追求远大理想、坚定崇高信念，继承优良传统、弘扬中国精神，广泛践行社会主义核心价值观；有助于大学生遵守道德规范、锤炼道德品格，把正确的道德认知、自觉的道德养成和积极的道德实践紧密结合起来，引领良好的社会风尚；有助于大学生学习法治思想、养成法治思维，自觉尊法学法守法用法，从而具备优秀的思想道德素质和法治素养。

思考讨论

1. 习近平指出，要立足中华民族伟大复兴战略全局和世界百年未有之大变局，心怀“国之大者”，把握大势，敢于担当，善于作为，为服务国家富强、民族复兴、人民幸福贡献力量。谈谈新时代青年在实现第二个百年奋斗目标中应担负的历史使命。

2. 新时代大学生如何才能成为担当民族复兴大任的时代新人？

3. 结合自身实际，谈谈新时代大学生如何提升思想道德素质和法治素养。

文献阅读

1. 习近平：《高举中国特色社会主义伟大旗帜　为全面建设社会主义现代化国家而团结奋斗——在中国共产党第二十次全国代表大会上的报告》，人民出版社 2022 年版。

党的二十大报告高举中国特色社会主义伟大旗帜，坚持马克思列宁主义、毛泽东思想、邓小平理论、“三个代表”重要思想、科学发展观，全面贯彻习近平新时代中国特色社会主义思想，回顾总结了过去五年的工作和新时代十年的伟大变革，阐述了开辟马克思主义中国化时代化新境界、中国式现代化的中国特色和本质要求等重大问题，对全面建设社会主义现代化国家、全面推进中华民族伟大复兴进行了战略谋划，对统筹推进“五位一体”总体布局、协调推进“四个全面”战略布局作出了全面部署，为新时代新征程党和国家事业发展、实现第二个百年奋斗目标指明了前进方向、确立了行动指南，是党和人民智慧的结晶，是党团结带领全国各族人民夺取中国特色社会主义新胜利的政治宣言和行动纲领，是一篇马克思主义的纲领性文献。

2. 习近平:《论党的青年工作》，中央文献出版社 2022 年版。

该书收入党的十八大以来习近平围绕党的青年工作发表的 60 篇重要论述，把中国共产党对青年工作的规律性认识提升到新的高度，为做好新时代党的青年工作指明了前进方向、提供了根本遵循。

第一章　领悟人生真谛　把握人生方向

怎样才能不虚度人生？怎样才能创造无愧于时代的人生？这是常常萦绕在大学生心头的青春之问。面对世界的深刻复杂变化，面对纷繁多样的社会现象，面对各种思潮的相互激荡，面对学业、情感、职业选择等多方面的考量，大学生要学会在科学理论指导下树立正确的人生观，把自己的人生追求同国家发展进步、人民伟大实践紧密结合起来，通过不懈努力实现人生价值。

第一节　人生观是对人生的总看法

习近平同青年大学生座谈时强调："要树立正确的世界观、人生观、价值观，掌握了这把总钥匙，再来看看社会万象、人生历程，一切是非、正误、主次，一切真假、善恶、美丑，自然就洞若观火、清澈明了，自然就能作出正确判断、作出正确选择。"[①] 大学生思考和规划自己的人生之路，要掌握人生观的基本理论，学会科学看待人生的根本问题。

一、正确认识人的本质

人的生命历程不同于其他动物的生命过程，人不仅要维系自身的生存和繁衍，还要生产、交往、创造，在极为丰富的社会生活中观察、思索、判别和选择。人生观就是人们关于人生目的、人生态度、人生价值等问题

① 《习近平谈治国理政》第一卷，外文出版社 2018 年版，第 173 页。

的总观点和总看法。思考人生，树立正确的人生观，首先需要对人和人的本质有科学的认识。

（一）马克思主义关于人的本质的认识

人对自身的认识，既是一个古老的问题，又是一个常新的问题。对人的认识，核心在于认识人的本质。在中外思想史上，许多思想家曾从不同的角度对此提出过自己的见解，为科学揭示人的本质提供了大量的思想资料。马克思运用辩证唯物主义和历史唯物主义的立场、观点、方法，揭开了人的本质之谜。他指出："人的本质不是单个人所固有的抽象物，在其现实性上，它是一切社会关系的总和。"[①] 这一论断关注的是现实的、具体的人，强调从社会关系出发去把握变化着的人的本质，为人们认识人生、形成正确的人生观提供了科学的方法论。

拓展

历史上关于"人是什么"的代表性观点

在马克思主义诞生之前，有人从人性善恶的角度去认识人，如中国古代的孟子强调"人性善"，荀子强调"人性恶"；有人从人与一般动物生理特征上的区别来认识人，如古希腊的柏拉图曾将人定义为"双足而无羽毛的动物"；有人根据某种特殊的社会属性来揭示人的本质，如古希腊的亚里士多德指出"人是天生的政治动物"；有人试图通过归纳人类共有的某种抽象存在物来揭示人的本质，如德国的费尔巴哈强调理性、爱、意志力是人的类本质……这些认识从一般的或抽象的人性论出发，都没能正确地揭示人的本质。

任何人都是处在一定的社会关系中从事社会实践活动的人。社会属性

① 《马克思恩格斯文集》第一卷，人民出版社 2009 年版，第 501 页。

是人的本质属性。每一个人都从属于一定的社会群体，都同周围的人发生各种各样的社会关系，如家庭关系、地缘关系、业缘关系、经济关系、政治关系、法律关系、道德关系等。人的社会关系的总和决定了人的本质。人们正是在这种客观的、不断变化的社会关系中塑造自我，成为真正现实的、具有个性特征的人。因此，认识人的本质，只能立足于具体的、历史的社会关系中从事社会实践的人，而不能从抽象的人性论出发，更不能依靠所谓神的启示。正是在一定的社会历史条件下，人们面对各种各样的境遇，在客观的不断变化的社会关系中实践人生，通过现实的生活逐渐地感悟人生，形成了相应的人生观。

（二）个人与社会的辩证关系

人是社会的人，社会是人们相互交往的产物，是人类生活的共同体，人生的内容与社会活动密不可分。个人与社会的关系问题是认识和处理人生问题的重要着眼点和出发点。

个人与社会是对立统一的关系，两者相互依存、相互制约、相互促进。社会是由一个个具体的人组成的，离开了人就没有社会。同时，人是社会的人，离开了社会，人也无法生活，社会是人的存在形式。社会犹如一个有生命、有活力的有机体，个人犹如这个有机体中的细胞。只有有机体的所有细胞都充满活力，这个有机体才能是生气蓬勃的；细胞如果脱离了有机体，也将失去赖以存在的必要条件。社会成员素质的不断提高是社会发展的重要基础，推动和实现人的全面发展是社会发展的根本目标。

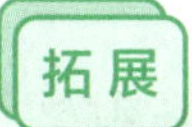

《鲁滨逊漂流记》

《鲁滨逊漂流记》是英国作家丹尼尔·笛福的一部长篇小说，主要讲述了主人公鲁滨逊因出海遭遇灾难，漂流到无人小岛，并坚持在岛上生活，最后回到原来所生活的社会的故事。有人认为，鲁滨逊在孤岛上脱离社会也能生活下去，因而社会性不是人的本质属性。这种观点无疑是错误的，它没有看到鲁滨逊在孤岛上正是凭借在社会中掌握的知识与技能，来记录时间、制造工具、种植粮食，求得生存，直至最后逃离孤岛。这恰恰是人与社会紧密联系的体现。

个人与社会的关系，最根本的是个人利益与社会利益的关系。社会需要是个人需要的集中体现，是社会全体成员带有根本性、全局性、长远性需要的反映。个人利益的满足只能在一定的社会条件下、通过一定的社会方式来实现。在社会主义社会中，个人利益与社会利益在根本上是一致的。社会利益离不开个人利益，个人利益也离不开社会利益。社会利益不是个人利益的简单相加，而是所有人利益的有机统一。社会利益体现了作为社会成员的个人的根本利益和长远利益，是个人利益得以实现的前提和基础，同时它也保障着个人利益的实现。

人的社会性决定了人只有在推动社会进步的过程中，才能实现自我的发展。如果人人都只关心自己的利益，甚至以损害他人利益、社会利益的方式满足一己之私，人赖以生存的社会不仅难以发展进步，最终还将因个人私欲的膨胀而走向崩溃。大学生思考人生问题，应该正确认识和处理个人与社会的关系，把自己的人生追求同社会的发展进步紧密结合起来，在为社会作贡献的过程中成长进步，实现自己的人生价值。

人只有为同时代人的完美、为他们的幸福而工作，自己才能达到完美。如果一个人只为自己劳动，他也许能够成为著名的学者、伟大的哲人、卓越的诗人，然而他永远不能成为完美的、真正伟大的人物。

——马克思

二、人生观的主要内容

在一定的社会历史条件下，人们实践人生、感悟人生，形成相应的人生观。人生观决定着人生道路的方向，也决定着人们行为选择的价值取向和用什么样的方式对待实际生活。每个人都会对“做什么人”和“怎样做人”的问题形成一定的认识，无论自觉与否，都会在这种认识的影响下实践自己的人生。因此，有什么样的人生观就会有什么样的人生。

人生观的主要内容包括对人生目的、人生态度和人生价值等问题的根本看法。人生目的回答人为什么活着，人生态度回答人应当如何活着，人生价值回答什么样的人生才有价值。这三个方面相互联系、相辅相成，是一个有机整体。

人生目的是人们在社会实践中关于自身行为的根本指向和人生追求。人生目的是对人为什么活着这一人生根本问题的认识和回答，是人生观的核心，在人生实践中具有重要的作用。首先，人生目的决定人生道路。人生目的规定了人生的方向，对人们所从事的具体活动起着定向的作用。古今中外众多创造了辉煌壮丽人生的志士仁人，多在青年时期就确立了正确的人生目的，从而在面对人生的一系列重大课题时，能作出正确的选择，始终朝着正确的人生发展方向前进。其次，人生目的决定人生态度。人生道路上有时会一帆风顺，有时会崎岖不平，面对各种各样的矛盾和斗争，不同的人生目的会使人持有不同的人生态度。正确的人生目的可以使人无所畏惧、顽强拼搏、积极进取、乐观向上；错误的人生目的则会使人或是虚度光阴、放纵人生，或是悲观消沉、厌世轻生，或是投机钻营、违法犯罪。在历史上和现实生活中，许多事业有成者，无不是在正确的人生目的引导下，以昂扬乐观的人生态度正确对待人生道路上的顺逆曲直。最后，人生目的决定人生价值选择。正确的人生目的会使人懂得人生的价值首先在于奉献，从而在工作中尽心、尽力、尽责；错误的人生目的则会使人把人生价值理解为向社会或他人进行索取，只把个人私利视为人生的价值追求，而漠视对国家、社会、集体和他人的义务与责任。

图说

邓稼先，中国科学院院士，著名核物理学家。1948年至1950年，他留学美国并获得物理学博士学位，毕业当年毅然回国。他几十年隐姓埋名，坚守在中国原子武器设计制造和研究的第一线，是中国核武器研制工作的开拓者和奠基者，为中国核武器、原子武器的研发作出了重要贡献，被称为“两弹元勋”。“干惊天动地事，做隐姓埋名人”是邓稼先等“两弹一星”功勋科学家的人生写照。

人生态度是指人们通过生活实践形成的对人生问题的一种相对稳定的心理倾向和精神状态。一个人有什么样的人生观就会有什么样的人生态度。一个人如果确立了高尚的人生观，往往会满怀希望和激情，热爱生活，珍视生命，勇敢坚强地战胜困难并不断开拓人生新境界。一个人如果持有碌碌无为的人生观，就不会认真思考人的生命应有的意义，对什么事都显得无所谓，当一天和尚撞一天钟。反过来，一个人对人生的态度，往往又制约着他对整个世界和人生的看法，从而对个人的世界观、人生观产生重要的影响。一个人如果能够始终保持乐观向上的人生态度，世界在其眼中便是光明的、充满友爱的，他就更能够珍惜韶华，以只争朝夕的劲头，在有限的人生中尽可能实现更大的人生价值。一个人如果自认为“看破红尘”，采取消极避世的人生态度，很可能就会在唯心主义的世界中寻求安慰，心灰意懒、无所事事，在碌碌无为中浪费光阴和生命。

人生价值是指人的生命及其实践活动对于社会和个人所具有的作用和意义。选择什么样的人生目的，走什么样的人生道路，处理个人与社会、理想与现实、付出与收获、生与死等一系列人生历程中的重大问题时，人们总会有所取舍、有所好恶，对于赞成什么、反对什么，认同什么、抵制什么，总会有一定的标准。这些都与人们对人生价值的看法密切相关。人生价值内在地包含了人生的自我价值和社会价值两个方面。人生的自我价值，是个体的人生活动对自己的生存和发展所具有的价值，主要表现为对自身物质和精神需要的满足程度。人生的社会价值，是个体的实践活动对社会、他人所具有的价值。人生的自我价值和社会价值，既相互区别，又密切联系、相互依存。一方面，人生的自我价值是个体生存和发展的必要条件，人生的自我价值的实现是个体为社会创造更大价值的前提。个体的人生活动不仅具有满足自我需要的价值属性，还必然地包含着满足社会需要的价值属性。个体通过努力提高自我价值的过程，也是其创造社会价值的过程。另一方面，人生的社会价值是社会存在和发展的重要条件，人生社会价值的实现是个体自我完善、全面发展的保障。没有社会价值，人生的自我价值就无法存在。人是社会的人，这不仅意味着个体物质和精神的需要必须在社会中才能得到满足，还意味着以怎样的方式和在多大程度上得到满足也是由社会决定的。

图说

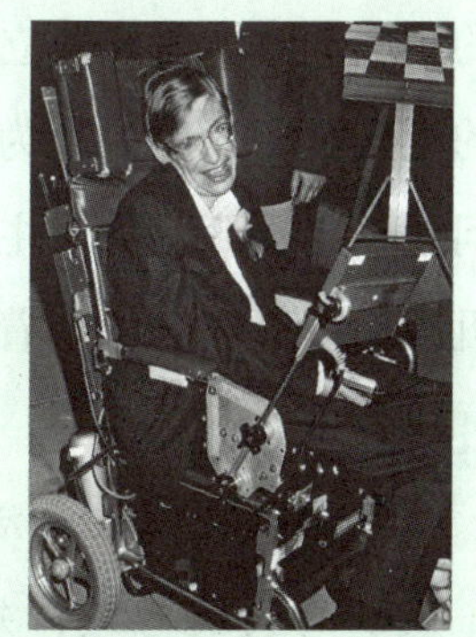

霍金在 21 岁时被诊断患有肌肉萎缩性侧索硬化症，当时医生推测他最多只能再活两年，但此后他坚持与病魔对抗了 50 余年。即使大部分时间都被困在轮椅上，他依然坚持不懈地探索宇宙奥秘，坚持不懈地将深奥的量子力学知识普及给广大民众。霍金在若干年中一直面临生死问题的挑战，却始终能够微笑面对人生，根本原因就在于他对科学有执着的追求，并以此作为自己的奋斗目标和方向。

人生目的、人生态度、人生价值三者相互影响、紧密关联。其中，人生目的决定着人们对待实际生活的态度和对人生价值的评判，人生态度影响着人们对人生目的的持守和人生价值的实现，人生价值制约着人们对人生目的和人生态度的选择。大学生只有深刻认识人生目的、人生态度、人生价值的内涵与意义，科学理解三者的辩证统一关系，才能准确把握人生方向，树立正确的人生观。

三、人生观与世界观、价值观

世界观与人生观关系密切。世界观是人们对生活在其中的世界以及人与世界的关系的总体看法和根本观点。一个人思考生活的意义，树立追求的理想目标，确定以怎样的方式对待生活，探讨协调身与心、自我与他人、个人与社会、人与自然的关系，总是以其世界观为根据，受到其世界观的制约和影响。世界观决定人生观，有什么样的世界观，就会有什么样的人生观。马克思主义认为，人和人类社会是自然界长期发展的产物，人的一切认识都来自实践，并在实践中不断发展。在这样的世界观指导下，人们就能更好地立足现实，客观地对待人生，在人生道路上勇于拼搏，在实际社会生活过程中寻找解答人生问题的正确答案。概言之，对人生意义的正确理解，需要建立在对世界发展规律正确认识的基础之上。树立正确的人生观，思考人生为了什么、该如何对待人生、怎样的人生才有意义等问题，离不开马克思主义科学世界观的指导。同时，人生观又对世界观的巩固、发展和变化起着重要作用。

学生在高校生活，少则三到四年，多则九到十年，正处在人生成长的关键时期，知识体系搭建尚未完成，价值观塑造尚未成型，情感心理尚未成熟，需要加以正确引导。这好比小麦的灌浆期，这个时候阳光水分跟不上，就会耽误一季的庄稼。高校毕业生走入社会，他们的思想和言行往往影响他们这一代年轻人。高校思想政治工作，面上看做的是学生思想政治工作，实际上将影响一代青年的思想观念、价值取向、精神风貌。所以，高校必须引导学生铸就理想信念、掌握丰富知识、锤炼高尚品格，打下成长成才的基础。

——习近平

价值观是人们关于价值的根本观点，对于人生观的形成和发展有重要的引导作用。价值观为人们在社会生活中判断善恶、美丑、福祸、荣辱、利害提供基本准则，人们对于人生诸多问题的认识和思考，都包含着价值判断，离不开对价值问题的探索。一个人树立什么样的价值观，会直接影响他对人生目的、人生意义等问题的思考，左右他对人生道路的选择，影响他的人生态度。马克思主义站在人民的立场探求人类自由解放的道路，坚持一切以人民为中心的价值追求，以实现最广大人民群众的根本利益为价值导向。在这样的价值观指导下，生活于现实社会中的人们，就能够正确处理个人与社会、个体利益与集体利益之间的关系，确立正确的人生追求，科学对待人生境遇，以实际行动创造有价值的人生。

第二节　正确的人生观

大学时期是世界观、人生观、价值观形成的关键时期。大学生应深入领会马克思主义关于人生问题的基本理论，准确掌握解决人生问题的科学方法，树立正确的人生观，明确人生目的、端正人生态度、认识人生价值，为创造有意义有价值的人生奠定良好的基础。

一、高尚的人生追求

古往今来，人们对人生目的的探索从未停止过，思想家们孜孜以求留下了难以计数的答案，形成了各式各样的关于人生目的的思想。马克思主义认为，高尚的人生目的总是与奋斗奉献联系在一起。大学生只有把自己的人生目的与国家前途、民族命运、人民幸福联系在一起，才能自觉自愿地把自己的一生奉献于利国利民的事业。

服务人民、奉献社会的思想以其科学而高尚的品质，代表了人类社会迄今最先进的人生追求。人民群众是社会历史的主体，是社会物质财富和精神财富的创造者，是社会变革的决定力量。毛泽东曾指出："人民，只有人民，才是创造世界历史的动力。"① 习近平强调："人民是历史的创造者，是真正的英雄。"② 服务人民、奉献社会的人生追求，以历史唯物主义关于人民群众是历史的创造者的基本观点为理论基础，指明了人在成长和发展过程中应确立的人生目标和方向。不论在革命战争年代，还是在和平建设时期，服务人民、奉献社会这一高尚的人生追求，熏陶、感染了一代代革命者和建设者，对中国革命、建设、改革事业产生了重要的推动作用。新时代大学生要把为国家和人民事业无私奉献作为人生的最高追求，在服务人民、奉献社会中收获成长和进步。

图说

诺尔曼·白求恩是加拿大著名胸外科医生。抗日战争爆发后，他受加拿大共产党和美国共产党的派遣，率领医疗队来到中国，援助中国人民抗日战争。毛泽东在《纪念白求恩》一文中写道："我们大家要学习他毫无自私自利之心的精神。从这点出发，就可以

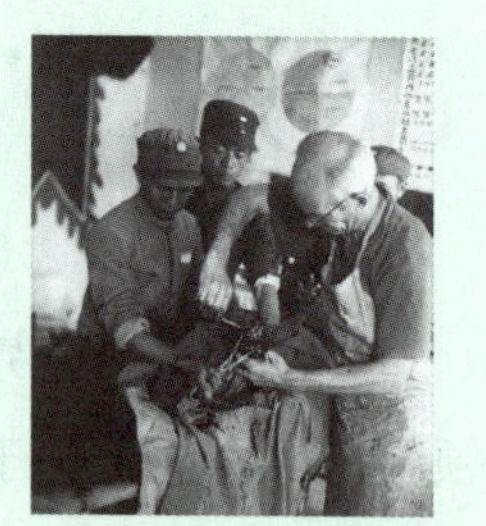

① 《毛泽东选集》第三卷，人民出版社 1991 年版，第 1031 页。
② 《习近平谈治国理政》第四卷，外文出版社 2022 年版，第 8 页。

变为大有利于人民的人。一个人能力有大小，但只要有这点精神，就是一个高尚的人，一个纯粹的人，一个有道德的人，一个脱离了低级趣味的人，一个有益于人民的人。”①

一个人确立了服务人民、奉献社会的人生追求，才能清楚地把握人生的奋斗目标，深刻理解人为了什么而活、应走什么样的人生之路等道理。一个人的能力有大小、职业有不同、职位有高低，只有自觉把个人之小我融入社会之大我，不为狭隘私心所扰，不为浮华名利所累，不为低俗物欲所惑，才能够在推动社会进步中创造不朽的业绩。一个人确立了服务人民、奉献社会的人生追求，才能以正确的人生态度对待人生、解决实际生活中的各种问题，以人民利益为重，始终对祖国和人民怀有高度的责任感，在服务人民、奉献社会中实现自己的人生价值。一个人确立了服务人民、奉献社会的人生追求，才能掌握正确的人生价值标准，才能懂得人生的价值首先在于奉献，自觉用真善美来塑造自己，不断培养高洁的操行和纯朴的情感，努力使自己成为一个高尚的人。

明辨

服务人民、奉献社会的人生追求过时了吗？

在现实生活中有人提出这样的疑惑：社会主义市场经济条件下，讲究的是按劳分配、等价交换，在这种背景下倡导服务人民、奉献社会的人生追求是否合适？换言之，服务人民、奉献社会的人生追求是否过时了？

社会主义市场经济鼓励人们追求个人的正当利益，因为只有各市场主体的正当利益得到满足，经济才更有活力。但同时，各市场主体正当利益的满足，不仅有赖于其他人的劳动和付出，而且需要公平有序的市场环境。

① 《毛泽东选集》第二卷，人民出版社 1991 年版，第 660 页。

只有每个个体尽心尽力地为他人、为社会付出应有劳动，才能保证社会主义市场经济的良好运行，个体也才能在为社会发展进步作贡献的同时满足自身利益。因此，服务人民、奉献社会的人生追求与社会主义市场经济并不矛盾、并未过时。

二、积极进取的人生态度

没有积极进取的人生态度，再崇高的人生追求也难以真正实现。走好人生之路，需要大学生正确认识、处理生活中各种各样的困难和问题，保持认真务实、乐观向上、积极进取的人生态度。

“人最宝贵的是生命。生命属于人只有一次。人的一生应当这样度过：当他回首往事的时候，不会因为碌碌无为、虚度年华而悔恨，也不会因为为人卑劣、生活庸俗而愧疚。”这是苏联作家尼古拉·奥斯特洛夫斯基的长篇小说《钢铁是怎样炼成的》中的一段话。主人公保尔·柯察金在革命斗争中从一个工人子弟成长为一名钢铁战士。保尔理想坚定、不怕困难、热爱祖国、热爱人民的优秀道德品质影响了千千万万的中国青年，激励着他们在艰难困苦中战胜敌人、战胜自己，把自己的追求和祖国、人民的利益联系在一起，有力促进了一代代青年思想道德素质的提高。

人生须认真。以认真的态度对待人生，就是要严肃思考人的生命应有的意义，明确生活目标和肩负的责任，既要清醒地看待生活，又要积极认真地面对生活。虽然人生道路很长，但关键处只有几步；虽然人生问题很复杂，但要害在于把握住最基本的东西。大学生要学会对自己负责，对亲人负责，对周围的人和更多的人负责，进而对民族、国家、社会负责，做一个有担当、负责任的人。要正确认识和处理人生中遇到的各种问题，不能得过且过、放纵生活、游戏人生，否则就会虚掷光阴，甚至误入歧途。

拓展

世界上怕就怕“认真”二字

1957 年 11 月，毛泽东率领代表团访问苏联。在莫斯科大学，面对数千名中国留学生、实习生，毛泽东发表了热情洋溢的讲话。他鼓励青年，世界是你们的，也是我们的，但是归根结底是你们的。你们青年人朝气蓬勃，正在兴旺时期，好像早晨八九点钟的太阳。希望寄托在你们身上。

同时，他还勉励青年做事要认真，强调世界上怕就怕“认真”二字，共产党就最讲认真。

人生当务实。古往今来，成功的人生既需要认真负责，也需要求真务实。务实，就是要遵循客观规律，一切从实际出发，不图虚名，不务虚功，以科学的态度看待人生，以务实的精神创造人生。要把远大的理想寓于具体的行动中，不能好高骛远、空谈理想、眼高手低、浅尝辄止，否则就会脱离实际、一事无成。要坚持实事求是的基本原则，正确面对人生目的与现实生活之间的矛盾，更好地把人生梦想与个人情况和社会实际结合起来，从小事做起，从身边的事做起，脚踏实地、一步一个脚印地实现人生目标。

人生应乐观。只有热爱生活的人，才能真正拥有生活。乐观豁达、热爱生活、对人生充满自信，体现了对自己、对生活、对社会的积极态度，这种态度是人们承受困难和挫折的心理基础。人生是丰富多彩的，既会收获成功、体验快乐，也会面临各种矛盾和问题。人生旅途中，许多事情不会总是尽如人意、一切顺遂，也会有失望和暂时的困难、挫折。同学们要始终保持乐观向上的人生态度，不能因为没有满足自己的期望或者遇到困难和挫折，就消极悲观、畏难退缩，甚至颓废堕落、自暴自弃。要相信生活是美好的，前途是光明的，遇事要想得开，做人要心胸豁达，在生活实践中不断调整心态，磨炼意志，形成乐观向上的人生态度。

人生要进取。人生实践是一个创造的过程。适应历史发展的趋势，以开拓进取的态度迎接人生的各种挑战，才能不断领悟美好人生的真谛，体验生活的快乐和幸福。以不思进取、不想努力的消极态度面对人生难题，可能会带来一时安逸，但无助于个人发展、无益于社会进步。人生如逆水行舟，不进则退。大学生要积极进取，不断丰富人生的意义，不能贪图安逸、满足现状、因循守旧、故步自封，否则人生就会失去应有的光彩。

明辨

当代青年能否选择“躺平”？

近年来，“躺平”在年轻人的社交网络上成为一个热词。关于“躺平”一词的确切含义，目前并未形成共识，甚至还有较大争议。“躺平”作为一种生活态度，往往与年轻人在压力面前主动选择放弃、回避与退却有关。个人在法律和道德允许的范围内选择自己生活方式的权利应受到尊重，但当代青年也应深入思考能否把“躺平”作为生活方式和人生道路来选择。

人们在成长的过程中，总会面临各种各样的现实压力，甚至还会遭遇挫折，以“躺平”的方式主动退缩、选择放弃，无益于解决问题，甚至会使问题更加复杂和严重。唯有树立积极面对、主动进取的人生态度，才能够克服前进道路上的种种困难。当代青年正处于探索与奋斗的大好时期，应该发扬自强不息、百折不挠的精神，保持年轻人的蓬勃朝气、昂扬锐气，在创新创造、不断奋斗中，成长为实现中华民族伟大复兴的先锋力量。

三、人生价值的评价与实现

对人生价值及其相关问题的正确认识，是人们自觉朝着选定的目标努力前行，创造有价值的人生的重要前提。

（一）正确评价人生价值

评价人生价值的根本尺度，是看一个人的实践活动是否符合社会发展的客观规律，是否促进了历史的进步。习近平强调："劳动是推动人类社会进步的根本力量。"[①] 在今天，衡量人生价值的标准，最重要的就是看一个人是否用自己的劳动和聪明才智为国家和社会真诚奉献，为人民群众尽心尽力服务。客观、公正、准确地评价社会成员人生价值的大小，除了要掌握科学的标准外，还需要掌握恰当的评价方法。

既要看贡献的大小，也要看尽力的程度。评价一个人的人生有无价值或价值大小，最根本的是看他对社会是否作出贡献及贡献大小。每个人所处的环境不同，个体的生理状况、先天禀赋、努力程度各有差异，现实生活中从事职业不同、能力大小不同，对社会贡献的绝对量自然也不同。但是，不能简单地认为能力大的人人生价值就大，能力小的人人生价值就小。考察一个人的人生价值，既要看他对社会贡献的大小，也要看他所对应的职责及尽力的程度。任何人不论从事何种劳动，只要在自己的岗位上尽职尽责、兢兢业业，积极为社会进步作贡献，就应该对他的人生价值给予积极肯定的评价。

---

① 《习近平谈治国理政》第一卷，外文出版社2018年版，第44页。

图说

时传祥出生在一个贫苦农民家庭。他15岁逃荒流落到北京城郊，受生活所迫当了掏粪工。在旧中国，掏粪工不仅受到社会的歧视，还要受行业内部一些恶势力的压榨和盘剥。时传祥一干就是20年，受尽了压迫与欺凌。中华人民共和国成立后，劳苦大众翻身作主人，时传祥提出“宁愿一人脏，换来万人净”的口号，把掏粪工作当成十分光荣的劳动，以身作则，以苦为乐，任劳任怨，满腔热情，在自己的岗位上全心全意为人民服务。1959年，刘少奇接见时传祥时说，你掏大粪是人民勤务员，我当主席也是人民勤务员，这只是革命分工不同，都是革命事业不可缺少的一部分。

既要尊重物质贡献，也要尊重精神贡献。人的生产劳动是物质生产劳动和精神生产劳动的统一，一定条件下，两种生产劳动成果还可以相互转化。现实生活中，人类社会劳动分工形成了不同职业，有的职业侧重于物质财富的创造，有的职业侧重于精神财富的创造，社会的发展与进步是物质文明和精神文明的共同发展与进步。在我们社会主义国家，一切劳动，无论是体力劳动还是脑力劳动，都值得尊重和鼓励。评价人生价值，既要看一个人对社会作出的物质贡献，也要看他对社会作出的精神贡献。

既要注重社会贡献，也要注重自身完善。人生的社会价值是实现人生自我价值的基础，评价人生价值的大小应主要看一个人对社会所作的贡献，但这并不意味着要否认人生的自我价值。推动和实现人的全面发展是社会发展的根本目标，人的全面发展和素质提升离不开人的自我完善。人生自我完善的过程，既是人生自我价值实现的过程，也是为社会创造价值的过程。因此，衡量人生价值，既要看他对社会贡献的大小，也要看他自身完善的程度。

（二）人生价值的实现条件

人们在实践中努力实现自己的人生价值。但是，人们的实践活动从来都不是随心所欲的，任何人都只能在一定的主客观条件下去实现自己的人生价值。因此，正确把握人生价值实现的条件至关重要。

实现人生价值要从社会客观条件出发。人生价值是在社会实践中实现的，人的创造力的形成、发展和发挥都要依赖于一定的社会客观条件。在人类历史上，因为缺乏一定的社会客观条件，一些有抱负有才能的人未能实现自己孜孜追求的人生价值。随着社会的进步，实现人生价值的社会客观条件也在不断完善。改革开放以来，我国经济社会发展取得的巨大成就，中国特色社会主义制度的自我完善和发展，为人们实现人生价值提供了有利条件和机遇。大学生要珍惜难得的历史机遇，把自己的人生追求及人生价值的实现建立在正确把握当今中国社会发展实际的基础上。

实现人生价值要从个体自身条件出发。人的自身条件会有一定的差异，某一个具体的价值目标，对这个人来说是恰当的、比较容易实现的，而对另一个人来说却未必如此。大学生正处在自己一生中最美好的时期，长身体、长知识、长才干，风华正茂，每天都有新收获，每天都有新期待。但在这样一个特殊阶段，大学生也往往会受自身社会经验偏少、知识储备不够等方面的限制，容易把对自身条件的主观想象当作“真实”的存在，导致价值选择、行为倾向出现偏差。因此，大学生要客观认识自己，准确把握影响人生价值实现的自身条件。

图说

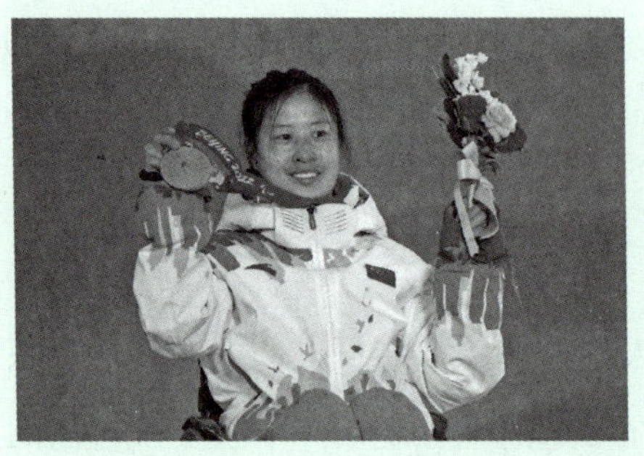

获得“北京冬奥会、冬残奥会突出贡献个人”荣誉称号的杨洪琼，小时候因意外受伤而无法行走，残酷的现实让她一度感到绝望。在接触到残疾人体育运动后，她才从中找到生活的意义。北京成功申办2022年冬季奥运会及冬季残奥会后，她通过选拔进入冬残奥会备战集训队伍，备战越野滑雪项目。刚开始练习滑雪时，杨洪琼每天都要摔跤，收获了一个外号“杨每跤”。她暗下决心：“在哪里摔倒，就要把哪里碾平。”她从摔倒中思考和总结，在训练上格外专注与努力，心态上也更加沉稳与从容。最终，在北京冬残奥会上，她获得三块金牌，成为中国冬残奥会历史上首位“三冠王”。

不断增强实现人生价值的能力和本领。实现人生价值，需要人们充分发挥主观能动性。个人的主观努力，在相当大的程度上决定着人生价值实现的程度。正如人们经常说的，没有条件可以创造条件。人的能力具有累积效应，能够通过学习、锻炼而得以提升。“一切劳动者，只要肯学肯干肯钻研，练就一身真本领，掌握一手好技术，就能立足岗位成长成才，就都能在劳动中发现广阔的天地，在劳动中体现价值、展现风采、感受快乐。”[①] 同学们要通过各种方式和途径，增长才干、增强本领，提高自身各方面的能力，为实现人生价值做好充分准备，奠定扎实的基础。

① 习近平：《在庆祝“五一”国际劳动节暨表彰全国劳动模范和先进工作者大会上的讲话》，人民出版社2015年版，第10页。

第三节　创造有意义的人生

美好的人生目标要靠社会实践才能转化为现实。大学生要在科学高尚的人生观指引下，正确对待人生矛盾，自觉抵制错误观念，努力提升人生境界，成就出彩人生。

一、辩证对待人生矛盾

“看似寻常最奇崛，成如容易却艰辛。”大学生的人生成长之路还很长，未来前进途中，有平川也有高山，有缓流也有险滩，有丽日也有风雨。大学生要科学认识实际生活中的各种问题，勇敢面对和正确处理各种人生矛盾。

正确看待得与失。如何认识和对待人生发展过程中的得与失这对矛盾，对一个人走好人生之路、实现人生价值有重要影响。大学生要以积极进取的态度去面对生活中的成败得失，使一时的挫折或失败成为人生的财富而不是人生的包袱。首先，不要过于看重一时的“得”。工作中取得成绩、生活上有所收获，人们自然会产生一种愉悦心情或一定程度的满足感，这是人之常情，但是，一时所得、一点成绩相对于漫长的人生道路、伟大的事业而言是微小的。在成绩与收获面前，更要保持平常心态，更加谦虚谨慎，切不可得意忘形，以免乐极生悲。一个阶段的成绩或收获只是继续前进的基础，一个人如果总是满足于一时的“得”，往往会停步在小小的成功和已有的成绩之上，放弃接下来的努力，造成最后的失败。历史上无数成败的事例都诠释了这条人生道理。生活从不眷顾因循守旧、满足现状者，从不等待不思进取、坐享其成者，而是将更多机遇留给善于和勇于创新创造的人们。其次，不要惧怕或斤斤计较一时的“失”。正所谓“吃一堑，长一智”“塞翁失马，焉知非福”，得到了不一定是好事，失去了也不一定是坏事，一定意义上有舍才有得。在失意之际坚持不懈，在坎坷之时不断努力，方能有所收获，实现人生目标。最后，要跳出对个人得失的计较。只有把小我融入大我，才会有海一样的胸怀，山一样的崇高。个人利益的得失只能部分地衡量人生价值的大小，每个个体只有在奉献社会中才能实现更大的人生价值。只有跳出对狭隘个人利益的计较，关爱他人，热爱集体，真诚奉献，才能赢得他人和社会的尊重，创造有意义的人生。

正确看待苦与乐。苦与乐既对立又统一，在一定条件下还可以相互转化。毛泽东用“红军不怕远征难，万水千山只等闲”形象地写出了红军战胜长征途中各种苦难的豪迈气概，用“更喜岷山千里雪，三军过后尽开颜”生动地描述了红军夺取胜利后的喜悦心情，给我们正确理解苦与乐的辩证关系提供了重要启示。“宝剑锋从磨砺出，梅花香自苦寒来。”奋斗是艰辛的，艰难困苦、玉汝于成。真正的快乐往往由奋斗的艰苦转化而来。不经历风雨怎能见彩虹，不经历人生的苦难，怎能享受到人生的乐趣。大学生要担负起民族复兴之大任，更要在磨炼中培养吃苦耐劳、乐观向上的良好品质。“无数人生成功的事实表明，青年时代，选择吃苦也就选择了收获，选择奉献也就选择了高尚。青年时期多经历一点摔打、挫折、考验，有利于走好一生的路。”[①] 在成长过程中，同学们要准确把握苦与乐的辩证关系，继承和发扬吃苦耐劳、自力更生、艰苦奋斗的精神，像先辈那样把青春热血镌刻在历史的丰碑上。

拓展

革命乐观主义精神

井冈山斗争期间，由于敌人“围剿”封锁，加上当地自然地理条件所限，红军的物质生活资料极其匮乏，吃饭都成为大问题。条件虽然艰苦，红军将士却充满了革命乐观主义精神。当时有一首歌谣：“红米饭，南瓜汤，秋茄子，味好香，餐餐吃得精打光。”革命乐观主义，并不是盲目的乐观，

① 《习近平谈治国理政》第一卷，外文出版社2018年版，第54页。

而是建立在对社会发展规律和前途远见卓识的基础上，是对实现奋斗目标的必胜信念以及积极乐观的人生态度。

正确看待顺与逆。顺境和逆境是人生历程中两种不同的境遇。在顺境中前进，天时、地利、人和等有利因素，使人们更容易接近和实现目标。但是，顺境中的宽松气氛、优越条件，又容易使人滋生骄娇二气，自满自足，意志衰退。在逆境中奋斗，需要付出更大的努力和更多的艰辛才可能成功，但也会有顺境中难以得到的获得感和成就感。逆境的恶劣环境，对于挑战者而言，可以磨炼意志、陶冶品格、积累战胜困难的经验、丰富人生阅历。顺势而快上，乘风而勇进，这是身处顺境的学问，是善于抓住机遇不断丰富与完善自己的途径；处低谷而力争，受磨难而奋进，这是身处逆境的学问，是将压力变成动力之所为。要以“踏平坎坷成大道，斗罢艰险又出发”的顽强意志去战胜一切艰难险阻。在人生旅途中没有永远的顺境，也没有永远的逆境。因此，无论是顺境还是逆境，对人生的作用都可能是双面的，关键是怎样去认识和对待它们。要正确对待个人成长的外部环境，处优而不养尊，受挫而不短志，使顺境逆境都成为人生的财富而不是人生的包袱。只有善于利用顺境，勇于正视逆境、战胜逆境，人生价值才能够实现。

拓展

身处逆境而有作为

中国古代著名史学家司马迁惨遭宫刑，蒙受莫大的不幸，但他悲苦而不弃，孤愤而不堕，以历代身处逆境而有作为的圣贤为师。他说：“昔西伯拘羑里，演周易；孔子厄陈蔡，作春秋；屈原放逐，著离骚；左丘失明，厥有国语；孙子膑脚，而论兵法；不韦迁蜀，世传吕览；韩非囚秦，说难、孤愤；诗三百篇，大抵贤圣发愤之所为作也。”他以此激励自己，终于在逆境中以顽强的毅力为后人留下了不朽的历史巨著——《史记》。

正确看待生与死。生命的历程是一个从生到死的过程，有生必有死，这是恒常不变的自然现象。生与死是贯穿人生始终的一对基本矛盾。在人类历史的长河中，个体的生命相对而言是短暂的。从一定意义上说，正是因为生命短促，每个人只有一次生命，才更显示了人生的弥足珍贵。如何认识、对待生与死，体现了一个人人生境界的高低，更直接影响着他的生活。大学生要牢固树立生命可贵、敬畏生命的意识，倍加爱护自己和他人的生命，理性面对生老病死等自然现象，努力使自己的生命绽放出人生的光彩。同时，新时代的大学生也要有为了崇高目标而勇于奉献、敢于牺牲的精神。孔子谓“杀身成仁”，孟子曰“舍生取义”，司马迁讲“人固有一死，或重于泰山，或轻于鸿毛”，这些千古名句说明，人的生命价值在于个体生命付出背后的意义。个体生命的时间长度总是有限的，但为人民服务、为人类进步事业贡献力量是无限的。大学生应珍爱生命、珍惜韶华，在服务人民、投身民族复兴伟大事业中发掘出生命所蕴藏的巨大潜能，努力给有限的个体生命赋予更大的意义。

图说

王进喜是新中国第一代钻井工人。面对中华人民共和国成立之初石油短缺的局面，他以强烈的责任感投入为祖国找石油的工作之中。有一次打井时，突然发生井喷，当时没有压井用的重晶石粉，王进喜决定用水泥代替。没有搅拌机，他不顾腿伤，带头跳进泥浆池里用身体搅拌。全队工人经过奋战，终于制服井喷。由于长期奋战在一线，他积劳成疾，身患胃癌，即使在病床上仍然关心着油田建设，直到生命最后一刻。王进喜以“宁可少活二十年，拼命也要拿下大油田”的顽强意志和冲天干劲，被誉为“油田铁人”。

正确看待荣与辱。“荣”即荣誉，是指社会对个人履行社会义务所给予的褒扬与赞许，以及个人所产生的自我肯定性心理体验；“辱”即耻辱，是指社会对个人不履行社会义务所给予的贬斥与谴责，以及个人所产生的自我否定性心理体验。荣辱观是人们对荣辱问题的根本看法和态度，是一定社会思想道德原则、规范的体现和表达。中国古人向来注重荣与辱，并通过“知耻”来进行道德评价和判断。孔子提出“知耻近乎勇”，孟子认为“无羞恶之心，非人也”，管仲强调“礼义廉耻，国之四维”，把知耻之心与人的文明程度、社会的治乱安危紧密联系在一起。荣辱观对个人的思想行为具有鲜明的导向和调节作用。大学生只有具备正确的荣辱观，明确是非、对错、善恶、美丑的界限，坚持以热爱祖国为荣、以危害祖国为耻，以服务人民为荣、以背离人民为耻，以崇尚科学为荣、以愚昧无知为耻，以辛勤劳动为荣、以好逸恶劳为耻，以团结互助为荣、以损人利己为耻，以诚实守信为荣、以见利忘义为耻，以遵纪守法为荣、以违法乱纪为耻，以艰苦奋斗为荣、以骄奢淫逸为耻，才会在纷繁复杂的社会生活中明确应当坚持和提倡什么，应当反对和抵制什么，从容走好人生之路。

二、反对错误人生观

是非明，方向清，路子正，人们付出的辛劳才能结出果实，人生实践才能产生积极正面的价值和意义。在我们国家，尽管社会主流价值观念积极健康，但现实中还存在拜金主义、享乐主义和极端个人主义等种种错误观念和看法。这些错误思想观念容易侵蚀大学生的心灵，不利于大学生树立科学高尚的人生观。大学生要学会思考、善于分析、正确抉择，认清这些错误思想观念的实质，警惕和自觉抵制它们的侵蚀。

反对拜金主义。金钱作为一种财富形式，为人所创造并为人服务。人应当是金钱的主人，而不是金钱的奴隶；应当依靠自己的劳动创造财富，合理合法获取金钱。同时，金钱不是万能的，生活中还有许多远比金钱更有意义的东西值得我们去追寻。拜金主义是一种认为金钱可以主宰一切，把追求金钱作为人生至高目的的思想观念。在人类历史上，视钱如“神”的观念早已有之，但拜金主义作为一种社会思潮却是伴随着资本主义的发展而形成的，这种思潮至今还对一些人思考和认识人生目的有着不可忽视的影响。拜金主义将金钱神秘化、神圣化，视金钱为圣物，往往把追逐和获取金钱作为人生的唯一目的和生活的全部意义，金钱成为衡量人生价值的唯一标准。陷于拜金主义的泥潭，并由此确立人生目的，其危害显而易见：“神圣”的金钱成为人的存在和全部实践活动的目的，个人生命的意义就会如人们所形容的那样，“可怜到只剩下钱了”；人与人之间除了赤裸裸的利害关系、冷酷无情的金钱交易，再没有其他的关系，人的尊严和情感被淹没在金钱的铜臭之中。拜金主义是引发钱权交易、行贿受贿、贪赃枉法等丑恶现象的重要思想根源。同学们需要理性对待金钱与财富，避免陷入拜金主义的误区。

反对享乐主义。健康有益的、适度的物质生活和文化生活，是人的正当需要，也有利于促进经济社会的发展。享乐主义是一种把享乐作为人生目的，主张人生就在于满足感官的需求与快乐的思想观念。把享乐尤其是感官的享乐变成人生的唯一目的，作为一种“主义”去诠释人生的根本意义，是对人的需要的一种错误理解。一些大学生用父母辛苦劳作挣来的钱追逐名牌和奢侈品，比阔气、讲排场，在消费上超出自己及家庭的承受能力，有的甚至因此负债累累。这些错误的观念和行为，不仅影响大学生的健康成长，而且败坏社会风气。同学们要自觉抵御享乐主义的冲击，树立正确的消费观念，培育积极健康的兴趣爱好，在努力奋斗中去获得成功与快乐。

明辨

消费越多，人生就越幸福吗？

有人认为，人生的意义体现为消费的质和量，消费得越多，人生就越幸福。这属于消费主义思潮的一种观点，这种观点是错误的。从人生观层面来看，消费主义思潮把占有和消费物质产品作为个人自我满足和快乐的第一位要求，通过物质的占有和消耗来达到心理上的满足、感官上的享受，把消费当作人生的终极目标，把消费看作人生最大的幸福。受消费主义思潮影响，一些人会产生错误的想法和做法：一是出现超前消费、攀比消费等非理性消费行为；二是产生错误的价值观，表现为贪图享乐、爱慕虚荣、功利心作祟等；三是产生错误的认同倾向，表现为通过消费来“从众”或“立异”；四是过度被动消费，影响正常工作生活。

反对极端个人主义。个人主义是以个人利益为出发点和归宿的一种思想体系和道德原则，它主张个人需求就是目的，具有最高价值，社会和他人只是达到个人目的的手段。个人主义是生产资料私有制的产物，是资产阶级人生观的核心。资产阶级革命早期，在争取个人权利和自由、反对封建专制方面，个人主义具有一定的积极意义，但是一些敏锐的资产阶级思想家很早也意识到它还具有销蚀社会的一面。极端个人主义是个人主义的一种表现形式，它突出强调以个人为中心，在个人与他人、个人与社会的关系上表现为极端利己主义和狭隘功利主义。同学们要正确处理好个人与他人、个人与集体、个人与社会的关系，在团结合作中共同成长、共同进步、共同发展。

拜金主义、享乐主义、极端个人主义等错误的人生观，没有正确把握个人与社会的辩证关系，忽视或否认社会性是人的存在和活动的本质属性，对人的需要的理解极端、狭隘和片面，其出发点和落脚点都是一己之私利。金钱和享乐可能会给人带来一时的满足感，但无法持久。人的幸福不能仅仅局限于物质方面，精神需要的满足、精神生活的充实也是幸福的重要方面。在追求物质生活水平提高的同时，要更加注重追求德行和人格的高尚，注重追求健康向上的精神生活，不断提升精神境界，才能拥有更为深刻持久的幸福感。大学生应当顺应时代潮流，在科学理论的指导下，认清拜金主义、享乐主义、极端个人主义等错误思想和腐朽观念的实质，选择并追求高尚的人生目的，在服务人民、奉献社会的人生实践中完善自我、创造人生的美好价值。

三、成就出彩人生

青年的人生目标会有不同，职业选择也有差异，但只有把自己的小我融入祖国的大我、人民的大我之中，与历史同向、与祖国同行、与人民同在，才能更好地实现人生价值、升华人生境界。

与历史同向。历史车轮滚滚向前，时代潮流浩浩荡荡。历史只会眷顾坚定者、奋进者、搏击者，而不会等待犹豫者、懈怠者、畏难者。我们所处的是一个充满挑战的时代，也是一个充满希望的时代。当代大学生要正确认识世界和中国的发展大势，尊重并顺应历史的选择和人民的选择，增强历史自觉，坚定历史自信，与历史同步伐，与时代共命运。

与祖国同行。青年只有自觉将人生目标同国家和民族的前途命运紧紧联系在一起，才能最大限度地实现人生价值。回溯历史，五四运动时期，青年学生勇立时代潮头，为救亡图存奔走呐喊；新民主主义革命时期，为国捐躯的青年典范不胜枚举；中华人民共和国成立以来，更有无数青年积极投身社会主义现代化建设事业，展现时代风貌，勇于开拓进取。当代中国正处于中华民族伟大复兴的关键时期，建成社会主义现代化强国任重道远。当代大学生要正确认识国家和民族赋予的历史使命和时代责任，坚定信心，锐意进取，奋进新征程，建功新时代。

2018 年 10 月 11 日，面对复杂雷场的一枚加重手榴弹，陆军某扫雷大队班长杜富国对战友说：“你退后，让我来！”排雷中，手榴弹突然爆炸，

他身受重伤，失去了双眼和双手。面对如此大变故，他保持乐观心态，积极康复，仍在新的岗位上为国家和社会作出贡献。他的英雄事迹得到党和国家的充分褒奖，先后荣获“感动中国2018年度人物”“时代楷模”等称号。2022年7月27日，中央军委主席习近平亲自向他颁授“八一勋章”。杜富国受邀担任重庆市特殊教育中心校外辅导员，面对一群失明的孩子，他说：“虽然我们看不见太阳，但心里要升起一个太阳，充满阳光，去鼓励那些失去光明的人。”眼睛失去光明，心中升起太阳。无论是在扫雷战场，还是在人生的战场，杜富国都是当之无愧的英雄！

心中升起太阳

与人民同在。人民群众是历史的创造者，是国家的主人。大学生要在为人民群众服务、实现人民群众利益的过程中实现人生价值。只有走与人民群众相结合的道路，向人民群众学习，从人民群众中汲取营养，做中国最广大人民群众根本利益的维护者，才能使自己的人生大有作为。人的一生只能享受一次青春，当一个人把自己的青春与党和人民的事业紧密相连，就可以在为祖国、为民族、为人民的不懈奋斗中书写绚烂、无悔的青春篇章。

拓展

我将无我　不负人民

2019年3月，习近平在意大利进行国事访问时，时任意大利众议长菲科问他当选中国国家主席时是什么心情。习近平回答，这么大一个国家，责任非常重、工作非常艰巨。我将无我，不负人民。我愿意做到一个“无我”的状态，为中国的发展奉献自己。

在实践中创造有价值的人生。社会实践是实现人生价值的必由之路。崇高的人生价值目标要靠社会实践才能转化为现实，辉煌的人生价值只有在创造性的社会实践中才能实现。一个人即使在头脑中有了再崇高、再伟大的想法，如果不付诸实践，又有什么实际意义呢？人生价值没有一个绝对的顶点，人生价值的创造也没有一个绝对的终点。不断地在实践中创造，才能够实现更大的人生价值。同学们正处于人生最好的学习阶段，不仅要认真学习文化知识，汲取日新月异的现代科学文化成果，而且要坚持理论联系实际，积极投身社会实践，在实践中发现新知、运用真知，在解决实际问题的过程中增长才干，不断提高实践能力、创新能力。只有让所学服务于正确的人生价值目标，并且踏踏实实地去劳动创造，才能实现最大的人生价值，才能实现人生自我价值与社会价值的统一。

奋斗是青春最亮丽的底色。“自信人生二百年，会当水击三千里。”民族复兴的使命要靠奋斗来实现，人生理想的风帆要靠奋斗来扬起。没有广大人民特别是一代代青年前赴后继、艰苦卓绝的接续奋斗，就没有中国特色社会主义新时代的今天，更不会有实现中华民族伟大复兴的明天。

——习近平

一代人有一代人的责任和担当，青春的底色永远离不开“奋斗”两字。正如习近平所说：“现在，青春是用来奋斗的；将来，青春是用来回忆的。”① 我们现在享受的幸福生活，是一代又一代前辈接力奋斗创造的。人世间的一切幸福都需要靠辛勤的劳动来创造，追求幸福的过程就是不满足于现状、不断追求和创造更美好生活的过程。我们要享受眼前的幸福，更要不断奋斗，创造未来的幸福，在奋斗中创造幸福人生。今天仍然

① 《习近平谈治国理政》第一卷，外文出版社2018年版，第54页。

是奋斗者的时代，书写新的辉煌业绩离不开新时代的奋斗者。新时代呼唤新使命，新使命需要新担当。青年是标志时代的最灵敏的晴雨表，时代的责任赋予青年，时代的光荣属于青年。新时代的大学生应当砥砺奋斗、锤炼品格，释放火热青春的奋斗激情，彰显有志青年的人生价值。

思考讨论

1. 马克思主义认为，个人与社会是辩证统一的。请你据此谈谈人生的自我价值与社会价值的关系。

2. 青年处于人生道路的起步阶段，在学习、工作、生活方面往往会遇到不少困难和挫折。请你结合自身实际，谈谈如何正确认识和处理人生矛盾。

3. 新时代是奋斗者的时代，只有奋斗的人生才称得上幸福的人生。新时代大学生如何成就出彩人生？

文献阅读

1. 毛泽东：《为人民服务》，《毛泽东选集》第三卷，人民出版社 1991 年版。

1944 年 9 月，中共中央警备团战士张思德英勇牺牲。当时正处于抗日战争的艰难时期，为了纪念张思德同志，也为了克服面临的诸多困难，毛泽东在中央警备团追悼张思德的会上作了题为《为人民服务》的讲演，赞扬张思德同志“为人民利益而死，就比泰山还重”。明确革命队伍是为人民服务的，就能够正确对待自己在工作中的缺点和面临的困难，就能够以对人民负责的态度团结起来，做有益于人民利益的工作。

2. 中央党校采访实录编辑室：《习近平的七年知青岁月》，中共中央党校出版社 2017 年版。

该书是一本系列采访实录，被采访人既有曾与习近平一起插队的北京知青，又有曾同他朝夕相处的当地村民，还有当年同他相知相交的各方面人士。这些受访者通过自己的亲身经历，用真实的历史细节讲述了习近平当年“苦其心志，劳其筋骨，饿其体肤，空乏其身”的历练故事。阅读该书，可以从小故事中读出大道理，从真情怀中感受大担当，从奋斗史中汲取大智慧。

3. 本书编写组：《习近平与大学生朋友们》，中国青年出版社 2020 年版。

该书以“当事人讲当年事”的形式，讲述了 1983 年 12 月至 2019 年 7 月间，习近平在河北正定、福建、浙江、上海和到中央工作以来，与大学生们交往、交流、交心的故事，真实记录了他对青年特别是大学生始终如一的关注、关心、关爱。该书在大量真实而生动的细节中，给出了习近平关于青年大学生如何将个人进步融入时代发展、如何用所学知识投身国家治理等重要人生课题的答案，对青年大学生成长成才具有重要的启发意义。

4. 中华人民共和国国务院新闻办公室：《新时代的中国青年》，人民出版社 2022 年版。

该书是新中国历史上第一部专门关于青年的白皮书。白皮书深入贯彻习近平新时代中国特色社会主义思想，回顾 100 年来中国青年在党的领导下为实现民族复兴接续奋斗的历程，介绍党的十八大以来以习近平同志为核心的党中央对青年发展的关心重视，介绍中国推动青年发展的政策举措，展示新时代中国青年事业的发展成就和新时代中国青年的精神风貌，向全世界青年发出倡议，呼吁全世界青年为共同推动构建人类命运共同体、建设更加美好的世界贡献智慧力量。

第二章　追求远大理想　坚定崇高信念

漫漫人生，唯有激流勇进、奋力拼搏，方能中流击水，抵达理想的彼岸。科学的理想信念，既是指引人们穿越迷雾、辨识航向的灯塔，也是激励人们乘风破浪、搏击沧海的风帆。大学是立德树人、培养人才的地方，是青年人学习知识、增长才干、放飞梦想的地方。追求远大理想，坚定崇高信念，在为实现中国特色社会主义共同理想而奋斗的过程中实现个人理想，是同学们自身成长成才的现实需要，也是国家和人民的殷切期盼。

第一节　理想信念的内涵及重要性

理想信念是人的精神世界的核心，是人精神上的“钙”。没有理想信念，理想信念不坚定，精神上就会“缺钙”，就会得“软骨病”。一个人精神上“缺钙”，就容易精神空虚甚至陷入精神荒漠，既不可能感受精神生活的丰满充实，更不可能承担时代所赋予的历史重任。

一、什么是理想信念

理想信念是人类特有的精神现象。人既需要物质资料来实现生存和发展，也需要理想信念来充实精神生活。正确坚定的理想信念，激励人们为一定的社会理想和生活目标而不断努力追求。

（一）理想的内涵与特征

理想是人们在实践中形成的、有实现可能性的、对未来社会和自身发展目标的向往与追求，是人们的世界观、人生观和价值观在奋斗目标上的集中体现。理想是多方面和多类型的，根据不同的标准，可以分为个人理想和社会理想，近期理想和远期理想，生活理想、职业理想、道德理想和政治理想等。

拓展

中国人的“大同”理想

在中西方文明中，有各种学说探寻人类心中最美好的理想生活，“大同”无疑是中国人心中美好的愿景之一。《礼记》中说：“大道之行也，天下为公，选贤与能，讲信修睦。”世界大同、和合共生，是中国几千年文明一直秉持的理念。推动构建人类命运共同体，建设持久和平、普遍安全、共同繁荣、开放包容、清洁美丽的世界，把世界各国人民对美好生活的向往变成现实，是当代中国为人类和平与发展作贡献的真诚愿望和实际行动。

理想具有超越性。理想因其远大而为理想。理想之所以能够成为一种推动人们创造美好生活的巨大力量，就在于它不仅源于现实，而且超越现实。理想在现实中产生，但它不是对现状的简单描绘，而是与奋斗目标相联系的未来的现实，是人们对未来美好生活的憧憬和期待。离开理想的指引，人们会失去前进的方向；离开现实的努力，理想同样不能实现。科学的理想是人的主观能动性与社会发展客观趋势的一致性的反映，是在正确把握社会历史发展客观规律的基础上形成的合乎社会发展要求、合乎人民利益的价值追求。

理想具有实践性。作为一定的社会实践的产物，理想是处在特定历史条件下的人们对社会实践活动理性认识的结晶。离开了实践，任何理想的产生都是不可思议的。理想的实现，同样也离不开实践。人们只有在改造客观世界和主观世界的实践过程中才能化理想为现实。理想在实践中产生，在实践中发展，而且也只有在实践中才能得以实现。

理想具有时代性。理想同任何一种社会意识形式一样，都是一定时代的产物，都带着特定历史时代的烙印。不同时代的生产力发展水平不同，社会历史条件和政治经济关系不同，人们对社会现实状况、社会实践活动及其发展规律认识的深度和广度不同，形成的理想也就会有所不同。理想的时代性，不仅体现为它受时代条件的制约，而且体现为它随着时代的发展而发展。随着社会的发展进步，随着对社会发展规律和人的发展规律认识的逐步深化，人们也会不断地调整、丰富和发展自己的理想。

（二）信念的内涵与特征

信念同理想一样，也是人类特有的精神现象。信念是人们在一定的认识基础上确立的对某种思想或事物坚信不疑并身体力行的精神状态。信念是认知、情感和意志的有机统一体，为人们矢志不渝、百折不挠地追求理想目标提供了强大的精神动力。

信念具有执着性。信念因其执着而为信念。信念一旦形成，就不会轻易改变。当一个人抱有坚定的信念时，他就会全身心投入为实现目标而努力奋斗的事业中，精神上高度集中，态度上充满热情，行为上坚定不移。坚定的信念使得人们具有强大的精神定力，不为诱惑所扰，不为困难所惧。

信念具有支撑性。信念是一个人经受实践考验而始终坚守理想的精神力量。任何一种理想的实现都不是轻而易举的，会遇到各种各样的困难和波折，人必须有坚定不移的决心和坚忍不拔的意志，才能不断战胜困难，把理想变为现实。纵观人类社会发展史，共同的信念凝聚着一个国家、一个民族的集体意志，为社会理想的实现提供强大的精神力量。

心有所信，方能行远。面向未来，走好新时代的长征路，我们更需要坚定理想信念、矢志拼搏奋斗。

——习近平

信念具有多样性。不同的人由于社会环境、思想观念、利益需要、人生经历和性格特征等方面的差异，会形成不同的信念，同时一个人在社会实践中会形成不同类型和层次的信念，并由此构成其信念体系。在信念体系中，高层次的信念决定低层次的信念，低层次的信念服从高层次的信念。信仰是最高层次的信念，具有最大的统摄力。信仰有盲目和科学之分。盲目的信仰就是对虚幻的世界、不切实际的观念、荒谬的理论等对象的迷信和狂热崇拜，科学的信仰则来自人们对自然界和人类社会发展规律的正确认识。

图说

2021 年 3 月 31 日，“中国天眼”正式向全球天文学家开放，这是世界上最大的单口径射电望远镜。为了让中国的天文探索事业赶超其他国家，项目首席科学家、总工程师南仁东心无旁骛、孜孜以求，历经 20 余载，8000 多个日夜，最终在世界天文史上镌刻下新的高度。

“志之所趋，无远弗届，穷山距海，不能限也。志之所向，无坚不入，锐兵精甲，不能御也。”志存高远的人，再遥远的地方也能达到，再坚固的东西也能突破。理想和信念总是相互依存。理想是信念所指的对象，信念则是理想实现的保障。离开理想这个人们确信和追求的目标，信念无从产生；离开信念这种对奋斗目标的执着向往和追求，理想寸步难行。在此意义上，理想和信念难以分割地紧密联系在一起。也正因如此，人们常将理想与信念合称为理想信念。

二、理想信念是精神之“钙”

理想指引方向，信念决定成败。如果说社会是大海，人生是小舟，那么理想信念就是引航的灯塔和远航的风帆。没有理想信念的人生，就像失去了方向和动力的小船，在生活的波浪中随处漂泊，甚至会沉没于急流之中。理想信念是人生发展的内在动力。在大学期间，大学生不仅要提高知识水平，增强实践才干，更要树立崇高的理想信念。

图说

长征是一次理想信念的伟大远征。长征的胜利，是中国共产党人理想的胜利，是中国共产党人信念的胜利。习近平指出：“长征胜利启示我们：心中有信仰，脚下有力量；没有牢不可破的理想信念，没有崇高理想信念的有力支撑，要取得长征胜利是不可想象的。”[①] 长征途中，英雄的红军纵横十余省，长驱二万五千里，同敌人进行了600余次战役战斗，跨越近百条江河，攀越40余座高山险峰，其中海拔4000米以上的雪山就有20余座，穿越了被称为“死亡陷阱”的茫茫草地。红军用顽强的意志征服了人类生存极限，完成了看似不可能完成的伟大征程，创造了气吞山河的人间奇迹。

理想信念昭示奋斗目标。人生是一个在实践中奋斗的过程，要使生命富有意义，就必须在科学的理想信念指引下，沿着正确的人生道路前进。理想信念是人的思想和行为的定向器，一旦确立就可以使人方向明确、精

① 《习近平谈治国理政》第二卷，外文出版社2017年版，第49页。

神振奋，即使前进的道路曲折、人生的境遇复杂，也能使人看到未来的希望和曙光，永不迷失前进的方向。只有理想信念坚定的人，才能矢志不渝、百折不挠，不论风吹雨打，不怕千难万险，坚定不移为实现既定目标而奋斗。人的理想信念反映的是对社会和人自身发展的期望。因此，有什么样的理想信念，就意味着以什么样的期望和方式去改造自然和社会，塑造和成就自身。只有树立起崇高的理想信念，才能够解答好人生的意义、奋斗的价值以及做什么样的人等重要的人生课题。

理想信念催生前进动力。志向高远，便力量无穷。一个人有了崇高坚定的理想信念，才会以惊人的毅力和不懈的努力成就事业。与此相反，一个人如果没有崇高坚定的理想信念，就有可能浑浑噩噩、庸庸碌碌、虚度一生，甚至腐化堕落、走上邪路。无数杰出人物之所以能在平凡的岗位上作出不平凡的业绩，在极其困难的条件下创造奇迹，一个重要的原因就在于他们具有崇高坚定的理想信念，从而具有披荆斩棘、锲而不舍的动力。大学时期确立的理想信念，对今后的人生之路将产生重大影响，甚至会影响终身。大学生人生目标的确立、生活态度的形成、知识才能的丰富、发展方向的设定、工作岗位的选择，以及如何择友、如何面对挫折、如何克服困难等问题的解决，都需要一个总的原则和目标，都离不开理想信念的指引和激励。我们应当重视理想信念的选择和确立，努力树立科学崇高的理想信念，使人生道路越走越宽广，使宝贵的人生富有价值。

图说

张桂梅是云南省丽江市华坪县女子高级中学党支部书记、校长，华坪县儿童福利院院长。她创办了全国第一所全免费女子高中，是华坪儿童之家孤儿们的“妈妈”。她多年坚持家访，为学生留住了用知识改变命运的机会。2021 年，张桂梅被授予“七一勋章”。

理想信念提供精神支柱。理想信念是一个人在精神生活领域“安身立命”的根本。没有理想信念的支撑，人的精神世界就如同无根之木、无基之塔。理想信念能够使人们在遭遇挫折、经受考验的时候，做到知难而进、迎难而上，顽强奋斗直至战胜艰难险阻。今天，像战争年代那种血与火的生死考验少了，但具有新的历史特点的伟大斗争仍然在继续，我们正面临着一系列重大挑战、重大风险、重大阻力、重大矛盾的艰巨考验。没有坚定的理想信念，就会在乱云飞渡的复杂环境中迷失方向、在泰山压顶的巨大压力下退缩逃避、在糖衣炮弹的轮番轰炸下缴械投降。“不能胜寸心，安能胜苍穹。”只有铸牢理想信念之魂，才能经受得住各种考验，创造人生事业的辉煌。同学们要在坚定理想信念上下功夫，为人生的发展筑牢信仰之基，补足精神之钙，把稳思想之舵。

理想信念提高精神境界。理想信念是衡量一个人精神境界高下的重要标尺。理想信念作为人的精神世界的核心，一方面能使人的精神生活的各个方面统一起来，使人的精神世界成为一个健康有序的系统，避免精神空虚和迷茫；另一方面又能引导人们不断地追求更高的人生目标，并在追求和实现理想目标的过程中提升精神境界、塑造高尚人格。在追求理想和实现理想的过程中，人们要不断面对各种挑战、抵御各种诱惑、突破各种局限、克服各种困难。这就需要人们发扬斗争精神、提高斗争本领，依靠顽强斗争打开事业发展新天地。这是一个人的精神世界从狭隘走向高远、从空虚走向充实、从犹疑走向执着的过程，也是一个人沿着自我成长和完善的阶梯不断攀登、逐步提升精神境界的过程。

大学生只有树立崇高的理想信念，才能激发起为民族复兴和人民幸福而发愤学习的强烈责任感与使命感，掌握建设祖国、服务人民的本领。不论今后从事什么职业，大学生都要把个人的奋斗志向同国家和民族的前途命运紧紧联系在一起，把个人的学习进步同祖国的繁荣昌盛紧紧联系在一起，使理想信念之花结出丰硕的成长成才之果。

第二节 坚定信仰信念信心

加强思想修养、提高精神境界，必须牢牢把握理想信念这个核心。要实现国家的繁荣富强、民族的伟大复兴、人民的美好生活，离不开崇高理想信念的有力支撑。“志不求易者成，事不避难者进。”实现中华民族伟大复兴的中国梦需要一代一代青年矢志奋斗。同学们生逢其时、肩负重任，应当志存高远、脚踏实地，切实增强对马克思主义、共产主义的信仰，增强对中国特色社会主义的信念，增强对实现中华民族伟大复兴的信心，把个人理想追求融入党和国家事业之中。

学史增信，就是要增强信仰、信念、信心，这是我们战胜一切强敌、克服一切困难、夺取一切胜利的强大精神力量。要增强对马克思主义、共产主义的信仰，教育引导广大党员、干部从党百年奋斗中感悟信仰的力量，始终保持顽强意志，勇敢战胜各种重大困难和严峻挑战。要增强对中国特色社会主义的信念，教育引导广大党员、干部深刻认识到，中国特色社会主义是历史发展的必然结果，是发展中国的必由之路，是经过实践检验的科学真理，始终坚定道路自信、理论自信、制度自信、文化自信。要增强对实现中华民族伟大复兴的信心，教育引导广大党员、干部牢记初心使命、增强必胜信心，坚信我们党一定能够团结带领人民在中国特色社会主义道路上实现中华民族伟大复兴，努力创造属于我们这一代人、无愧新时代的历史功绩。

——习近平

一、增强对马克思主义、共产主义的信仰

坚定的理想信念，必须建立在对马克思主义的坚定信仰上，建立在对

历史规律的深刻把握上。马克思主义坚持远大理想和现实目标相结合、历史必然性和发展阶段相统一，坚信人类社会必然走向共产主义。马克思主义作为我们立党立国的根本指导思想，是近代以来中国历史发展的必然结果，是中国人民长期探索的历史选择。大学生要树立崇高的理想信念，增强对马克思主义、共产主义的信仰，在错综复杂的社会现象中看清本质、明确方向，为服务人民、奉献社会作出更大的贡献。

董必武：深信前途会伐柯

董必武是中共一大代表，曾任中华人民共和国副主席、代主席。他早年投身辛亥革命，加入中国同盟会。后来，他在对中国革命前途和中国社会命运的深深思索中最终选择了马克思主义、共产主义信仰。此后，他创办学校，参与创建武汉共产党早期组织，在武汉建立社会主义青年团、马克思学说研究会，组织妇女读书会、青年读书会，传播新思想，举办夜校、识字班，向工人宣传马克思主义。董必武不仅是党的统一战线领域的卓越领导者，也是新中国的缔造者和奠基人之一。董必武曾写下《九十初度》一诗："九十光阴瞬息过，吾生多难感蹉跎。五朝敝政皆亲历，一代新规要渐磨。彻底革心兼革面，随人治岭与治河。遵从马列无不胜，深信前途会伐柯。"这首诗充分表达了他一生追求真理、坚信马克思主义的崇高人格和革命情怀。

（一）为什么要信仰马克思主义

马克思主义是我们认识世界、改造世界的强大思想武器。马克思主义为我们提供了科学的思想方法，正确运用马克思主义，我们在观察事物时就能正确地提出问题、分析问题和解决问题。新时代的青年大学生肩负建成社会主义现代化强国、实现中华民族伟大复兴的中国梦的时代使命，需要全面、准确、科学地认识马克思主义，把握马克思主义的科学价值和实践意义，增强对马克思主义的信仰。

马克思给我们留下的最有价值、最具影响力的精神财富，就是以他名字命名的科学理论——马克思主义。这一理论犹如壮丽的日出，照亮了人类探索历史规律和寻求自身解放的道路。

——习近平

马克思主义是科学的理论，创造性地揭示了人类社会发展规律。马克思主义是在批判地吸收前人优秀思想成果、总结人类历史经验的基础上，创立的科学理论。马克思主义深刻揭示了自然界、人类社会、人类思维发展的普遍规律，为人类社会发展进步指明了方向。马克思主义揭示了事物的本质、内在联系及发展规律，是“伟大的认识工具”。时代在变化，社会在发展，但马克思主义基本原理依然是科学真理。尽管我们所处的时代同马克思所处的时代相比发生了巨大而深刻的变化，但从世界社会主义500年的大视野来看，我们依然处在马克思主义所指明的历史时代。这是我们对马克思主义、共产主义保持坚定信仰的科学根据。

马克思主义是人民的理论，第一次创立了人民实现自身解放的思想体系。人民性是马克思主义的本质属性。马克思主义博大精深，归根到底就是一句话，为人类求解放。在马克思之前，社会上占统治地位的理论都是为统治阶级服务的。马克思主义第一次站在人民的立场探求人类自由解放的道路，以科学的理论为最终建立一个没有压迫、没有剥削、人人平等、人人自由的理想社会指明了方向。一切脱离人民的理论都是苍白无力的，一切不为人民造福的理论都是没有生命力的。马克思主义之所以具有跨越国度、跨越时代的影响力，就是因为它植根于人民之中，指明了依靠人民推动历史前进的人间正道。

马克思主义是实践的理论，指引着人民改造世界的行动。马克思主义

不仅致力于科学解释世界，而且致力于积极改变世界。在伦敦海格特公墓的马克思墓碑上，镌刻着马克思的一句名言：“哲学家们只是用不同的方式解释世界，问题在于改变世界。”[①] 这鲜明地表明了马克思主义重视实践、以改造世界为己任的基本特征。正是在马克思主义的指导下，社会主义由空想变成科学，由科学理论转变为社会实践。社会主义国家的出现和社会主义制度的建立，深刻改变着人类历史的走向。虽然东欧剧变和苏联解体使世界社会主义运动遭受了严重挫折，但是历史发展的总趋势并没有改变。特别是中国特色社会主义的成功实践，无可辩驳地证明了马克思主义具有鲜活的实践性和创造性，证明了马克思主义在中国的实践伟力。在人类思想史上，还没有一种理论像马克思主义那样对人类文明进步产生如此广泛而巨大的影响。

马克思主义是不断发展的开放的理论，始终站在时代前沿。马克思主义诞生于 19 世纪中叶，但并没有停留在 19 世纪。马克思一再告诫人们，马克思主义理论不是教条，而是行动指南，必须随着实践的变化而发展。一部马克思主义发展史就是马克思、恩格斯以及他们的后继者们不断根据时代、实践、认识发展而发展的历史，是不断吸收人类历史上一切优秀思想文化成果丰富自己的历史。因此，马克思主义能够永葆其美妙之青春，不断探索时代发展提出的新课题，回应人类社会面临的新挑战。马克思主义进入中国，既引发了中华文明的深刻变革，也走过了一个逐步中国化的过程。百余年来，中国共产党坚持解放思想和实事求是相统一、培元固本

① 《马克思恩格斯文集》第一卷，人民出版社 2009 年版，第 502 页。

和守正创新相统一，不断开辟马克思主义新境界，产生了毛泽东思想、邓小平理论、“三个代表”重要思想、科学发展观，产生了习近平新时代中国特色社会主义思想，为党和人民事业发展提供了科学理论指导。一部党的历史，就是一部不断推进马克思主义中国化时代化的历史，就是一部不断推进理论创新、进行理论创造的历史。以史为鉴，开创未来，必须继续推进马克思主义中国化时代化。马克思主义只有同中国具体实际相结合、同中华优秀传统文化相结合，才能焕发出强大的生命力、创造力和感召力。

马克思主义是我们立党立国、兴党兴国的根本指导思想。实践告诉我们，中国共产党为什么能，中国特色社会主义为什么好，归根到底是马克思主义行，是中国化时代化的马克思主义行。

——习近平

马克思主义是党和人民事业不断发展的参天大树之根本，是党和人民不断奋进的万里长河之泉源。“拥有马克思主义科学理论指导是我们党坚定信仰信念、把握历史主动的根本所在。”[①] 对马克思主义的信仰，对社会主义和共产主义的信念，是共产党人的政治灵魂，是共产党人经受住任何考验的精神支柱。背离或放弃马克思主义，就会失去灵魂、迷失方向。大学生坚定马克思主义信仰，最重要的是学习和掌握马克思主义的立场、观点、方法，准确把握时代发展潮流，以科学的理想信念指引人生前进的道路和方向。

（二）胸怀共产主义远大理想

马克思主义科学预测了未来社会的理想状态，指明了人类社会的发

① 习近平：《高举中国特色社会主义伟大旗帜　为全面建设社会主义现代化国家而团结奋斗——在中国共产党第二十次全国代表大会上的报告》，人民出版社2022年版，第16页。

展方向。共产主义社会是物质财富极大丰富、实现按需分配、人的精神境界极大提高、每个人自由而全面发展的社会。共产主义只有在社会主义社会充分发展和高度发达的基础上才能实现。中国共产党从成立之日起，就确立了共产主义的远大理想，始终团结带领中国人民朝着这个伟大理想前行。

革命理想高于天。中国共产党之所以叫共产党，就是因为从成立之日起我们党就把共产主义确立为远大理想。我们党之所以能够经受一次次挫折而又一次次奋起，归根到底是因为我们党有远大理想和崇高追求。

——习近平

共产主义是现实运动和长远目标相统一的过程。共产主义是崇高的社会理想，是关于无产阶级解放的学说，同时也是一种现实运动。共产主义远大理想既是面向未来的，又是指向现实的，不仅反映了人们对未来社会的美好向往，更是一个从现实的人出发，不断满足人的现实利益需求、推进人的全面发展、推动社会发展进步的历史过程与现实运动。有人认为，共产主义理想离现实太遥远，是无法实现的，这实际上割裂了共产主义远大理想与现实的辩证统一关系。事实上，共产主义的思想和实践早已存在于我们的现实生活中，那种认为“共产主义是渺茫的幻想”“共产主义没有经过实践检验”的观点，是完全错误的。

回顾共产主义运动的历史进程，从1848年《共产党宣言》问世到1917年第一个社会主义国家建立，从第二次世界大战后一大批社会主义国家勃然兴起到20世纪80年代末90年代初东欧剧变、苏联解体，再到新时代中国特色社会主义焕发出前所未有的生机和活力，社会主义和共产主义的理想与实践不仅没有戛然而止，没有像西方某些人所预言的那样进入历史博物馆，反而在长期的艰辛探索中展现出更加光明的前景。理想实现的路途是艰难曲折的，共产主义远大理想的实现更是需要一代又一代人的不懈奋斗和接续努力。必须认识到，我们现在的努力以及将来多少代人的持续努力，都是朝着最终实现共产主义这个大目标前进的。同时，也必须认识到，实现共产主义是一个非常漫长的历史过程，我们必须立足党在现阶段的奋斗目标，脚踏实地推进我们的事业。如果丢失了共产党人的远大目标，就会迷失方向，变成功利主义、实用主义。

共产主义决不是“土豆烧牛肉”那么简单，不可能唾手可得、一蹴而就，但我们不能因为实现共产主义理想是一个漫长的过程，就认为那是虚无缥缈的海市蜃楼，就不去做一个忠诚的共产党员。革命理想高于天。实现共产主义是我们共产党人的最高理想，而这个最高理想是需要一代又一代人接力奋斗的。如果大家都觉得这是看不见摸不着的东西，没有必要为之奋斗和牺牲，那共产主义就真的永远实现不了了。我们现在坚持和发展中国特色社会主义，就是向着最高理想所进行的实实在在努力。

——习近平

二、增强对中国特色社会主义的信念

中国特色社会主义，承载着几代中国共产党人的理想和探索，寄托着无数仁人志士的夙愿和期盼，凝聚着亿万人民的奋斗和牺牲，是近代以来中国社会发展的必然选择。在中国共产党领导下，坚持和发展中国特色社会主义，实现中华民族伟大复兴，要求我们必须增强对中国特色社会主义的坚定信念。

中国特色社会主义是科学社会主义，而不是其他什么主义。历史和现实都告诉我们，只有社会主义才能救中国，只有中国特色社会主义才能发展中国。中国特色社会主义是改革开放以来党的全部理论和实践的主题，是党和人民历尽千辛万苦、付出巨大代价才取得的根本成就。中国特色社会主义，既坚持了科学社会主义基本原则，又根据时代条件赋予其鲜明的中国特色，以全新的视野深化了对共产党执政规律、社会主义建设规律、人类社会发展规律的认识，使我们国家快速发展起来，使我国人民生活水平快速提高起来。新时代坚持和发展中国特色社会主义，总任务是实现社会主义现代化和中华民族伟大复兴，在全面建成小康社会的基础上，分两步走，到本世纪中叶建成富强民主文明和谐美丽的社会主义现代化强国，以中国式现代化推进中华民族伟大复兴。在当代中国，坚持中国特色社会主义，就是真正坚持科学社会主义。

明辨

为什么说中国特色社会主义是科学社会主义而不是其他什么主义？

中国特色社会主义坚持了科学社会主义的基本原则。在领导制度上，中国共产党领导是中国特色社会主义最本质的特征，是中国特色社会主义制度的最大优势；在国体和政体上，实行人民民主专政和人民代表大会制度；在经济制度上，坚持公有制为主体、多种所有制经济共同发展，坚持按劳分配为主体、多种分配方式并存，实行社会主义市场经济体制；在意识形态上，坚持马克思主义指导地位不动摇，培育和践行社会主义核心价值观；在根本立场上，坚持以人民为中心，不断促进人的全面发展，实现全体人民共同富裕。这些都在新的历史条件下体现了科学社会主义基本原则，赓续了科学社会主义基因血脉，丰富发展了科学社会主义并赋予其鲜明中国特色。中国特色社会主义不仅没有背离科学社会主义，而且恰恰是在坚持科学社会主义基本原则同中国具体实际、历史文化传统、时代要求相结合的过程中，得以丰富和发展。中国特色社会主义，是科学社会主义理论逻辑和中国社会发展历史逻辑的辩证统一，是根植于中国大地、反映中国人民意愿、适应中国和时代发展进步要求的社会主义。

中国特色社会主义不是从天上掉下来的，而是中国共产党带领中国人民历经千辛万苦找到的实现中国梦的正确道路。改革开放以来我们取得一切成绩和进步的根本原因，归结起来就是：开辟了中国特色社会主义道路，形成了中国特色社会主义理论体系，确立了中国特色社会主义制度，发展了中国特色社会主义文化。中国特色社会主义道路是实现社会主义现代化、指引中国人民创造自己美好生活的必由之路。中国特色社会主义理论体系是指导党和人民沿着中国特色社会主义道路实现中华民族伟大复兴的正确理论，是立于时代前沿、与时俱进的科学理论。中国特色社会主义制度是当代中国发展进步的根本制度保障，是具有鲜明中国特色、明显制度优势、强大自我完善能力的先进制度。中国特色社会主义文化源自中华民族 5000 多年文明历史所孕育的中华优秀传统文化，熔铸于党领导人民在革命、建设、改革中创造的革命文化和社会主义先进文化，植根于中国特色社会主义伟大实践，是中国人民胜利前行的强大精神力量。中国特色社会主义，既是我们必须不断推进的伟大事业，又是我们开辟未来的根本保证。走自己的路，是党的全部理论和实践立足点，更是党百年奋斗得出的历史结论。以史为鉴，开创未来，必须坚持和发展中国特色社会主义。

中国共产党领导是中国特色社会主义最本质的特征，是中国特色社会主义制度的最大优势，是党和国家的根本所在、命脉所在，是全国各族人民的利益所系、命运所系。中国共产党是中国工人阶级的先锋队，同时是中国人民和中华民族的先锋队，是中国特色社会主义事业的领导核心。中国共产党自诞生之日起，就把为中国人民谋幸福、为中华民族谋复兴作为自己的初心和使命，并团结带领全国各族人民不懈奋斗，战胜各种艰难险阻，不断取得革命、建设、改革的伟大胜利。中国共产党领导中国人民取得的伟大胜利，使具有 5000 多年文明历史的中华民族全面迈向现代化，让中华文明在现代化进程中焕发出新的蓬勃生机；使具有 500 多年历史的社会主义主张在世界上人口最多的国家成功开辟出具有高度现实性和可行性的正确道路，让科学社会主义在 21 世纪焕发出新的蓬勃生机；使具有70多年历史的新中国建设取得举世瞩目的成就，让中国这个世界上最大的发展中国家在短短40多年里摆脱贫困全面建成了小康社会，创造了人类社会发展史上惊天动地的发展奇迹；使新时代中国特色社会主义取得历史性成就、发生历史性变革，让中国式现代化为人类实现现代化提供了新的选择，为解决人类面临的共同问题提供更多更好的中国智慧、中国方案、中国力量，为人类和平与发展崇高事业作出新的更大贡献。当今中国，只有中国共产党，才能领导中国人民坚持和发展中国特色社会主义，才能担当起带领中国人民创造幸福生活、实现中华民族伟大复兴的历史使命。

三、增强对实现中华民族伟大复兴的信心

中国共产党一经诞生，就把为中国人民谋幸福、为中华民族谋复兴确立为自己的初心使命。一百年来，中国共产党团结带领中国人民进行的一切奋斗、一切牺牲、一切创造，归结起来就是一个主题：实现中华民族伟大复兴。

——习近平

实现中华民族伟大复兴，是中华民族近代以来最伟大的梦想。这个梦想，就是要实现国家富强、民族振兴、人民幸福，它凝聚了几代中国人的夙愿，体现了中华民族和中国人民的整体利益，是每一个中华儿女的共同期盼。我们的民族是伟大的民族。在5000多年的文明发展历程中，中华民族为人类文明进步作出了不可磨灭的贡献。近代以后，我们的民族历经磨难，中华民族到了最危险的时候，无数仁人志士在探索救国救民的道路上作出了可歌可泣的奉献和牺牲，值得永远敬仰和铭记。在中国共产党领导下，我们终于找到实现民族复兴的正确道路。经过新民主主义革命，中华民族获得了独立，中国人民得到了解放，实现了站起来的愿望。经过社

会主义革命和建设特别是改革开放以来的中国特色社会主义建设，中华民族实现了富起来的愿望，不仅人民群众的生活得到了巨大改善，国家的经济实力、科技实力、国防实力、综合国力也进入世界前列，国际地位实现了前所未有的提升。经过长期艰苦的努力，中华民族迎来了从站起来、富起来到强起来的伟大飞跃，中国特色社会主义迎来了从创立、发展到完善的伟大飞跃，中国人民迎来了从温饱不足到小康富裕的伟大飞跃。

社会主义没有辜负中国

在中华民族积贫积弱、任人宰割的时期，各种主义和思潮都进行过尝试，资本主义道路没有走通，改良主义、自由主义、社会达尔文主义、无政府主义、实用主义、民粹主义、工团主义等也都“你方唱罢我登场”，但都没能解决中国的前途和命运问题。是马克思主义引导中国人民走出了漫漫长夜、建立新中国，走上社会主义康庄大道，是中国特色社会主义使中国快速发展起来了。在百余年接续奋斗中，一代又一代中国共产党人不忘初心、牢记使命，团结带领人民为实现中华民族伟大复兴作出卓越贡献，创造了中华民族发展史、人类社会进步史上惊天动地的奇迹。

实现中华民族伟大复兴的中国梦是一项光荣而艰巨的事业。中华民族伟大复兴，绝不是轻轻松松、敲锣打鼓就能实现的，必须付出艰苦的努力。中国共产党一经成立，就义无反顾肩负起实现中华民族伟大复兴的历史使命。百余年来，为了实现这一历史使命，无论是弱小还是强大，无论是顺境还是逆境，中国共产党都初心不改、矢志不渝，团结带领人民历经千难万险，付出巨大牺牲，敢于面对挫折，勇于修正错误，攻克了一个又一个看似不可攻克的难关，创造了一个又一个彪炳史册的人间奇迹。进入新发展阶段，是中华民族伟大复兴历史进程的大跨越。中国人民实现中华民族伟大复兴的愿望和信心无比强烈，中华民族伟大复兴的前进步伐势不可挡。

中国的昨天已经写在人类的史册上，中国的今天正在亿万人民手中创造，中国的明天必将更加美好。信仰、信念、信心，任何时候都至关重要。小到一个人、一个集体，大到一个政党、一个民族、一个国家，只要有信仰、信念、信心，就会愈挫愈奋、愈战愈勇，否则就会不战自败、不打自垮。理想信念之火一经点燃就会产生巨大的精神力量。无论过去、现在还是将来，对马克思主义、共产主义的信仰，对中国特色社会主义的信念，对实现中华民族伟大复兴的中国梦的信心，都是指引和支撑中国人民站起来、富起来、强起来的强大精神力量。心中有信仰，脚下有力量。走好新时代的长征路，大学生要不断增强中国特色社会主义道路自信、理论自信、制度自信、文化自信，自觉做共产主义远大理想和中国特色社会主义共同理想的坚定信仰者、忠实实践者，为崇高理想信念而矢志奋斗。

第三节　在实现中国梦的实践中放飞青春梦想

理想信念是一个思想认识问题，更是一个实践问题。如果说，现实是此岸，理想是彼岸，那么，唯有实践才是联系二者的桥梁。理想不等于现实，理想的实现往往要通过一条并不平坦的曲折之路，有赖于脚踏实地、持之以恒的奋斗。实践，只有实践，才是通往理想彼岸的桥梁。

一、科学把握理想与现实的辩证统一

在追求理想的过程中，人们常常会感受到理想与现实之间的矛盾。对于思想活跃的青年大学生来说，也容易对理想与现实的矛盾产生困惑，这就需要正确认识理想与现实的关系。

辩证看待理想与现实的矛盾。理想与现实是对立统一的。在日常生活

中，人们在处理理想与现实的关系时，往往只看到二者对立的一面，看不到二者统一的一面。一种认识偏向是用理想来否定现实，当发现现实不符合理想预期的时候，就对现实大失所望，甚至对现实采取全盘否定的态度。另一种认识偏向是用现实来否定理想，在追求理想的过程中一遇到困难就产生畏难情绪，觉得理想遥不可及，丧失为理想而奋斗的信心和勇气，直至最终放弃理想。之所以会出现这些认识误区，从思想方法上讲，是由于不能辩证地看待和处理理想与现实的矛盾。理想和现实存在着对立的一面，二者的矛盾与冲突，属于“应然”和“实然”的矛盾。假如理想与现实完全等同，那么理想的存在就没有意义了。理想与现实又是统一的。理想受现实的规定和制约，是在对现实认识的基础上发展起来的。一方面，现实中包含着理想的因素，孕育着理想的发展；另一方面，理想中也包含着现实，既包含着现实中必然发展的因素，又包含着由理想转化为现实的条件，在一定的条件下，理想就可以转化为未来的现实。脱离现实而谈理想，理想就会成为空想。

图说

屠守锷，我国航天事业的开拓者和奠基人之一，“两弹一星”功勋奖章获得者，著名导弹和火箭专家，中国科学院资深院士，国际宇航科学院院士。面对旧中国的满目疮痍，少年屠守锷立下终生志愿：一定要亲手造出我们自己的飞机，赶走侵略者，为死难的同胞报仇！1957 年，屠守锷应聂荣臻元帅之邀，跨进国防部第五研究院的大门。从此，他的命运便与中国航天事业紧紧联系在了一起。屠守锷参与了我国火箭技术发展重大战略问题的决策，领导科研团队解决了若干研制中的关键技术问题，为我国航天事业的发展作出了卓越贡献。

实现理想的长期性、艰巨性和曲折性。理想的实现是一个过程。一般来说，理想越是远大，它的实现过程就越复杂，需要的时间也就越漫长。纵观人类社会发展史，任何一种理想的实现都不是轻而易举的，必然会遇到各种各样的困难和波折，充满艰险和坎坷。实现理想、创造未来，必须有战胜种种艰难险阻的坚定不移的信心和坚忍不拔的毅力。理想变为现实不是一帆风顺的，往往会遭遇波澜和坎坷。在现实生活中，人们对于理想的美好有着充分的想象，而对于实现理想的艰难则往往估计不足。渴望早日实现理想，希望顺利实现理想，这是人之常情。但是，如果把实现理想设想得过分容易，对前进道路上的困难缺乏思想准备，遭遇到一点困难、曲折或失败就灰心丧气、悲观失望，那就会影响理想的实现。

艰苦奋斗是实现理想的重要条件。“人类的美好理想，都不可能唾手可得，都离不开筚路蓝缕、手胼足胝的艰苦奋斗。”[①] 一个没有艰苦奋斗精神作支撑的民族，是难以自立自强的；一个没有艰苦奋斗精神作支撑的国家，是难以发展进步的；一个没有艰苦奋斗精神作支撑的政党，它的事业是难以兴旺发达的。艰苦奋斗是我们的传家宝。我们的国家，我们的民族，从积贫积弱一步一步走到今天的发展繁荣，靠的就是一代又一代人的顽强拼搏，靠的就是中华民族自强不息的奋斗精神。在实现中华民族伟大复兴的新征程上，必然会有艰巨繁重的任务，必然会有艰难险阻甚至惊涛骇浪，特别需要我们发扬艰苦奋斗精神。对于当代青年来说，理想的实现必须通过实践才能转变为现实。凡有成就者，其渊博的知识、卓越的才能、闪光的智慧、不朽的业绩，都是从艰苦奋斗中得来的。艰苦奋斗是成就人生事业不可或缺的条件。在通向理想的道路上，在实现理想的过程中，没有艰苦奋斗的精神，理想是不会自动转化为现实的。

① 《习近平谈治国理政》第一卷，外文出版社 2018 年版，第 52 页。

明辨

当代青年还需要艰苦奋斗吗?

有人认为,“艰苦奋斗是老一辈的事,当代青年不需要艰苦奋斗”。这种观点在理论上是错误的,在实践中是有害的。一方面,物质生活条件的改善,社会观念的变化,只是赋予艰苦奋斗以新的时代内涵和实践要求,但艰苦奋斗的精神是永远不会过时的;另一方面,讲艰苦奋斗,也并不是不讲物质条件,而是为了实现既定的理想,吃苦耐劳,迎难而上,不惜奉献出自己的一切。当代中国既面临着重要发展机遇,也面临着前所未有的困难和挑战。梦在前方,路在脚下。自胜者强,自强者胜。实现我们的发展目标,需要广大青年锲而不舍、驰而不息的奋斗,不断书写奉献青春的时代篇章。

理想信念不是拿来说、拿来唱的,更不是用来装点门面的,只有见诸行动才有说服力。大学生要把敢于吃苦、勇于奋斗的精神落实到日常的学习、生活和工作中。在学习上,刻苦钻研、不畏艰难,孜孜不倦地学习理论和专业知识,不断提高思想道德和专业知识水平;在生活上,艰苦朴素、勤俭节约,抵制和反对铺张奢华的思想和生活作风;在工作上,奋发图强、不怕困难、不避艰险,努力完成各项任务。

二、坚持个人理想与社会理想的有机结合

坚持个人奋斗目标与国家、民族的奋斗目标相统一,把个人理想融入社会理想之中,在为实现社会理想而奋斗的过程中实现个人理想,这是大学生成长成才的必由之路。

个人理想是指处于一定历史条件和社会关系中的个体对于自己未来的物质生活、精神生活所产生的向往和追求。社会理想是指社会集体乃至社会全体成员的共同理想,即在全社会占主导地位的共同奋斗目标。个人理想与社

会理想的关系实质上是个人与社会关系在理想层面的反映。个人与社会有机地联系在一起，二者相互依存、相互制约、共同发展。同样，社会理想与个人理想也不是彼此孤立的，它们之间相互联系、相互影响、相互制约。

个人理想以社会理想为指引。追求个人理想的实践活动都是在社会中进行的，个人理想的确立不能只凭个人的主观愿望，而要顺应社会发展的客观规律和趋势要求；个人理想的实现不仅仅是个人奋斗的事情，而是要担当时代赋予的社会责任和历史使命。从根本上说，个人理想是由社会理想规定的。在整个理想体系中，社会理想是最根本、最重要的，个人理想则从属于社会理想。换句话说，个人理想的确立要以社会理想为导向，个人理想的实现依赖于社会理想的指引。个人理想只有同国家的前途、民族的命运相结合，个人的向往和追求只有同社会的需要和人民的利益相一致，才可能变为现实。

社会理想是个人理想的汇聚和升华。社会是个人的联合体，社会理想与个人理想密不可分。社会理想不是凭空产生的，也不是由外在力量强加的，而是建立在广大社会成员的个人理想基础之上的。强调个人理想要符合社会理想，并不是要排斥和抹杀个人理想，而是要摆正个人理想同社会理想的关系。社会理想归根到底要靠全体社会成员的共同努力来实现，并具体体现在每个社会成员为实现个人理想而进行的活生生的实践中。当社会理想同个人理想有矛盾冲突的时候，有志气、有抱负的人可以作出最大的自我牺牲，使个人的理想服从于全社会的共同理想。

图说

杂交水稻之父袁隆平有两个梦：一个“禾下乘凉梦”，一个“杂交水稻覆盖全球梦”。他曾说，全世界有1.6亿公顷的稻田，如果其中一半种上杂交稻，每公顷增产2吨，每年增产的

粮食可以多养活5亿人口。终其一生，袁隆平都在为实现梦想而奋斗。1964年，他开始研究杂交水稻，成功选育了世界上第一个实用高产杂交水稻品种。杂交水稻成果不但使水稻的单产和总产大幅度提高，而且还种到了沙漠和盐碱地，种到了非洲和全世界。2019年，袁隆平被授予“共和国勋章”。

得其大者可以兼其小。个人只有把人生理想融入国家和民族的事业中，才能最终成就一番事业。大学生对自己未来生活的追求和向往，不能脱离当代中国的社会现实。大学生要在社会理想的指引下，珍惜韶华、奋发有为，勇于追求个人理想，在实现社会理想的过程中努力实现个人理想。

三、为实现中国梦注入青春能量

青年的前途离不开国家的前途，没有国家的前途也就没有青年的前途。大学生肩负实现中华民族伟大复兴的中国梦的历史重任，只有把实现理想的道路建立在脚踏实地的奋斗上，才能放飞青春梦想，实现人生理想。

立鸿鹄志，做奋斗者。中国传统文化中有许多励志警句。如墨子说“志不强者智不达”，诸葛亮说“志当存高远”，王守仁说“志不立，天下无可成之事”。这里的“志”具有双重含义：一是对未来目标的向往，二是实现奋斗目标的顽强意志。志向，就是理想信念；立志，就是确立理想信念。“志高则言洁，志大则辞弘，志远则旨永。”有志者，事竟成；有大志者，人生事业才能辉煌。志向高远，就是要放开眼界，不满足于现状，也不屈服于一时一地的困难与挫折，更不要斤斤计较个人利益的多少与得失。大量事实告诉人们，那些在事业上取得伟大成就、对人类作出卓越贡献的人，都是在青年时期就立下了鸿鹄之志，并为之坚持不懈、努力奋斗。周恩来中学时期就立下了“为中华之崛起而读书”的志向，李四光、钱学森、邓稼先等老一代知识分子，青年时期就立志用自己的聪明才智报效祖国。青年志存高远，就能激发奋进潜力，青春岁月就不会像无舵之舟漂泊不定。树雄心、立壮志，是关系大学生一生前途命运的重大课题。

心怀“国之大者”，敢于担当。中国民主革命的先行者孙中山曾激励广大青年，要立志做大事，不要立志做大官。其中的道理就是希望青年以国家民族的命运为己任，而不要以个人的荣华富贵为人生的理想。如果一个人不顾自身所处时代的召唤，脱离自己所归属的国家和民族繁荣发展的需要，一切以自我为中心，那么，不仅他的人生价值取向是错误的，而且这种追求因为脱离了国家、民族和时代的需要，往往也是难以实现的。在今天，做大事就是投身于新时代中国特色社会主义伟大事业。无论从事什么具体、平凡的工作，只要是与中国特色社会主义伟大事业相联系、服务于祖国和人民的，就值得我们去做。新时代的大学生应该肩负历史使命，把个人的命运与国家和人民的命运联系在一起，立为国奉献之志，立为民服务之志，让青春在为祖国和人民利益的不懈奋斗中熠熠生辉。

自觉躬身实践，知行合一。漫长征途需要一步一步地走，崇高理想的实现需要一点一滴地奋斗。通往理想的路是遥远的，但起点就在脚下，就在一切平凡的岗位上，就在扎扎实实的学习和工作中。中国古代先哲老子说：“合抱之木，生于毫末；九层之台，起于累土；千里之行，始于足下。”踏踏实实、循序渐进，与雄心壮志、力争上游并不矛盾，不踏踏实实打好基础，就无法攻尖端、攀高峰。大学生要牢记“空谈误国、实干兴邦”，志存高远、脚踏实地、埋头苦干，充分展现自己的抱负和激情，在“真刀真枪”的实干中成就一番事业。

“功崇惟志，业广惟勤。”我国仍处于并将长期处于社会主义初级阶段，实现中国梦，创造全体人民更加美好的生活，任重而道远，需要我们每一个人继续付出辛勤劳动和艰苦努力。

——习近平

祖国的富强、民族的复兴、人民的幸福，需要每一个社会成员尽其才、奋其志。中国梦是中华民族的振兴之梦，也是每一个大学生的成才之梦。中国梦让生活在这个时代的大学生与祖国人民一起共同享有人生出彩的机会，共同享有梦想成真的机会，共同享有同祖国和时代一起成长与进步的机会。青春只有在为祖国和人民的真诚奉献中才能更加绚丽多彩，人生只有融入国家和民族的伟大事业才能闪闪发光。

思考讨论

1. 李大钊说，以青春之我，创建青春之家庭，青春之国家，青春之民族。谈谈理想信念对大学生成长成才的重要意义。

2. 2021 年 4 月 25 日至 27 日，习近平赴广西壮族自治区考察，第一站就到桂林市全州县的红军长征湘江战役纪念园，强调理想信念之火一经点燃就会产生巨大的精神力量。结合自身实际，谈谈为什么要坚定信仰信念信心。

3. 从个人理想与社会理想辩证关系的角度，谈谈青年一代为什么要树立共同理想和远大理想。

文献阅读

1. 中共中央文献研究室：《习近平关于实现中华民族伟大复兴的中国梦论述摘编》，中央文献出版社 2013 年版。

该书共分 8 个专题，收入 146 段论述，摘自习近平 2012 年 11 月 15 日至 2013 年 11 月 2 日期间的讲话、演讲、谈话、书信、批示等 50 多篇重要文献。

2. 习近平：《在纪念马克思诞辰 200 周年大会上的讲话》，人民出版社 2018 年版。

2018 年 5 月 4 日，纪念马克思诞辰 200 周年大会在北京隆重召开，习近平发表重要讲话，缅怀马克思的伟大人格和历史功绩，重温马克思的崇高精神和光辉思想，宣誓新时代中国共产党人对马克思主义科学真理的坚定信念。

3. 习近平:《在庆祝中国共产主义青年团成立 100 周年大会上的讲话》，人民出版社 2022 年版。

2022 年 5 月 10 日，习近平在庆祝中国共产主义青年团成立 100 周年大会上发表重要讲话，激励广大团员青年在实现中华民族伟大复兴的中国梦的新征程上奋勇前进，用青春的能动力和创造力激荡起民族复兴的澎湃春潮，用青春的智慧和汗水打拼出一个更加美好的中国。

第三章　继承优良传统　弘扬中国精神

实现中华民族伟大复兴的中国梦，必须弘扬中国精神，这就是以爱国主义为核心的民族精神和以改革创新为核心的时代精神。爱国主义始终是把中华民族坚强团结在一起的精神纽带，改革创新始终是推进改革开放和社会主义现代化建设的精神力量。当代大学生担当着民族复兴的时代使命，要努力做忠诚的爱国者和时代的奋进者，用实际行动展现出中国精神的青春风采。

第一节　中国精神是兴国强国之魂

“人无精神则不立，国无精神则不强。精神是一个民族赖以长久生存的灵魂，唯有精神上达到一定的高度，这个民族才能在历史的洪流中屹立不倒、奋勇向前。”[①] 中华民族能够在5000多年的历史长河中生生不息、薪火相传，很重要的一个原因，就是拥有孕育于中华民族悠久辉煌历史文化之中的伟大中国精神。中国精神作为兴国强国之魂，是实现中华民族伟大复兴不可或缺的精神支撑。

一、崇尚精神是中华民族的优秀传统

在漫漫的历史进程中，中华民族不仅创造出光辉灿烂、享誉世界的中华文明，也塑造出独特的精神气质和精神品格，形成了崇尚精神的优秀传

① 《习近平谈治国理政》第二卷，外文出版社2017年版，第47—48页。

统。这一传统贯穿在中华民族筚路蓝缕的奋斗历程中，推动中华民族一路向前，发展壮大。

中国传统文化博大精深，学习和掌握其中的各种思想精华，对树立正确的世界观、人生观、价值观很有益处。古人所说的“先天下之忧而忧，后天下之乐而乐”的政治抱负，“位卑未敢忘忧国”、“苟利国家生死以，岂因祸福避趋之”的报国情怀，“富贵不能淫，贫贱不能移，威武不能屈”的浩然正气，“人生自古谁无死，留取丹心照汗青”、“鞠躬尽瘁，死而后已”的献身精神等，都体现了中华民族的优秀传统文化和民族精神，我们都应该继承和发扬。

——习近平

中华民族崇尚精神的优秀传统，首先表现为对物质生活与精神生活相互关系的独到理解。中华民族的先人们早就向往人们的物质生活充实无忧、道德境界充分升华的大同世界。中华文明历来把人的精神生活纳入人生和社会理想之中。古圣先贤认为，人之所以异于禽兽，在于人有道德，有精神追求。物质生活固然为人所必需，但如果沉溺于物欲而不能自拔，则无异于禽兽。古人认为“不义而富且贵，于我如浮云”，强调“道德当身，故不以物惑”，崇尚“一箪食，一瓢饮，在陋巷，人不堪其忧，回也不改其乐”的精神追求。基于对精神生活重要性的认识，中国古人在义利观上主张见利思义、以义制利、先义后利，在理欲观上主张导欲、节欲，强调用道德理性和精神品格对欲望进行引导和控制，时刻对私欲、贪欲保持警惕。重视并崇尚精神生活，是中国古代思想家们的主流观点。

中华民族崇尚精神的优秀传统，也表现为对理想的不懈追求。理想是激励个体的精神内驱力，是凝聚社会整体的精神力量。矢志不渝地追求和坚守理想，是中国古人崇尚精神的典型体现。如儒家把仁爱和谐视为最高理想，为实现“仁”的理想即使献出生命也在所不惜，即“志士仁人，无求生以害仁，有杀身以成仁”；墨家把“兼相爱，交相利”作为理想，提倡为兴天下之利、除天下之害而摩顶放踵。正是因为有了这种理想主义情怀，无数志士仁人秉持“为天地立心，为生民立命，为往圣继绝学，为万世开太平”的理想追求，心怀天下，利济苍生，为追求道义、实现理想而上下求索。

中华民族崇尚精神的优秀传统，亦表现为对品格养成的重视。儒家把“君子”“圣人”作为自己的理想人格，道家推崇逍遥于天地之间的“真人”“至人”，近代启蒙思想家梁启超呼吁“新民”的理想人格。这些理想人格虽时代不同、类型有别，但其共同点是关注人的精神品格。中国传统文化十分强调道德修养和道德教化，将“立德”置于“三不朽”（立德、立功、立言）之首。中国古人认为“自天子以至于庶人，壹是皆以修身为本”，教化的目的是“明人伦”，是培养有道德的人。古代思想家们不仅对道德修养和道德教化理论进行了系统论述，而且提出了修身养性的具体方法以及家箴家训、乡规民约等教化方式。所有这些，无不表明中华民族自古以来对人的精神世界的高度关注。

二、中国精神的丰富内涵

在几千年的历史进程中，中国人民用勤劳和智慧书写了辉煌的中华历史，也培育铸就了独特的中国精神，为中国繁荣发展和人类文明进步提供了强大的精神动力。伟大创造精神、伟大奋斗精神、伟大团结精神、伟大梦想精神，传承中华民族的宝贵精神基因，汲取时代的丰厚精神滋养，是中国精神内涵的生动展现。

伟大创造精神。在几千年历史长河中，中国人民始终辛勤劳作、发明创造，我国产生了老子、孔子、庄子、孟子、墨子、孙子、韩非子等闻名于世的伟大思想巨匠，发明了造纸术、火药、印刷术、指南针等深刻影响人类文明进程的伟大科技成果，创作了诗经、楚辞、汉赋、唐诗、宋词、元曲、明清小说等伟大文艺作品，传承了格萨尔王、玛纳斯、江格尔等震撼人心的伟大史诗，建设了万里长城、都江堰、大运河、故宫、布达拉宫等气势恢弘的伟大工程。今天，中国人民的创造精神正在前所未有地迸发出来，推动我国日新月异向前发展，大踏步走在世界前列。只要14亿多中国人民始终发扬这种伟大创造精神，就一定能够创造出一个又一个人间奇迹！

图说

都江堰设计巧妙，成效卓著，是闻名世界的水利工程。它将岷江水引入成都平原腹地，打开了成都平原与长江的通道，并在战国以后逐渐演变成以灌溉为主的水利工程。建造者们利用河流的地形和水流等自然条件，以最少的工程设施实现引水、排洪、排沙、灌溉等多方面的工程效益。都江堰在2000多年中持续使用，消除了岷江水患，使成都平原成为水旱从人、沃野千里的“天府之国”。

伟大奋斗精神。在几千年历史长河中，中国人民始终革故鼎新、自强不息，开发和建设了祖国辽阔秀丽的大好河山，开拓了波涛万顷的辽阔海疆，开垦了物产丰富的广袤粮田，治理了桀骜不驯的千百条大江大河，战胜了数不清的自然灾害，建设了星罗棋布的城镇乡村，发展了门类齐全的产业，形成了多姿多彩的生活。中国人民自古就明白，世界上没有坐享其成的好事，要幸福就要奋斗。今天，中国人民拥有的一切，凝聚着中国人的聪明才智，浸透着中国人的辛勤汗水，蕴含着中国人的巨大牺牲。只要14亿多中国人民始终发扬这种伟大奋斗精神，就一定能够达到创造人民更加美好生活的宏伟目标！

红旗渠就是纪念碑，记载了林县人不认命、不服输、敢于战天斗地的英雄气概。要用红旗渠精神教育人民特别是广大青少年，社会主义是拼出来、干出来、拿命换来的，不仅过去如此，新时代也是如此。

——习近平

伟大团结精神。在几千年历史长河中，中国人民始终团结一心、同舟共济，建立了统一的多民族国家，发展了 56 个民族多元一体、交织交融的融洽民族关系，形成了守望相助的中华民族大家庭。特别是近代以后，在外来侵略寇急祸重的严峻形势下，我国各族人民手挽着手、肩并着肩，英勇奋斗，浴血奋战，打败了一切穷凶极恶的侵略者，捍卫了民族独立和自由，共同书写了中华民族保卫祖国、抵御外侮的壮丽史诗。今天，中国取得的令世人瞩目的发展成就，更是全国各族人民同心同德、同心同向努力的结果。中国人民从亲身经历中深刻认识到，团结就是力量，团结才能前进，一个四分五裂的国家不可能发展进步。只要 14 亿多中国人民始终发扬这种伟大团结精神，就一定能够形成勇往直前、无坚不摧的强大力量！

伟大梦想精神。在几千年历史长河中，中国人民始终心怀梦想、不懈追求，我们不仅形成了小康生活的理念，而且秉持天下为公的情怀，盘古开天、女娲补天、伏羲画卦、神农尝草、夸父追日、精卫填海、愚公移山等我国古代神话深刻反映了中国人民勇于追求和实现梦想的执着精神。中国人民相信，山再高，往上攀，总能登顶；路再长，走下去，定能到达。近代以来，实现中华民族伟大复兴成为中华民族最伟大的梦想，中国人民百折不挠、坚忍不拔，以同敌人血战到底的气概、在自力更生的基础上光复旧物的决心、自立于世界民族之林的能力，为实现这个伟大梦想进行了 180 多年的持续奋斗。今天，中国人民比历史上任何时期都更接近、更有信心和能力实现中华民族伟大复兴。只要 14 亿多中国人民始终发扬这种伟大梦想精神，就一定能够实现中华民族伟大复兴！

三、中国共产党是中国精神的忠实继承者和坚定弘扬者

历史川流不息，精神代代相传。作为中国精神的忠实继承者和坚定弘扬者，一代又一代中国共产党人继承和弘扬中国精神，在长期奋斗中构建起中国共产党人的精神谱系，锤炼出鲜明的政治品格，极大丰富了中国精神的内涵。

（一）伟大建党精神是中国共产党的精神之源

在庆祝中国共产党成立100周年大会上，习近平精辟概括伟大建党精神的深刻内涵，指出："一百年前，中国共产党的先驱们创建了中国共产党，形成了坚持真理、坚守理想，践行初心、担当使命，不怕牺牲、英勇斗争，对党忠诚、不负人民的伟大建党精神，这是中国共产党的精神之源。"①

坚持真理、坚守理想。中国共产党一经成立，就把马克思主义写在自己的旗帜上。马克思主义深刻揭示了自然界、人类社会、人类思维发展的普遍规律，是指引人类探索历史规律和寻求自身解放道路的科学真理。中国共产党人一旦选择了马克思主义，就一以贯之、坚定不移地坚持它、发展它、维护它，从来没有动摇过、改变过、放弃过。百余年来，中国共产党始终坚守共产主义、社会主义的理想信念，既锚定远大目标，又脚踏实地，在逆境中拼搏奋斗，在顺境中继续奋斗，以昂扬奋进的精神状态创造了无数人间奇迹。

践行初心、担当使命。作为马克思主义政党，中国共产党摆脱了以往一切政治力量追求自身特殊利益的局限，一经诞生就把为中国人民谋幸

① 习近平：《在庆祝中国共产党成立100周年大会上的讲话》，人民出版社2021年版，第8页。

福、为中华民族谋复兴确立为自己的初心使命。它像光芒四射的灯塔，指明了中国人民前进的道路和方向。中国共产党的百年历史，就是一部践行初心、担当使命的历史。百余年来，中国共产党在腥风血雨中绝境重生，在惊涛骇浪中坚如磐石，在攻坚克难中创造奇迹，靠的就是始终不渝践行初心、担当使命的精神力量。

不怕牺牲、英勇斗争。“人生天地间，长路有险夷。”世界上没有哪个党像中国共产党这样，遭遇过如此多的艰难险阻，经历过如此多的生死考验，付出过如此多的惨烈牺牲。中国共产党在内忧外患中诞生、在历经磨难中成长、在攻坚克难中壮大，为了人民、国家、民族，为了理想信念，无论敌人如何强大、道路如何艰险、挑战如何严峻，中国共产党总是绝不畏惧、绝不退缩，不怕牺牲、百折不挠。百余年来，在应对各种困难挑战中，中国共产党锤炼了不畏强敌、不惧风险、敢于斗争、勇于胜利的风骨和品质。这是中国共产党最鲜明的特质和特点。“为有牺牲多壮志，敢教日月换新天”，中国共产党人用斗争和牺牲铸就了一座座革命英雄主义丰碑。

对党忠诚、不负人民。全心全意为人民服务，这是中国共产党的根本宗旨。对党忠诚、永不叛党，这是党章对党员的基本要求。来自人民、依靠人民、为了人民，是百余年来中国共产党的发展逻辑和胜利密码。中国共产党始终代表最广大人民根本利益，与人民有福同享、有难同当，有盐同咸、无盐同淡，紧紧依靠人民战胜一个又一个困难、取得一个又一个胜利。中国共产党根基在人民、血脉在人民、力量在人民，“人民”二字深深融入党的血脉，成为中国共产党人薪火相传、永不磨灭的精神基因。百余年来，中国共产党人忠实践行“随时准备为党和人民牺牲一切”的入党誓词，用忠诚和奉献生动诠释了“我将无我、不负人民”的崇高情怀。

（二）中国共产党人的精神谱系

百余年来，党领导人民浴血奋战、百折不挠，创造了新民主主义革命的伟大成就；自力更生、发愤图强，创造了社会主义革命和建设的伟大成就；解放思想、锐意进取，创造了改革开放和社会主义现代化建设的伟大成就；自信自强、守正创新，创造了新时代中国特色社会主义的伟大成就。党和人民百年奋斗，书写了中华民族几千年历史上最恢宏的史诗。

在百余年的非凡奋斗历程中，一代又一代中国共产党人顽强拼搏、不懈奋斗，涌现了一大批视死如归的革命烈士、一大批顽强奋斗的英雄人物、一大批忘我奉献的先进模范，形成了井冈山精神、长征精神、遵义会议精神、延安精神、西柏坡精神、红岩精神、抗美援朝精神、“两弹一星”精神、特区精神、抗洪精神、抗震救灾精神、抗疫精神、脱贫攻坚精神等伟大精神，构筑起了中国共产党人的精神谱系。

伟大事业孕育伟大精神，伟大精神引领伟大事业。脱贫攻坚伟大斗争，锻造形成了“上下同心、尽锐出战、精准务实、开拓创新、攻坚克难、不负人民”的脱贫攻坚精神。脱贫攻坚精神，是中国共产党性质宗旨、中国人民意志品质、中华民族精神的生动写照，是爱国主义、集体主义、社会主义思想的集中体现，是中国精神、中国价值、中国力量的充分彰显，赓续传承了伟大民族精神和时代精神。

——习近平

中国共产党人的精神谱系，由一个个鲜明具体的“坐标”组成，犹如鲜活生动的历史链条，展示了中国共产党人崇高的精神风范。这一精神谱系，是中国共产党领导人民在团结奋斗中共同创造的，集中体现了党的坚定信念、根本宗旨、优良作风，凝聚着中国共产党人艰苦奋斗、牺牲奉献、开拓进取的伟大品格，深深融入党、国家、民族、人民的血脉之中，极大丰富了中国精神的内涵，鼓舞和激励中国人民攻坚克难，不断从胜利走向新的胜利。

四、实现中国梦必须弘扬中国精神

中国精神是兴国强国之魂。全面建设社会主义现代化国家、全面推进中华民族伟大复兴，必须大力弘扬中国精神，弘扬以爱国主义为核心的民族精神和以改革创新为核心的时代精神，振奋起全民族的“精气神”。

（一）凝聚兴国强国的磅礴伟力

凝聚中国力量的精神纽带。全面建设社会主义现代化国家，是一项伟大而艰巨的事业，前途光明，任重道远。我们必须有万众一心、众志成城的强大精神凝聚力。人民群众是历史发展和社会进步的主体力量，团结奋斗是中国人民创造历史伟业的必由之路。坚持和发展中国特色社会主义、实现中华民族的伟大复兴，最根本的力量在人民，最强大的力量在团结凝聚起来的人民。“大鹏之动，非一羽之轻也；骐骥之速，非一足之力也。”没有强大的精神力量，就会重演中国近代以来四分五裂、一盘散沙的悲剧。弘扬中国精神，对于维系中华民族的生存与发展、维护国家统一和民族团结发挥着重要的凝聚作用。

激发创新创造的精神动力。当前，我们正在从事的中国特色社会主义事业是一项前无古人的创造性事业，中国精神作为兴国强国之魂的价值和意义更为凸显。实现梦想、应对挑战、创造未来的动力，只能从发展中来、从改革中来、从创新中来。推进新时代的伟大事业，必须有创新创造、向上向前的强大精神奋发力，勇于变革、勇于创新，永不僵化、永不停滞，使全体人民始终保持昂扬向上的精神状态。

推进复兴伟业的精神支柱。世界上没有一个民族能够亦步亦趋走别人的道路实现自己的发展振兴，也没有一个民族会在心神不定、游移彷徨中成就自己的光荣和梦想。实现中华民族伟大复兴的中国梦，需要我们正确认识当代世界和中国发展大势，正确认识中国特色和国际比较，增强民族自尊心和自信心，坚定不移走自己的路，使全体人民拥有坚如磐石的精神和信仰力量，坚定不移把中国特色社会主义事业不断推向前进。

（二）弘扬以爱国主义为核心的民族精神

民族精神是一个民族在长期共同生活和社会实践中形成的，为本民族大多数成员所认同的价值取向、思维方式、道德规范、精神气质的总和，是一个民族赖以生存和发展的精神支柱。在5000多年的历史发展进程中，中华民族形成了以爱国主义为核心的伟大民族精神。

爱国主义体现了人们对自己祖国的深厚感情，揭示了个人对祖国的依存关系，是人们对自己家园以及民族和文化的归属感、认同感、尊严感与荣誉感的统一，是调节个人与祖国之间关系的道德要求、政治原则和法律规范。爱国主义是中华民族的民族心、民族魂，是中华民族最重要的精神财富，深深植根于中华民族心中，维系着中华大地上各个民族的团结统一，激励着一代又一代中华儿女为祖国发展繁荣而自强不息、不懈奋斗。

爱国主义的基本内涵主要表现在四个方面。一是爱祖国的大好河山。祖国的大好河山，不只是自然风光，还是主权、财富、民族发展和进步的基本载体。维护祖国领土的完整和统一，是每个人的神圣使命和义不容辞的责任。二是爱自己的骨肉同胞。骨肉同胞之爱反映了对民族利益共同体的自觉认同，是检验一个人对祖国忠诚程度的试金石。三是爱祖国的灿烂文化。文化是一个国家、一个民族的灵魂，是一个国家民族得以延续的精神基因，是涵养民族心理、民族个性、民族精神的摇篮，是民族凝聚力的重要基础。爱祖国的灿烂文化，体现为对祖国优秀历史文化传统的认同和尊重、传承和发扬。四是爱自己的国家。国家是个体成长发展的基本屏障和坚实依托，个体与国家之间相互依存、密不可分，这也是最深刻的爱国理由。祖国的大好河山，自己的骨肉同胞，民族的灿烂文化，都是同我们的国家联系在一起的，我们每个人的发展也都时刻同国家的发展进步紧密关联。

图说

江苏灌云县开山岛位于我国黄海前哨，面积仅有两个足球场大小。1986年，26岁的王继才接受了守岛任务，从此与妻子王仕花以海岛为家，与孤独相伴，在没水没电、植物都难以存活的孤岛上默默坚守，把青春年华全部献给了祖国的海防事业。2014年，王继才夫妇被评为全国“时代楷模”。2019年，王继才被授予“人民楷模”国家荣誉称号和“最美奋斗者”个人称号。

一部中华民族的发展史，就是一部中华儿女的爱国奋斗史。中国人很早就有以天下兴亡、人民安康为己任的家国情怀，形成了追求进步、维护民族尊严和国家主权的光荣传统，形成了对外来侵略者无比痛恨、对卖国求荣的民族败类无比鄙视、对爱国志士无比崇敬的宝贵民族性格。以爱国主义为核心的民族精神，为中国人民克服艰难险阻、实现中华民族伟大复兴提供了不竭精神力量。

（三）弘扬以改革创新为核心的时代精神

时代精神是一个国家和民族在新的历史条件下形成和发展的，体现民族特质并顺应时代潮流的思想观念、价值取向、精神风貌和社会风尚的总和。改革开放以来，党带领人民在继承和弘扬伟大民族精神的基础上，立足新的时代条件，形成了以改革创新为核心的时代精神。

拓展

时代楷模

改革开放进程中涌现的一系列时代楷模和榜样群体，生动展示了当代中国的时代精神。“雕刻火药的大国工匠”徐立平，在悬崖绝壁上书写精彩传奇的“当代愚公”黄大发，践行“只要生命不结束，服务人民不停止”诺言的杨善洲，练就了“一钩准”“一钩净”“无声响操作”等绝活的许振超，对党忠诚、心系群众、忘我工作、无私奉献的县委书记廖俊波，爱生如子、甘做学生成长引路人的高校思想政治理论课教师曲建武……这些时代楷模，在各自的岗位上心怀大我、至诚报国，书写了当代中国最美的时代华章。

弘扬以改革创新为核心的时代精神，就是要树立突破陈规、大胆探索、敢于创造的思想观念，从不合实际、不合规律的观念和体制的束缚中解放出来，从错误和教条式的思想观念中解放出来。弘扬以改革创新为核心的时代精神，就是要培养不甘落后、奋勇争先、追求进步的责任感和使命感，以“落后就会挨打”的危机感和忧患意识自我警醒，以只争朝夕的奋发精神和竞争意识自我激励。弘扬以改革创新为核心的时代精神，就是要保持坚忍不拔、自强不息、锐意进取的精神状态，有“敢啃硬骨头”“敢涉险滩”的闯劲，有“咬定青山不放松”的韧劲，有“生命不息，奋斗不止”的拼劲。改革开放 40 多年来，党带领人民取得举世瞩目的巨大成就，靠的就是这种不断改革创新的进取精神。

以爱国主义为核心的民族精神和以改革创新为核心的时代精神紧密关联，都是中华民族赖以生存和发展的精神支撑，都是中国精神的重要组成部分。大学生是民族的希望和祖国的未来，要努力将中国精神转化为青春行动，勇做弘扬和践行中国精神的时代先锋，为国家富强、民族振兴、人民幸福贡献自己的智慧和力量。

第二节 做新时代的忠诚爱国者

中国特色社会主义进入新时代，实现中华民族伟大复兴的中国梦是新时代爱国主义的鲜明主题。大力弘扬新时代爱国主义，必须坚持爱国爱党爱社会主义相统一、维护祖国统一和民族团结、尊重和传承中华民族历史文化、坚持立足中国又面向世界。

一、坚持爱国爱党爱社会主义相统一

新中国是中国共产党领导的社会主义国家，祖国的命运和党的命运、社会主义的命运密不可分。当代中国，爱国主义的本质就是坚持爱国和爱党、爱社会主义高度统一。

为了全力支援湖北省和武汉市抗击新冠肺炎疫情，2020 年 1 月 24 日至 3 月 8 日，全国共调集 346 支国家医疗队、4.26 万名医务人员、900 多名公共卫生人员驰援湖北。从 2020 年 3 月 17 日首批援鄂医疗队撤离，到 4 月 15 日最后一支医疗队返程，荆楚大地上上演了一场史上最长的“花式”送别。“因为有你，武汉不怕。”“幸得有你，山河无恙。”广大援鄂医务人员是最美的天使，是新时代最可爱的人。他们的名字和功绩，国家不会忘记，人民不会忘记，历史不会忘记，将永远铭刻在共和国的丰碑上。

我们爱的“国”是中国共产党领导的社会主义中国。拥护国家的基本制度，遵守国家的宪法法律，维护国家安全和统一，捍卫国家的利

益，为国家繁荣发展贡献自己的力量，是爱国主义的基本要求。我国宪法明确规定：“中华人民共和国是工人阶级领导的、以工农联盟为基础的人民民主专政的社会主义国家。社会主义制度是中华人民共和国的根本制度。中国共产党领导是中国特色社会主义最本质的特征。”社会主义制度的建立，为中国的繁荣发展提供了可靠的保障。社会主义在中国不是一句空洞的口号，而是集中代表着、体现着、实现着国家、民族和人民的根本利益。爱国主义与爱社会主义的统一是中国历史发展的必然结果。中国共产党是中国工人阶级的先锋队，是中国人民和中华民族的先锋队，是中国特色社会主义事业的领导核心。没有中国共产党，就没有新中国，就没有中华民族伟大复兴，这是中国的历史和现实所昭示的真理。中国共产党的历史就是一部为实现民族独立和人民解放，为实现中华民族伟大复兴而奋斗的历史。在现阶段，爱国主义主要表现为在中国共产党领导下，献身于建设新时代中国特色社会主义伟大事业，献身于实现中华民族伟大复兴的中国梦的实践，献身于促进祖国统一大业。

爱国主义是具体的、现实的。在当代中国，弘扬爱国主义就必须深刻认识到，中国共产党领导和中国社会主义制度必须长期坚持，不可动摇；中国共产党领导中国人民开辟的中国特色社会主义必须长期坚持，不可动摇；中国共产党和中国人民扎根中国大地、借鉴人类文明优秀成果、独立自主实现国家发展的大政方针必须长期坚持，不可动摇。我们要增强中国特色社会主义道路自信、理论自信、制度自信、文化自信，坚定不移沿着中国特色社会主义道路守护好、建设好我们伟大的国家。

——习近平

爱国爱党爱社会主义统一于实现中华民族伟大复兴的历史进程。在不同历史条件下所形成的爱国主义具有不同的内涵和特点。爱国主义的丰富性和生命力，正是通过它的历史性和现实性来表现的。在新民主主义革命时期，爱国主义主要表现为在党的领导下，克服万难、前仆后继，推翻帝国主义、封建主义和官僚资本主义的反动统治，把黑暗的旧中国改造成光明的新中国，为实现中华民族站起来而奋斗。在社会主义革命、建设、改革年代，爱国主义主要表现为在党的领导下，建立和巩固社会主义基本制度，坚持社会主义初级阶段基本路线，赋予社会主义制度强大的生命力和活力，为实现中华民族富起来而奋斗。在中国特色社会主义新时代，爱国主义主要表现为在党的领导下全面建成小康社会，开启全面建设社会主义现代化国家新征程，为实现中华民族强起来而奋斗。不同历史时期的爱国主义虽然内涵和表现方式有所不同，但本质上是爱国爱党爱社会主义的高度统一，都统一于实现中华民族伟大复兴的中国梦的鲜活实践之中。

爱国，不能停留在口号上，而是要把自己的理想同祖国的前途、民族的命运紧密联系在一起。新时代大学生不仅要在认识上深刻理解爱国爱党爱社会主义的高度统一，更要以实际行动体现对祖国的热爱、对党的热爱、对社会主义的热爱。扎根人民，奉献国家，以一生的真情投入、一辈子的顽强奋斗来践行爱国主义。

二、维护祖国统一和民族团结

国家统一和民族团结是中华民族根本利益所在。弘扬新时代爱国主义，要坚持以维护祖国统一和民族团结为着力点，维护全国各族人民大团结的政治局面，巩固和发展最广泛的爱国统一战线，不断增强对伟大祖国、中华民族、中华文化、中国共产党、中国特色社会主义的认同，坚决维护国家主权、安全、发展利益，旗帜鲜明反对分裂国家的图谋、破坏民族团结的言行，筑牢国家统一、民族团结、社会稳定的铜墙铁壁。

（一）维护和推进祖国统一

保持香港、澳门长期繁荣稳定，解决台湾问题、实现祖国完全统一，是实现中华民族伟大复兴的必然要求，是不可阻挡的历史进程，也是全体中华儿女的共同心愿。

推进祖国统一，必须保持香港、澳门长期繁荣稳定。香港、澳门与祖国内地的命运始终紧密相连，实现中华民族伟大复兴的中国梦，需要香港、澳门与祖国内地坚持优势互补、共同发展，需要港澳同胞与内地人民坚持守望相助、携手共进。“一国两制”是中国特色社会主义的伟大创举，是香港、澳门回归后保持长期繁荣稳定的最佳制度安排，必须长期坚持。要始终准确把握“一国”和“两制”的关系。“一国”是根，根深才能叶茂；“一国”是本，本固才能枝荣。要全面准确、坚定不移贯彻“一国两制”“港人治港”“澳人治澳”高度自治的方针，坚持依法治港治澳，维护宪法和基本法确定的特别行政区宪制秩序。坚持和完善“一国两制”制度体系，落实中央全面管治权，落实“爱国者治港”“爱国者治澳”原则，落实特别行政区维护国家安全的法律制度和执行机制。推进粤港澳大湾区建设，支持香港、澳门更好融入国家发展大局，为实现中华民族伟大复兴更好发挥作用。

图说

港珠澳大桥是“一国两制”框架下，粤港澳三地首次合作共建的超大型跨海通道，全长55公里，设计使用寿命120年。大桥于2009年12月开工建设，2018年10月开通营运。港珠澳大桥建成通车，有利于三地人员交流和经贸往来，有利于促进粤港澳大湾区发展，有利于提升珠三角地区综合竞争力，对于支持香港、澳门融入国家发展大局，全面推进内地、香港、澳门互利合作具有重大意义。

习近平在《告台湾同胞书》发表40周年纪念会上的讲话

解决台湾问题、实现祖国完全统一，是党矢志不渝的历史任务，是全体中华儿女的共同愿望，是实现中华民族伟大复兴的必然要求。要坚持贯彻新时代党解决台湾问题的总体方略，牢牢把握两岸关系主导权和主动权，坚定不移推进祖国统一大业。首先，坚持一个中国原则和“九二共识”，这是两岸关系的政治基础。大陆和台湾同属一个中国，是不可分割的整体，这个事实从未改变，也不可能改变。“和平统一、一国两制”方针是实现两岸统一的最佳方式，对两岸同胞和中华民族最有利。其次，推进两岸交流合作。在两岸关系大局稳定的基础上，双方应该为深化经济、科技、文化、教育等领域合作采取更多积极举措，提供更多政策支持，创造更加便利的条件，共同推动两岸关系和平发展、推进祖国和平统一进程。最后，促进两岸同胞团结奋斗。两岸同胞血脉相连，是血浓于水的一家人，有着共同的血脉、共同的文化、共同的连结、共同的愿景，这是推动两岸相互理解、携手同心、一起前进的重要力量。双方应秉持“两岸一家亲”的理念，巩固和扩大两岸关系发展成果。凡是有利于增进两岸同胞共同福祉的事情，我们都应尽最大努力做好。要切实保护台湾同胞权益，团结台湾同胞，维护好、建设好中华民族的共同家园。

包括两岸同胞在内的所有中华儿女，要和衷共济、团结向前，坚决粉碎任何“台独”图谋，共创民族复兴美好未来。任何人都不要低估中国人民捍卫国家主权和领土完整的坚强决心、坚定意志、强大能力！

——习近平

“统则强、分必乱。”“台独”分裂势力及其分裂活动是对台海和平的现实威胁，必须反对和遏制任何形式的“台独”分裂主张和活动，不能有任何妥协。“台独”分裂行径损害国家主权、领土完整，破坏台海和平稳定，挑动两岸对抗紧张，损害两岸同胞共同利益，必然走向彻底失败。我们坚决维护国家主权和领土完整，绝不容忍国家分裂的历史悲剧重演。一切分裂祖国的活动都必将遭到全体中国人坚决反对。我们有坚定的意志、充分的信心、足够的能力挫败任何形式的“台独”分裂图谋。我们绝不允许任何人、任何组织、任何政党在任何时候、以任何形式、把任何一块中国领土从中国分裂出去。要贯彻《反分裂国家法》，旗帜鲜明地反对一切损害两岸关系的言行。

拓展

《反分裂国家法》

《反分裂国家法》是在 2005 年 3 月 14 日举行的十届全国人大三次会议上通过的一部关于台湾海峡两岸关系的法律。该法律的制定是为了反对和遏制“台独”分裂势力分裂国家，促进祖国和平统一，维护台湾海峡地区和平稳定，维护国家主权和领土完整，维护中华民族的根本利益。该法规定：“‘台独’分裂势力以任何名义、任何方式造成台湾从中国分裂出去的事实，或者发生将会导致台湾从中国分裂出去的重大事变，或者和平统一的可能性完全丧失，国家得采取非和平方式及其他必要措施，捍卫国家主权和领土完整。”该法施行以来，在反对和遏制“台独”分裂行径、维护台海和平稳定、促进两岸关系和平发展等方面，发挥了十分重要的作用。

实现中华民族伟大复兴，是全体中国人共同的梦想。只要包括港澳台同胞在内的全体中华儿女顺应历史大势、共担民族大义，把民族命运牢牢掌握在自己手中，就一定能够共创中华民族伟大复兴的美好未来。大学生要感悟两岸关系和平发展的潮流，担当起实现中华民族伟大复兴的历史重任，为推动两岸关系和平发展、实现祖国统一作出自己的贡献。

（二）促进民族团结

多民族是我国的一大特色，各民族共同开拓了祖国的锦绣河山、广袤疆域，共同创造了悠久的中国历史、灿烂的中华文化，造就了我国各民族在分布上的交错杂居、文化上的兼收并蓄、经济上的相互依存、情感上的相互亲近，形成了你中有我、我中有你，谁也离不开谁的多元一体格局。形象地说，中华民族和各民族的关系，是一个大家庭和家庭成员的关系；各民族的关系，是一个大家庭里不同成员的关系。

一部中国史，就是一部各民族交融汇聚成多元一体中华民族的历史，就是各民族共同缔造、发展、巩固统一的伟大祖国的历史。各民族之所以团结融合，多元之所以聚为一体，源自各民族文化上的兼收并蓄、经济上的相互依存、情感上的相互亲近，源自中华民族追求团结统一的内生动力。正因为如此，中华文明才具有无与伦比的包容性和吸纳力，才可久可大、根深叶茂。

——习近平

处理好民族问题、促进民族团结，是关系祖国统一和边疆巩固的大事，是关系民族团结和社会稳定的大事，是关系国家长治久安和中华民族繁荣昌盛的大事。新时代大学生要像爱护自己的眼睛一样维护民族团结，像爱护自己的生命一样维护社会稳定，自觉做民族团结进步事业的建设者、维护者、促进者。要深化对党的民族理论和民族政策的认识，认真学习国家关于民族事务的法律法规，深入了解中华民族“多元一体”的发展历史，坚定“汉族离不开少数民族、少数民族离不开汉族、各少数民族之间也相互离不开”[①] 的思想观念。要牢固树立正确的祖国观、民族观、文化观、历史观，增强对伟大祖国的认同、对中华民族的认同、对中华文化的认同、对中国共产党的认同、对中国特色社会主义道路的认同，构建各民族共有精神家园。要铸牢中华民族共同体意识，加强各民族交往交流交融，促进各个民族像石榴籽那样紧紧抱在一起，共同团结奋斗、共同繁荣发展。在与各民族同胞接触交往的日常生活中，要维护和发展各民族的平等团结互助和谐关系，尊重兄弟民族的传统文化、风俗习惯和宗教信仰，多说有利于民族团结、有利于社会稳定的话，多做有利于民族团结、有利于社会稳定的事，不说伤害民族感情的话，不做不利于民族团结和社会稳定的事。要认清“藏独”和“疆独”等各种分裂主义势力的险恶用心和反动本质，坚持原则、明辨是非，不信谣、不传谣，不受分裂分子挑拨煽动，不参与违法犯罪活动，与破坏民族团结的行为作坚决斗争。在危急关头、关键时刻，要立场坚定、挺身而出，敢于同各种分裂活动作斗争，坚决捍卫民族团结进步、共同繁荣发展的大好局面，筑牢各族人民共同维护祖国统一、维护民族团结、维护社会稳定的钢铁长城。

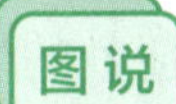

2019 年 9 月 27 日，全国民族团结进步表彰大会在北京举行。会议表彰了全国民族团结进步模范集体 665 个和模范个人 812 名，成都客运段列车长阿西阿呷就是其中一位。从小在铁路边长大的阿呷，对

① 《习近平关于社会主义政治建设论述摘编》，中央文献出版社 2017 年版，第 152 页。

"慢火车"充满感情，更对沿线老乡有着亲人般的情怀。她悉心照料怀孕的旅客，让失去丈夫的彝族孕妇湿了眼眶；她用一个个关爱的小举动，让离家出走的孩子敞开心扉；她帮老阿婆背上百斤的土豆上下车；她在列车上搭建临时产房，接生婴儿数十名。阿呷像对待自家孩子一样细心照顾每周末往返于家和学校之间的彝族学生，教他们说普通话，给他们讲外面的世界，鼓励他们读书成才，通过自己的努力让越来越多的彝族同胞走出大山。

三、尊重和传承中华民族历史文化

对祖国悠久历史、深厚文化的理解和接受，是培育和发展爱国主义情感的重要条件。作为中华儿女，我们要了解中华民族历史，传承中华文化基因，提升民族自豪感和文化自信心，增强做中国人的志气、骨气、底气。

（一）历史文化是民族生生不息的丰厚滋养

在世界文明中，中华文明源远流长、从未中断，至今仍充满蓬勃的生机和旺盛的生命力。中华优秀传统文化是中华民族的精神命脉，其中蕴含着中华民族世世代代形成和积累的思想营养和实践智慧，是中华民族得以延续的文化基因，也是我们在世界文化激荡中站稳脚跟的根基。中华文化独一无二的理念、智慧、气度、神韵，增添了中国人民和中华民族内心深处的自信和自豪。我们必须尊重和传承中华民族历史文化，以时代精神激活中华优秀传统文化的生命力，不断推进中华优秀传统文化创造性转化和创新性发展。

今天的中国是历史的中国的一个发展；我们是马克思主义的历史主义者，我们不应当割断历史。从孔夫子到孙中山，我们应当给以总结，承继这一份珍贵的遗产。

——毛泽东

习近平指出，历史总是向前发展的，我们总结和吸取历史教训，目的是以史为鉴、更好前进。历史是一面镜子，从历史中能够更好看清世界、参透生活、认识自己；历史也是一位智者，同历史对话能够更好认识过去、把握当下、面向未来。历史是最好的教科书，我们要在历史中看成败、鉴得失、知兴替。历史是最好的清醒剂，不仅提供经验，还提供教训，可以使我们保持头脑清醒，吃一堑，长一智，使我们不再犯历史上曾经犯过的同类错误。历史是最好的营养剂，要不断地向历史学习，汲取历史智慧，总结历史经验和历史规律，回答和解决在新的历史条件下党和国家发展面临的重大理论和现实问题。

（二）旗帜鲜明反对历史虚无主义

抛弃传统、丢掉根本，就等于割断了自己的精神命脉。历史和现实都表明，一个抛弃了或者背叛了自己历史文化的民族，不仅不可能发展起来，而且很可能上演一场历史悲剧。“灭人之国，必先去其史。”一些人打着所谓“重评历史”的幌子，否定近现代中国革命历史、中国共产党历史和中华人民共和国历史，抹黑英雄，诋毁革命领袖，企图混淆视听、扰乱人心，从根本上否定马克思主义的指导地位和中国走向社会主义的历史必然性，否定中国共产党的领导。我们不是历史虚无主义者，也不是文化虚无主义者，不能数典忘祖、妄自菲薄。祖国是人民最坚实的依靠，英雄是民族最闪亮的坐标。“天地英雄气，千秋尚凛然。”一个有希望的民族不能没有英雄，一个有前途的国家不能没有先锋。我们要对中华民族的英雄心怀崇敬，自觉传承好中华民族辉煌灿烂的历史文化。

图说

2015年，新华社推出系列报道《为英雄正名》，通过寻访英雄的生前战友、朋友、亲属，获取确凿的证人、证言和证据，为近年来屡遭恶意抹黑的邱少云、黄继光、董存瑞、刘胡兰等英雄人物正名，起到了正视听、明是非、服人心的作用，有效地引导了社会舆论。图中董存瑞的战友郅顺义（中）正在为战士们讲述董存瑞舍身炸碉堡的英雄事迹。

新时代大学生要树立大历史观和正确党史观，准确把握党的历史发展的主题主线、主流本质，深刻领悟中国共产党为什么能、马克思主义为什么行、中国特色社会主义为什么好的历史逻辑、理论逻辑、实践逻辑，真正理解历史、把握历史，增强历史自觉和历史自信。

四、坚持立足中国又面向世界

中国的命运与世界的命运紧密相关。经过新中国成立70多年特别是改革开放40多年的发展，中国的综合国力日益增强，国际影响力不断扩大。当今世界越来越成为你中有我、我中有你的命运共同体。弘扬新时代的爱国主义，要求我们正确处理立足中国与面向世界的辩证统一关系，既要尊重各国的历史特点、文化传统，尊重各国人民选择的发展道路，从不同文明中寻求智慧、汲取营养，增强中华文明生机活力，又要积极倡导求同存异、交流互鉴，促进不同国度、不同文明相互借鉴、共同进步，共同推动人类文明发展进步。

（一）维护国家发展主体性

当今世界，国家仍然是民族存在的最高组织形式，是国际社会活动中的独立主体。世界是丰富多彩的，不能以一个或几个国家的政治制度、价值观念和意识形态来衡量多样性的世界。用一种政治制度、价值观念和意识形态去统一世界，不仅是对别国的侵害，而且也是根本行不通的，只会危害世界的和平与发展。人类历史上没有一个民族、一个国家可以通过依赖外部力量、照搬外国模式、跟在他人后面亦步亦趋实现强大和振兴。中国人民和中华民族从近代以后的深重苦难走向伟大复兴的光明前景，从来就没有教科书，更没有现成答案。党的百年奋斗成功道路是党领导人民独立自主探索开辟出来的，马克思主义的中国篇章是中国共产党人依靠自身力量实践出来的，贯穿其中的一个基本点就是中国的问题必须从中国基本国情出发，由中国人自己来解答。在新形势下，我们一定要保持清醒的认识，坚持独立自主、自力更生，既虚心学习借鉴国外的有益经验，又坚定民族自尊心和自信心，不信邪、不怕压，坚决维护国家的主权和尊严，按照本国国情坚持、发展自己的政治制度和民族文化，把中国发展进步的命运始终牢牢掌握在自己手中。

明辨

经济全球化背景下还需要爱国主义吗?

当今世界，各国的贸易往来更加频繁，文化交流不断加深，世界正在变成一个“地球村”。虽然经济全球化对爱国主义造成了较大冲击，但是爱国主义在今天仍然有其存在的理由。经济全球化是社会生产力发展的客观要求和科技进步的必然结果。在经济全球化背景下，各个国家之间的利益冲突和竞争强度没有减弱，一定程度上还强化了人们的爱国主义情感。经济全球化不等于政治全球化，更不意味着政治一体化，只要国家存在，爱国主义就有坚实的基础和丰富的意义。

（二）自觉维护国家安全

国家安全是民族复兴的根基，社会稳定是国家强盛的前提。当前，世界百年未有之大变局加速演进，新一轮科技革命和产业变革深入发展，国际力量对比深刻调整，我国发展面临新的战略机遇。同时，世纪疫情影响深远，逆全球化思潮抬头，单边主义、保护主义明显上升，世界经济复苏乏力，局部冲突和动荡频发，全球性问题加剧，世界进入新的动荡变革期。在国家安全形势越来越复杂的今天，大学生要增强国家安全意识，对境内外敌对势力的渗透、颠覆、破坏活动保持高度警惕，切实履行维护国家安全的义务。

确立总体国家安全观。国家安全是指一个国家不受内部和外部的威胁、破坏而保持稳定有序的状态。当前，我国国家安全内涵和外延比历史上任何时候都要丰富，时空领域比历史上任何时候都要宽广，内外因素比历史上任何时候都要复杂，必须坚持总体国家安全观，坚持国家利益至上，以人民安全为宗旨，以政治安全为根本，以经济安全为基础，以军事科技文化社会安全为保障，以促进国际安全为依托，走出一条中国特色国家安全道路。确立总体国家安全观，必须既重视外部安全，又重视内部安全；既重视国土安全，又重视国民安全；既重视传统安全，又重视非传统安全；既重视发展问题，又重视安全问题。要坚持走和平发展道路，既重视自身安全，又重视共同安全，推动世界朝着互利互惠、共同安全的目标相向而行。

拓展

统筹好发展和安全两件大事

安全是发展的前提，发展是安全的保障。当前和今后一个时期是我国各类矛盾和风险易发期，各种可以预见和难以预见的风险因素明显增多。我们必须坚持统筹发展和安全，增强机遇意识和风险意识，树立底线思维，把困难估计得更充分一些，把风险思考得更深入一些，注重堵漏洞、强弱项，下好先手棋、打好主动仗，有效防范化解各类风险挑战，确保社会主义现代化事业顺利推进。

增强国防意识，履行维护国家安全的义务。强大的国防是国家生存与发展的安全保障。我国的国防是全民的国防。我国宪法明确规定："保卫祖国、抵抗侵略是中华人民共和国每一个公民的神圣职责。"大学生既是社会主义现代化建设的有用人才，也是国防建设的后备人才，必须具有很强的国防观念和忧患意识，自觉接受国防和军事方面的教育训练，关心国防、了解国防、热爱国防、投身国防，积极履行国防义务，成为既能建设祖国又能保卫祖国的优秀人才。同时，大学生应自觉遵守国家安全法律，履行维护国家安全的法律义务。

（三）推动构建人类命运共同体

当前，世界之变、时代之变、历史之变正以前所未有的方式展开。一方面，和平、发展、合作、共赢的历史潮流不可阻挡，人心所向、大势所趋决定了人类前途终归光明；另一方面，恃强凌弱、巧取豪夺、零和博弈等霸权霸道霸凌行径危害深重，和平赤字、发展赤字、安全赤字、治理赤字加重，人类社会面临前所未有的挑战。没有哪个国家能够独自应对人类面临的各种挑战，也没有哪个国家能够退回到自我封闭的孤岛。共同建设一个持久和平、普遍安全、共同繁荣、开放包容、清洁美丽的世界，是全人类的共同利益和共同价值追求。要把弘扬爱国主义精神与扩大对外开放结合起来，尊重各国历史特点、文化传统，尊重各国人民选择的发展道路，善于从不同文明中寻求智慧、汲取营养，促进人类和平与发展的崇高事业，共同推动人类文明发展进步。

构建人类命运共同体是世界各国人民前途所在。只有各国行天下之大道，和睦相处、合作共赢，繁荣才能持久，安全才有保障。构建人类命运共同体的理念，源于中国，属于世界，是中国与世界的交响协奏。

涵养积极进取开放包容理性平和的国民心态

爱国主义是世界各国人民共有的情感，实现世界和平与发展是各国人民共同的愿望。涵养积极进取开放包容理性平和的国民心态，要正确把握中国与世界的发展大势，正确认识中国与世界的关系，既不妄自尊大也不妄自菲薄，做到自尊自信、理性平和。对每一个中国人来说，爱国是本分，也是职责，更是心之所系、情之所归。要将爱国之情转化为实际行动，理性表达爱国情感，反对极端行为。

中国人民的梦想同各国人民的梦想息息相通，实现中国梦离不开和平的国际环境和稳定的国际秩序。新时代爱国主义继承并发扬了中华文化协和万邦、热爱和平的优秀传统，对外主张平等互利、和平共处的国际交往原则，积极维护国际和平与文明和谐。面向世界，推动构建人类命运共同体，要有更加宽广的世界胸怀和全球视野，为维护人类共同利益、推动人类文明发展进步提供中国智慧，始终做世界和平的建设者、全球发展的贡献者、国际秩序的维护者。

第三节 让改革创新成为青春远航的动力

改革创新是当代中国最突出、最鲜明的特点。大学生富有想象力和创造力，是改革创新的生力军，要在改革创新的实践中奉献祖国、服务人民、实现价值，让改革创新成为青春远航的强大动力。

一、改革开放是当代中国的显著特征

以数千年大历史观之，变革和开放总体上是中国的历史常态。几千年前，中华民族的先民们就秉持“周虽旧邦，其命维新”的精神，开启了缔造中华文明的伟大实践。自古以来，中国大地上发生了无数变法变革图强运动，留下了“治世不一道，便国不法古”等豪迈宣言。正是这种变革和开放精神，使中华文明成为人类历史上唯一一个绵延5000多年至今未曾中断的灿烂文明。新时代，中华民族正在以改革开放的姿态继续走向未来。

改革开放是当代中国最鲜明的特色。改革开放是党在新的历史条件下领导人民进行的新的伟大革命，是决定当代中国命运的关键抉择。一个国家、一个民族要振兴，就必须在历史前进的逻辑中前进、在时代发展的潮流中发展。中国特色社会主义之所以具有蓬勃生命力，就在于实行的是改革开放的社会主义。我国过去40多年的快速发展靠的是改革开放，我国未来发展也必须坚定不移依靠改革开放。以党的十一届三中全会为标志，我国开启了改革开放的历史征程。从农村到城市，从试点到推广，从经济体制改革到全面深化改革，40多年众志成城，40多年砥砺奋进，中国人民用双手书写了国家和民族发展的壮丽史诗。实践充分证明，改革开放是当代中国发展进步的活力之源，它只有进行时，没有完成时。改革不停顿、开放不止步，中国一定会有让世界刮目相看的新的更大奇迹！

改革开放是党和人民大踏步赶上时代的重要法宝，是坚持和发展中国特色社会主义的必由之路，是决定当代中国命运的关键一招，也是决定实现“两个一百年”奋斗目标、实现中华民族伟大复兴的关键一招。

——习近平

创新是改革开放的生命。改革开放创造的奇迹不是天上掉下来的，而是来自中国共产党和中国人民的理论创新、实践创新、制度创新、文化创新以及各方面创新。改革开放 40 多年来，我们坚持理论联系实际，及时回答时代之问、人民之问，廓清困扰和束缚实践发展的思想迷雾，不断开辟马克思主义发展新境界。改革开放已走过千山万水，但仍需跋山涉水。当前，我们所处的，是一个船到中流浪更急、人到半山路更陡的时候，是一个愈进愈难、愈进愈险而又不进则退、非进不可的时候。要用深邃的历史眼光、宽广的国际视野把握事物发展的本质和内在联系，立足亿万人民的创造性实践，借鉴吸收人类一切优秀文明成果，以前所未有的积极性、主动性、创造性推进改革开放和社会主义现代化建设。

二、改革创新是新时代的迫切要求

创新决胜未来，改革关乎国运。在当代中国，经济社会发展离不开改革创新。现在，我国已转向高质量发展阶段，全面深化改革，推进国家治理体系和治理能力现代化，必须将改革进行到底，攻克体制机制上的顽瘴痼疾，突破利益固化的藩篱，进一步解放和发展社会生产力，进一步激发和凝聚社会创造力。

创新是推动人类社会发展的重要力量。16 世纪以来，人类社会进入前所未有的创新活跃期，几百年里，人类在科学技术方面取得的创新成果超过过去几千年的总和。特别是 18 世纪以来，世界发生了几次重大科技革命，如近代物理学诞生、蒸汽机和机械、电力和运输、相对论和量子论、电子和信息技术发展等。在此带动下，世界经济发生多次产业革命，如机械化、电气化、自动化、信息化。每一次科技和产业革命都深刻改变了世界发展面貌和力量格局。一些国家抓住了机遇，经济社会发展驶入快车道，经济实力、科技实力、军事实力迅速增强，甚至一跃成为世界强国。发端于英国的第一次产业革命，使英国走上了世界霸主地位；美国抓住了第二次产业革命机遇，赶超英国成为世界第一。第二次产业革命以来，美国就占据世界第一的位置，这是因为美国在科技和产业革命中都是领航者和最大获利者。从某种意义上说，创新决定着世界政治经济力量对比的变化，也决定着各国各民族的前途命运。

纵观人类发展历史，创新始终是一个国家、一个民族发展的重要力量，也始终是推动人类社会进步的重要力量。不创新不行，创新慢了也不行。如果我们不识变、不应变、不求变，就可能陷入战略被动，错失发展机遇，甚至错过整整一个时代。

——习近平

创新能力是当今国际竞争新优势的集中体现。“在激烈的国际竞争中，惟创新者进，惟创新者强，惟创新者胜。”[①] 今天，国际竞争的新优势越来越集中体现在创新能力上。当今世界，谁牵住了科技创新这个“牛鼻子”，谁走好了科技创新这步先手棋，谁就能占领先机，赢得优势。21世纪以来，全球科技创新进入空前密集活跃的时期，谁在创新上先行一步，谁就能拥有引领发展的主动权。新一轮科技革命和产业变革正在重构全球创新版图、重塑全球经济结构，就像体育比赛换到了一个新场地，如果我们还留在原来的场地，那就跟不上趟了。面对科技创新和产业革命新趋势，世界主要国家都在积极调整应对，努力寻找创新的突破口，抢占发展的先机，纷纷出台新的创新战略，加大投入，加强人才、专利、标准等战略性创新资源的争夺，创新战略竞争在综合国力竞争中的地位日益重要。

① 《习近平谈治国理政》第一卷，外文出版社2018年版，第59页。

图说

“奋斗者”号是中国研发的万米载人潜水器。2020 年 10 月 27 日，“奋斗者”号在马里亚纳海沟成功下潜突破 1 万米。2020 年 11 月 10 日，“奋斗者”号在马里亚纳海沟再次成功下潜突破 1 万米，达到 10909 米，创造了中国载人深潜的新纪录。目前，我国已拥有“蛟龙”号、“深海勇士”号、“奋斗者”号三台深海载人潜水器，还有“海斗”“潜龙”“海燕”“海翼”和“海龙”号等系列无人潜水器，已经初步建立全海深潜水器谱系，并不断实现了深海装备技术发展的新突破和重大新跨越。

改革创新是赢得未来的必然要求。抓创新就是抓发展，谋创新就是谋未来。目前，虽然我国经济总量位居世界第二，但大而不强、臃肿虚胖体弱问题相当突出，主要体现在创新能力不强，科技发展水平总体不高，科技对经济社会发展的支撑能力不足，科技对经济增长的贡献率远低于发达国家水平，这是我国这个经济大块头的“阿喀琉斯之踵”。在新一轮科技革命和产业变革中，我国能否在未来发展中后来居上、弯道超车，主要就看能否在创新驱动发展上迈出实实在在的步伐。要坚持科技是第一生产力、人才是第一资源、创新是第一动力，深入实施科教兴国战略、人才强国战略、创新驱动发展战略，开辟发展新领域新赛道，不断塑造发展新动能新优势。

图说

1978 年，邓小平出访日本时，坐在新干线列车上感慨高铁的速度“快”，并称：“我们现在很需要跑！”新时代十年，中国高铁技术领跑世界。复兴号以时速 420 公里交会和重联运行，世界首次；智能型动车组实现时速350公里自动驾驶，全球首个；时速400公里可变轨距高速动车组下线，可实现跨国互联互通……自主创新的中国高铁，成为享誉世界的“国家名片”。

如果把科技创新比作我国发展的新引擎，那么改革就是点燃这个新引擎必不可少的点火器。实施创新驱动发展战略，必须把创新摆在国家发展全局的核心位置，最根本的是要增强自主创新能力，最紧迫的是要破除体制机制障碍，最大限度地解放和激发科技作为第一生产力所蕴含的巨大潜能，打通从科技强到产业强、经济强、国家强的通道，让改革释放创新活力，让一切创新源泉充分涌流。只有全面深化改革，坚持创新在我国现代化建设全局中的核心地位，在全社会积极营造鼓励大胆创新、勇于创新、包容创新的良好氛围，才能把创新驱动的新引擎全速发动起来，为我国经济社会发展提供前所未有的强劲动力。

三、做改革创新生力军

青年时期是创新创造的宝贵时期。新时代的大学生置身于实现中华民族伟大复兴的时代洪流之中，应当把握时代脉搏，迎接时代挑战，增强创新创造的能力和本领，勇做改革创新的实践者，将弘扬改革创新精神贯穿于实践中、体现在行动上。

（一）树立改革创新的自觉意识

改革创新，要求大学生自觉增强改革创新的责任感，树立敢于突破陈规、大胆探索未知、勇于创新创造的思想观念，在实践中有直面困难的勇气，有突破难关的精神，锐意进取，奋力前行。

拓展

习近平寄语青年大学生

2017年8月，习近平给第三届中国“互联网+”大学生创新创业大赛中参加“青年红色筑梦之旅”活动的大学生回信。他在信中表示，得知全国150万大学生参加本届大赛，其中上百支大学生创新创业团队参加了走进延安、服务革命老区的“青年红色筑梦之旅”活动，帮助老区人民脱贫致富奔小康，既取得了积极成效，又受到了思想洗礼，感到十分高兴。延安是革命圣地，同学们奔赴延安，追寻革命前辈伟大而艰辛的历史足迹，学习延安精神，坚定理想信念，锤炼意志品质，把激昂的青春梦融入伟大的中国梦，体现了当代中国青年奋发有为的精神风貌。

增强改革创新的责任感。改革创新表现为一种不甘落后、奋勇争先、追求进步的责任感。在时代大潮中，有人选择安于现状、不思进取、随波逐流，有人则意气风发、力争上游、拼搏进取。这两种不同选择的根源，除了信心和勇气外，更在于是否具有为推动社会发展进步贡献力量的责任担当。改革创新充满艰辛、奉献甚至牺牲，没有强烈的责任感，很难克服和战胜改革创新过程中的艰难曲折。大学生要以时不我待、只争朝夕的紧迫感投身改革创新的实践，服务人民，奉献社会，实现人生价值。

树立敢于突破陈规的意识。陈规最易束缚人的思维和手脚，创新创造的过程往往充满艰辛。要创新，就要有强烈的创新意识，凡事要有打破砂锅问到底的劲头，敢于质疑现有定论，勇于开拓新的方向，攻坚克难，追求卓越。敢于大胆突破陈规甚至常规，敢于大胆探索尝试，善于观察发现、思考批判，不唯书、不唯上、只唯实，这是大学生在学习与实践中创新创造的重要前提。

树立大胆探索未知领域的信心。创新就是要走前人没有走过的路。要创新，就要有强烈的创新自信。如果总是跟踪模仿，既谈不上创新，也是没有出路的。未知领域可能是人类认识的盲区，也可能是人类实践的处女地。未知常常令人心生怯意，人们常常因充满未知的风险而停下探索和求新的脚步，但未知领域也往往蕴含着发现的沃土和创新的机遇。“路漫漫其修远兮”，最需要“上下而求索”的勇气。青年应是常为新、敢创造的，理当锐意创新创造，不等待、不观望、不懈怠，勇做改革创新的生力军。

（二）增强改革创新的能力本领

青年是苦练能力本领、增长才干的黄金时期。当今时代，知识更新不断加快，社会分工日益细化，新技术新模式新业态层出不穷。这既为青年施展才华、竞展风采提供了广阔舞台，也对青年能力素质提出了新的更高要求。

夯实创新基础。推行任何一项改革，作出任何一项创新，都是站在前人积累的专业知识基础之上的。改革创新之所以能够推陈出新，提出前人不曾提出的新思想，推出令世人敬仰叹服的新创造，一个重要的原因就在于改革创新者具有扎实的专业知识基础。缺乏深厚的专业知识积淀，盲目追求改革创新，往往容易流于不切实际的空想，或者是“无知者无畏”的蛮干。无视或轻视专业知识学习，不可能担负改革创新的重任。大学生作为改革创新的生力军，应从扎实系统的专业知识学习起步和入手，不能好高骛远，空谈改革创新。

培养创新思维。创新思维与守旧思维的区别在于：守旧思维往往求同、模仿，创新思维则注重求异、批判而不甘落入窠臼和俗套；守旧思维被动回答问题，创新思维善于发现问题；守旧思维往往机械、线性、封闭，创新思维则灵活而开放，发散而多维；守旧思维提出的观点人们往往因熟悉而易于接受，创新思维则常常因“异想天开”而被怀疑甚至嘲讽。

大学生在专业学习与社会实践中应自觉培养创新思维，勤于思考，善于发现，勇于创新。

图说

2020 年 6 月 30 日，北斗三号最后一颗全球组网卫星成功定点地球同步轨道；2020 年 12 月 17 日，嫦娥五号从月球上成功带回月壤，上演了“太空投递”的壮举；2021 年 5 月 15 日，天问一号着陆巡视器着陆于火星，我国首次火星探测任务着陆火星取得圆满成功；2022 年 11 月 30 日，神舟十五号乘组顺利入驻中国空间站，与神舟十四号乘组胜利“会师”太空，这是中国载人航天的历史性时刻，首次实现了 6 名航天员同时在轨飞行的新突破。这些成就的背后，离不开航天报国的“嫦娥”“神舟”“北斗”“天问”“天宫”团队，他们自主创新、不断突破，在我国航天史上书写了一页页绚丽篇章。

投身改革创新实践。实践出真知，实践长才干。当代大学生既置身于世界新一轮科技革命和产业变革同我国转变发展方式的历史性交汇期，又置身于我国全面建设社会主义现代化国家的新征程，应当在全面深化改革的伟大实践中发扬改革创新精神，增强改革创新的意识，锤炼改革创新的意志，提高改革创新的能力，勇做改革创新的实践者和生力军。

青年往往朝气蓬勃、思维活跃，好奇心强、求知欲盛，敢于尝试新生事物，这些都是有利于创新创造的重要条件。纵观世界历史，许多重要创造，都是产生于创造者风华正茂、思维最敏捷的青年时期。可以说，青年身上蕴藏着巨大的创造能量和活力。大学生应当珍惜人生中最具创新创造活力的宝贵时期，有敢为人先、开拓进取的锐气，有逢山开路、遇河架桥的意志，在创新创造中不断积累经验、取得成果、演绎精彩。

思考讨论

1. 人无精神则不立，国无精神则不强。结合实际，谈谈为什么中国精神是兴国强国之魂。

2. 百余年来，党坚持性质宗旨，坚持理想信念，坚守初心使命，勇于自我革命，在生死斗争和艰苦奋斗中经受住各种风险考验、付出巨大牺牲，锤炼出鲜明政治品格，形成了以伟大建党精神为源头的精神谱系。结合实际，谈谈你对伟大建党精神的理解，以及新时代青年应如何从中国共产党人精神谱系中汲取奋斗力量。

3. 方志敏的《可爱的中国》一文，字字泣血，唤醒了中国亿万同胞的爱国之情，鼓舞了许许多多的优秀青年走上救国道路。结合自身实际，谈谈如何做新时代的忠诚爱国者。

4. 2021 年 5 月 28 日，习近平在两院院士大会、中国科协第十次全国代表大会上指出，培养创新型人才是国家、民族长远发展的大计。当今世界的竞争说到底是人才竞争、教育竞争。结合自身实际，谈谈应如何走在改革创新的时代前列。

文献阅读

1. 《新时代爱国主义教育实施纲要》，人民出版社 2019 年版。

2019 年 11 月，中共中央、国务院印发《新时代爱国主义教育实施纲要》，共有 6 个部分、34 条，明确了新时代爱国主义教育的总体要求、基本内容，提出了加强青少年新时代爱国主义教育的具体措施。

2. 《中共中央关于党的百年奋斗重大成就和历史经验的决议》，人民出版社 2021 年版。

该决议是在中国共产党成立 100 周年的重要历史时刻，在中国共产党团结带领人民胜利实现第一个百年奋斗目标、全面建成小康社会，正在向着全面建成社会主义现代化强国的第二个百年奋斗目标迈进的重大历史关头作出的。该决议集中了全党的智慧，全面系统地总结了中国共产党百年奋斗的重大成就和历史经验，特别是着重阐释了党的十八大以来党和国家事业取得的历史性成就、发生的历史性变革，充分彰显了中国共产党高超的政治智慧和责任担当，充分彰显了中国共产党高度的历史自觉和历史自信。

3. 习近平:《在庆祝改革开放40周年大会上的讲话》，人民出版社2018年版。

该讲话回顾了改革开放的光辉历程，总结了改革开放的伟大成就和宝贵经验，动员全党全国各族人民在新时代继续把改革开放推向前进，为实现中华民族伟大复兴的中国梦不懈奋斗。

第四章　明确价值要求　践行价值准则

人类社会发展的历史表明，对一个民族、一个国家来说，最持久、最深层的力量是全社会共同认可的核心价值观。社会主义核心价值观是当代中国精神的集中体现，是中国特色社会主义道路、理论、制度、文化的价值表达，凝结着全体人民共同的价值追求。大学生要深刻领会社会主义核心价值观的重要意义和科学内涵，扣好人生的扣子，从日常点滴做起，从细微之处做起，成为社会主义核心价值观的坚定信仰者、积极传播者、模范践行者。

第一节　全体人民共同的价值追求

核心价值观，承载着一个民族、一个国家的精神追求，体现着一个社会评判是非曲直的价值标准。社会主义核心价值观集中体现社会主义的本质属性，代表全体人民共同的价值追求。全社会积极弘扬和践行社会主义核心价值观，才能汇聚起建成社会主义现代化强国和实现中华民族伟大复兴的中国梦的磅礴力量。

一、价值观与社会主义核心价值观

价值和价值观问题在人类生活实践中是一个历久弥新的问题，人类社会很早就有了对价值的思考和讨论。价值是指在实践基础上形成的主体和客体之间的意义关系，主要反映的是现实的人的需要与事物属性之间的关系。在对价值的认识过程中，人们逐渐形成关于价值的不同观点。

（一）价值观与核心价值观

价值观就是主体对客体有无价值、价值大小的立场和态度，是对价值及其相关内容的基本观点和看法。通俗地说，价值观是人们对事物的意义和价值的反映与判断，是人们关于应该做什么和不应该做什么的基本观点，是区分好与坏、对与错、善与恶、美与丑等现象的总观念。价值观在人们的观念体系中并不是孤立的，它与世界观、人生观相辅相成、相互作用、相互促进，是辩证统一的关系。价值观对人的具体行为起着规范和导向作用，价值观不同的人，行为取向也会不同，甚至可能截然相反。

价值观反映着特定的时代精神。“随着每一次社会秩序的巨大历史变革，人们的观点和观念也会发生变革。”① 人们的社会存在和社会生活是具体的、现实的，是属于一定时代的，反映社会存在和社会生活的价值观总是表现出鲜明的时代特点。它回应着特殊的时代性问题，表现着一定时代人们的需要和利益诉求，反映着特定的时代精神。有什么性质的社会存在，就会有什么性质和内容的价值观。抽象的、超历史的、一成不变的价值观是不存在的。

价值观体现着鲜明的民族特色。一个民族在长期的共同生活和实践的基础上，逐渐形成具有该民族特色的价值观，并通过历史的积淀和升华，使之成为该民族文化传统的核心和灵魂。价值观的民族性体现着一个民族区别于其他民族的精神气质。

价值观蕴含着特定的阶级立场。不同阶级由于其阶级地位和经济利益不同有着不同的价值观。在阶级社会里，占统治地位的价值观都是统治阶级的价值观，为统治阶级的统治和利益辩护。被统治阶级也有其自身的价值观，当被统治阶级变得足够强大时，其价值观既体现为对统治阶级的反抗，也体现为被统治阶级对未来利益的主张。

核心价值观是一定社会形态、社会性质的集中体现，在一个社会的思

① 《马克思恩格斯全集》第十卷，人民出版社 1998 年版，第 253 页。

想观念体系中处于主导地位，体现着社会制度的阶级属性、社会运行的基本原则和社会发展的基本方向。它不仅作用于经济社会生活的各个方面，而且对每个社会成员有着深刻的影响。任何一个社会都存在多种多样的价值观念和价值取向，要把全社会的意志和力量凝聚起来，必须有一套与经济基础和政治制度相适应并能形成广泛社会共识的核心价值观，否则，一个民族就没有赖以维系的精神纽带，一个国家就没有共同的思想道德基础。如果一个民族、一个国家没有共同的核心价值观，莫衷一是，行无依归，那这个民族、这个国家就无法前进。

核心价值观，其实就是一种德，既是个人的德，也是一种大德，就是国家的德、社会的德。

——习近平

历史和现实都表明，核心价值观是一个国家的重要稳定器，能否构建具有强大感召力的核心价值观，关系社会和谐稳定，关系国家长治久安。世界上各种文化之争，本质上是价值观念之争，也是人心之争、意识形态之争。

（二）社会主义核心价值观

中华人民共和国成立以来特别是改革开放以来，中国共产党带领全国人民在经济、政治、文化和社会等方面建立了一套比较成熟的基本制度和体制，成功探索出一条中国特色社会主义道路。与这些基本制度和体制相适应，必然要求有一个主导全社会思想道德观念和行为方式的核心价值观。党的十八大提出，要倡导富强、民主、文明、和谐，倡导自由、平等、公正、法治，倡导爱国、敬业、诚信、友善，积极培育和践行社会主义核心价值观。这是中国共产党凝聚全党全社会价值共识作出的重要论断。社会主义核心价值观的提出，鲜明确立了当代中国的核心价值理念，

生动展现了中国共产党和中华民族高度的价值自觉与价值自信。

社会主义核心价值观和社会主义核心价值体系是紧密联系、互为依存、相辅相成的。社会主义核心价值体系主要包括马克思主义指导思想、中国特色社会主义共同理想、以爱国主义为核心的民族精神和以改革创新为核心的时代精神、社会主义荣辱观。社会主义核心价值观是社会主义核心价值体系的精神内核，它体现了社会主义核心价值体系的根本性质和基本特征，反映了社会主义核心价值体系的丰富内涵和实践要求，是社会主义核心价值体系的高度凝练和集中表达。同时，社会主义核心价值观与社会主义核心价值体系具有内在一致性，都体现了社会主义意识形态的本质要求，体现了社会主义制度在思想和精神层面的质的规定性，是全面建成社会主义现代化强国、实现第二个百年奋斗目标的价值引领。中国式现代化是物质文明和精神文明相协调的现代化。物质贫困不是社会主义，精神贫乏也不是社会主义。我们既要不断厚植现代化的物质基础，不断夯实人民幸福生活的物质条件，同时也要大力发展社会主义先进文化，加强理想信念教育，传承中华文明，促进物的全面丰富和人的全面发展。推进社会主义核心价值观与社会主义核心价值体系建设，就是要弘扬共同理想、凝聚精神力量、引领道德风尚，形成全民族奋发向上、团结和睦的精神纽带，使我们的国家、民族、人民在思想上和精神上强起来，更好地坚持中国道路、弘扬中国精神、凝聚中国力量。

二、社会主义核心价值观的基本内容

富强、民主、文明、和谐，自由、平等、公正、法治，爱国、敬业、诚信、友善，是社会主义核心价值观的基本内容。它把涉及国家、社会、公民的价值要求融为一体，体现了社会主义本质要求，继承了中华优秀传统文化，吸收了世界文明有益成果，体现了时代精神，是对我们要建设什么样的国家、建设什么样的社会、培育什么样的公民等重大问题的深刻解答。

（一）富强、民主、文明、和谐

富强、民主、文明、和谐的价值追求，回答了我们要建设什么样的国家这一重大问题，揭示了当代中国经济社会发展的价值目标，从国家层面标注了社会主义核心价值观的时代刻度。

富强是促进社会进步、人的自由全面发展的物质基础，体现了马克思主义唯物史观生产力标准的根本要求。富强，就是人民的富裕和国家的强盛。富强在于富民，即人民富裕。社会主义生产力的发展，国家财富的创造，其根本目的都在于丰富人民的物质生活和精神生活。富强还在于强国，即国家强盛，体现为国家拥有强大的综合国力。人民富裕和国家强盛在根本上是统一的，这是社会主义的价值追求。中华民族伟大复兴归根到底要落实到满足人民对美好生活的追求上，使人民的获得感、幸福感、安全感更加充实、更可持续、更有保障，朝着共同富裕方向稳步前进。

毛泽东 1955 年曾经说过这样的话："现在我们实行这么一种制度，这么一种计划，是可以一年一年走向更富更强的，一年一年可以看到更富更

强些。而这个富，是共同的富，这个强，是共同的强，大家都有份……”①
上图为独龙族实现了整族脱贫，迎来了新的历史性发展。

民主指的是社会主义民主，是人民当家作主，不是由别人作主，也不是由少数人作主。作为一种政治实践、价值理念，人民民主是社会主义的生命，没有民主就没有社会主义，就没有社会主义现代化。人民民主反映了人民群众的历史主体地位，是人民群众创造历史的集中体现。中国共产党领导人民实行的民主是全过程人民民主。全过程人民民主，实现了过程民主和成果民主、程序民主和实质民主、直接民主和间接民主、人民民主和国家意志相统一，是全链条、全方位、全覆盖的民主，是最广泛、最真实、最管用的社会主义民主。社会主义核心价值观倡导的民主是最广泛的民主，绝不以牺牲多数人利益为代价来保护少数人的利益，同时又尊重和照顾少数人，充分反映和协调各方面的意愿和利益；社会主义核心价值观倡导的民主是最真实的民主，没有门槛，不受财产、地位、民族、性别、宗教等因素限制，使每个人都享有平等的政治权利；社会主义核心价值观倡导的民主是最管用的民主，既真切全面地反映人民意愿，又致力于尽快形成统一意志、统一行动，以解决实际问题。

有事好商量，众人的事情由众人商量，是人民民主的真谛。协商民主是实现党的领导的重要方式，是我国社会主义民主政治的特有形式和独特优势。

——习近平

文明是社会进步的重要标志，也是社会主义现代化国家的重要特征。

① 《毛泽东文集》第六卷，人民出版社 1999 年版，第 495 页。

社会主义核心价值观倡导的文明包括物质文明、政治文明、精神文明、社会文明、生态文明，是全面建设社会主义现代化国家的题中应有之义，是实现中华民族伟大复兴的重要支撑。

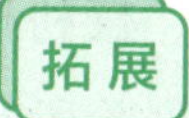

社会文明程度得到新提高

社会主义核心价值观深入人心，人民思想道德素质、科学文化素质和身心健康素质明显提高，公共文化服务体系和文化产业体系更加健全，人民精神文化生活日益丰富，中华文化影响力进一步提升，中华民族凝聚力进一步增强。

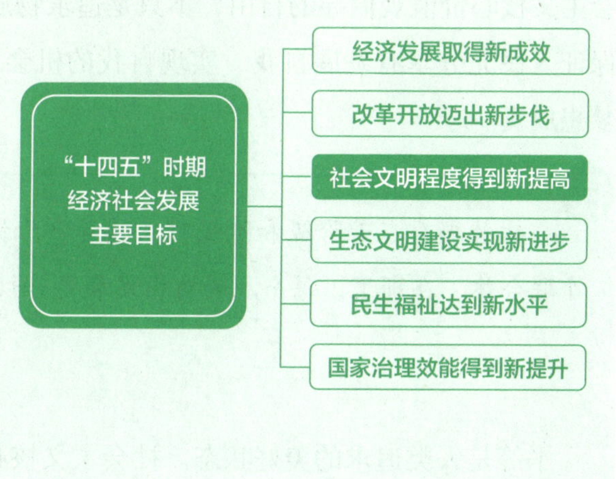

和谐是中华文明的核心价值理念。社会主义核心价值观倡导的和谐，是人与人、人与社会、人与自然以及人的自我身心的有机统一。和谐的中国，是民主与法治相统一、公平与效率相统一、活力与秩序相统一、人与自然相统一的社会主义国家。和谐的中国，秉持世界持久和平的理想，心系人类共同繁荣的命运，担当可持续发展的历史责任。

（二）自由、平等、公正、法治

自由、平等、公正、法治，反映了人们对美好社会的期望和憧憬，是衡量现代社会是否高度发展、充满活力、和谐有序的重要标志。这一价值追求回答了建设什么样的社会的重大问题，与实现国家治理体系和治理能力现代化的要求相契合，揭示了社会主义社会发展的价值取向。

自由是社会活力之源，是社会主义的价值理想。社会主义核心价值观倡导的自由，不是少数人的、形式上的、虚伪的自由，而是绝大多数人的、实质上的、真实的自由；社会主义核心价值观倡导的自由，不是凌驾于社会利益之上的、绝对的个人自由，而是受到法律和规范制约、权利和义务对等的自由；社会主义核心价值观倡导的自由，不是超越发展阶段和现实承受能力的自由，而是与一定的经济社会发展条件相适应的自由；社会主义核心价值观倡导的自由，不只是追求物质生活的改善，更重要的是保证人民充分享有发展自我、实现自我的机会，使每个人都能人生出彩、梦想成真。

代替那存在着阶级和阶级对立的资产阶级旧社会的，将是这样一个联合体，在那里，每个人的自由发展是一切人的自由发展的条件。

——马克思、恩格斯

平等是人类追求的美好状态。社会主义核心价值观倡导的平等，是兼顾效率与公平的平等，不是“不患寡而患不均”的绝对平均主义；是实实在在的平等，不是落在法律文本上的“形式上的平等”；是要让人人都能公平行使社会权利、履行社会义务、分享社会成果，政治上平等参与、经济上共同富裕、文化上共建共享，同祖国和时代一起成长进步。

明辨

为什么只有在社会主义社会，人民才有可能真正实现平等？

存在剥削制度与剥削阶级的社会中，平等不可能真正实现。资本主义私有制是社会分配不公的制度根源，必然导致社会贫富分化和阶级对立。只有在社会主义社会中，生产资料公有制代替私有制，剥削制度不复存在，人民才有真正实现平等的可能。

公正是人类社会进步的标尺，是社会主义制度的本质要求。社会主义核心价值观倡导的公正，不只是强调机会平等和程序正义的公正，更是兼顾结果的公正，体现在社会生活各个领域、各个层次、各个方面的公正。社会主义社会的各项制度安排，归根结底是将最广大人民的根本利益作为出发点和落脚点，在社会发展过程中尽最大努力实现人民的愿望、满足人民的需要、维护人民的根本利益。

要把促进社会公平正义、增进人民福祉作为一面镜子，审视我们各方面体制机制和政策规定，哪里有不符合促进社会公平正义的问题，哪里就需要改革；哪个领域哪个环节问题突出，哪个领域哪个环节就是改革的重点。

——习近平

法治是人类政治文明的重要成果，是现代社会的主要特征。在当代中国，全面推进依法治国，加快建设社会主义法治国家，是坚持和发展中国特色社会主义的本质要求和重要保障，是实现国家治理体系和治理能力现代化的必然要求，事关党执政兴国、事关人民幸福安康、事关党和国家长治久安。社会主义核心价值观倡导的法治，不是片面强调司法独立、推行三权分立，更不是对资本主义法治理念的照抄照搬，而是立足中国的社会现实和文化传统，坚持党的领导、人民当家作主、依法治国的有机统一。

（三）爱国、敬业、诚信、友善

爱国、敬业、诚信、友善，这一价值追求回答了我们要培育什么样的公民的重大问题，涵盖了社会公德、职业道德、家庭美德、个人品德等各个方面，是每个公民都应当遵守的价值规范。有了这样的价值追求，人们才能更好地处理个人与国家、社会、他人的关系，不断提升自己的人生境界。

爱国是最深沉、最持久的情感，是每个公民应当遵循的最基本的价值准则，也是中华民族的优良传统。社会主义核心价值观倡导的爱国，就是把个人价值的实现同推动国家的繁荣发展对接，把人生意义的提升同增进最广大人民的福祉相连，不断加深对祖国悠久历史、灿烂文化的认同；就是让个人梦想与国家梦想紧密结合，把我们的国家建设好，把我们的民族发展好。

图说

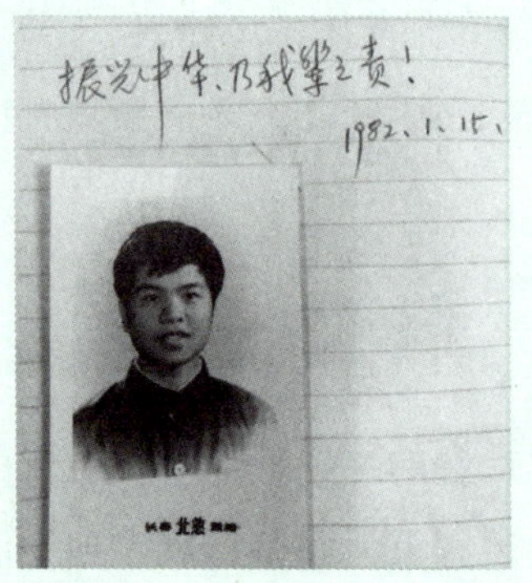

黄大年秉持科技报国理想，把为祖国富强、民族振兴、人民幸福贡献力量作为毕生追求。他既是无私的爱国者，也是新时代“海归”科技报国的楷模，将个人价值融入社会奉献，以社会价值成就辉煌人生，为我国教育科研事业作出了突出贡献。他的英年早逝让很多人落泪，他的精神让无数人奋起。黄大年先后荣获“时代楷模”“最美奋斗者”等称号。2017年5月，习近平作出指示，号召向黄大年学习，学习他心有大我、至诚报国的爱国情怀，学习他教书育人、敢为人先的敬业精神，学习他淡泊名利、甘于奉献的高尚情操。

敬业是对待生产劳动和人类生存的一种根本价值态度。敬业的“业”，涵盖了人们所从事的一切促进人类生存与发展的生产劳动领域，本质上是由劳动的重要地位决定的。社会主义核心价值观倡导的敬业，要求人们尊重劳动、尊重知识、尊重人才、尊重创造，热爱和认同自己的职业和工作，珍惜和保护他人的劳动成果；要求人们有全身心投入的敬业态度和精益求精的工匠精神，保持和发扬为民服务孺子牛、创新发展拓荒牛、艰苦奋斗老黄牛的精神；要求人们视劳动、创造、贡献为公民的社会责任和义务，视劳动为实现个人理想和个人价值的基本途径。

劳动是一切幸福的源泉。新形势下，我国工人阶级和广大劳动群众要继续学先进赶先进，自觉践行社会主义核心价值观，用劳动模范和先进工作者的崇高精神和高尚品格鞭策自己，焕发劳动热情，厚植工匠文化，恪守职业道德，将辛勤劳动、诚实劳动、创造性劳动作为自觉行为。

——习近平

诚信是个人立身处世的基本价值规范，是社会存续发展的重要价值基石。社会主义核心价值观倡导的诚信，就是要以诚待人、以信取人，说老实话、办老实事、做老实人。现代社会不仅是物质丰裕的社会，也应是诚信有序的社会；市场经济不仅是法治经济，更应是信用经济。只有激发真诚的人格力量，每个人都遵信守诺，才能构建言行一致、诚信有序的社会；只有激活宝贵的无形资产，建立良好的信用关系，才能营造“守信光荣、失信可耻”的风尚，增强社会的凝聚力和向心力。

拓展

2021 年“诚信之星”

2022 年 1 月，中央宣传部、国家发展改革委向社会发布了 2021 年“诚信之星”。他们都来自基层一线，有的践行根本宗旨、矢志为民服务，办了大量实事好事；有的牢记初心使命、恪守职业道德，成为群众生命健康的“守护神”；有的传承红色基因、赓续精神血脉，用一生践行守护革命烈士的朴素誓言；有的秉承诚信理念、主动奉献社会，在市场经济大潮中铸就企业信用品牌。他们用一点一滴的实际行动集中彰显了永远听党话、跟党走的铮铮誓言，生动展现了以诚立身、守信践诺的人生信条，是诚实守信价值理念的坚定守护者，是社会主义核心价值观的模范践行者。

友善是维系良好人际关系和社会关系的基本价值准则。友善要求人们善待亲友、他人，对社会抱有善意，与自然和谐共处。善待亲人以和谐家庭关系，善待朋友以凝结牢固的友谊，善待他人以构建和谐的人际关系，与自然和谐共处以形成和谐的自然生态。友善是公民优秀的个人品质，是构建和谐人际关系和社会关系的道德纽带，更是维护健康良好社会秩序的伦理基础。无论身处哪个阶层、从事哪个行业，友善都是公民应当积极倡导的基础性的价值理念。特别是在市场经济建设过程中，竞争压力不可避免地带来人际关系的紧张，各种社会矛盾凸显，培育和践行社会主义友善价值观，是缓解社会矛盾、维护社会秩序、促进社会和谐的坚实基础。

三、当代中国发展进步的精神指引

最高人民法院公布10起弘扬社会主义核心价值观典型案例

培育和践行社会主义核心价值观，是有效整合我国社会意识、凝聚社会价值共识、防范和化解社会矛盾、聚合磅礴之力的重大举措，是保证我国经济社会沿着正确的方向发展、实现中华民族伟大复兴的价值支撑，意义重大而深远。2018年3月，十三届全国人大一次会议通过宪法修正案，把国家倡导社会主义核心价值观正式写入宪法，进一步凸显了社会主义核心价值观的重大意义。

社会主义核心价值观入法入规

2016年12月，中共中央办公厅、国务院办公厅印发了《关于进一步把社会主义核心价值观融入法治建设的指导意见》，围绕运用法律法规和公共政策向社会传导正确价值取向，对社会主义核心价值观融入法治建设作了具体部署。2018 年 5 月，中共中央印发的《社会主义核心价值观融入法治建设立法修法规划》，明确提出要着力把社会主义核心价值观融入法律法规的立改废释全过程，确保各项立法导向更加鲜明、要求更加明确、措施更加有力。2021 年 9 月，中央宣传部、中央政法委、全国人大常委会办公厅、司法部印发《关于建立社会主义核心价值观入法入规协调机制的意见（试行）》，对社会主义核心价值观入法入规协调机制作了具体规定，明确成立社会主义核心价值观入法入规协调机构，负责统筹协调社会主义核心价值观入法入规审查工作，研究解决审查工作中的重大问题；明确社会主义核心价值观入法入规审查范围，主要是每年全国人大常委会、国务院立法工作计划中的相关立法项目以及有关司法解释。

（一）坚持和发展中国特色社会主义的价值遵循

人类社会的每一次跃进，人类文明的每一次升华，都伴随着文化的历史性进步，价值观也更加先进、完善，更加符合人类共同的价值追求。西方文艺复兴时期，个性自由的价值观为突破中世纪宗教神学统治、孕育资本主义提供了价值引领；启蒙运动和法国大革命时期，自由、平等、博爱的价值理念，使资本主义价值观具有了更加广泛的世界影响。马克思主义提出在生产力高度发展和生产资料公有制的基础上，建立真正实现人人平等的公平正义的社会，是迄今为止人类最先进、最广泛的价值追求。这也正是社会主义核心价值观先进性、感召力之所在。

社会主义核心价值观，集中体现了马克思主义所倡导的价值理念，是中国特色社会主义的根本价值导向。中国特色社会主义是全面发展、全面进步的社会主义。它既需要不断完善经济、政治、文化、社会和生态文明等各方面的制度，也需要不断探索社会主义在精神和价值层面的本质规定性；既需要为人们描绘未来社会物质生活方面的目标，也需要为人们指出未来社会精神价值的归宿。在全社会大力弘扬社会主义核心价值观，明确中国特色社会主义事业到底追求什么、反对什么，要朝着什么方向走、不能朝什么方向走，坚守我们的价值观立场，坚定中国特色社会主义道路自信、理论自信、制度自信、文化自信，为社会的有序运行、良性发展提供明确价值准则，保证中国特色社会主义事业始终沿着正确方向前进，是中国特色社会主义的铸魂工程。

（二）提高国家文化软实力的迫切要求

“核心价值观是文化软实力的灵魂、文化软实力建设的重点。这是决定文化性质和方向的最深层次要素。”[①] 一个国家的文化软实力，从根本上说，取决于其核心价值观的生命力、凝聚力、感召力。

当今世界，文化越来越成为综合国力竞争的重要因素，成为经济社会发展的重要支撑，文化软实力越来越成为争夺发展制高点、道义制高点的关键所在。文化软实力的竞争，本质上是不同文化所代表的核心价值观的竞争。现在，越来越多的国家把提升文化软实力确立为国家战略，价值观之争日趋激烈。培育和践行社会主义核心价值观，有利于增进国际社会对中国的理解，扩大中华文化的影响力，展示社会主义中国的良好形象；有利于增强社会主义意识形态的竞争力，掌握话语权，赢得主动权，逐步打破西方的话语垄断、舆论垄断，维护国家文化利益和意识形态安全，不断提高我们国家的文化软实力。

拓展

“构建人类命运共同体”被写入联合国决议

“人类生活在同一个地球村里，生活在历史和现实交汇的同一个时空里，越来越成为你中有我、我中有你的命运共同体。”[②]2013年3月，习近平

① 《习近平谈治国理政》第一卷，外文出版社2018年版，第163页。
② 《习近平谈治国理政》第一卷，外文出版社2018年版，第272页。

在莫斯科国际关系学院发表演讲，首次在国际场合向世界提出“命运共同体”概念。2017 年 1 月，习近平在联合国日内瓦总部发表重要演讲，明确提出推动“构建人类命运共同体”的中国方案。同年 2 月，联合国社会发展委员会第 55 届会议将“构建人类命运共同体”理念首次写入联合国决议中，表明这一理念已经得到国际社会的广泛认同，彰显了中国的文化软实力及其对全球治理的巨大贡献。

（三）推进社会团结奋进的“最大公约数”

过去，人们在打夯时需要有统一的“号子”，这样不同的人才能协同一致，劲才能使在一处。可以说，社会主义核心价值观就是当今中华民族、全体中华儿女心往一处想、劲往一处使的“号子”，是凝聚人心、汇聚民力的强大力量。

历史和现实一再表明，只有建立共同的价值目标，一个国家和民族才会有赖以维系的精神纽带，才会有统一的意志和行动，才会有强大的凝聚力、向心力。尤其是在复杂的社会变革中，思想领域日趋多元多样多变，各种思潮此起彼伏，各种观念相互碰撞，不同价值取向并存，所有这些表现出来的是具体利益、观念观点之争，但折射出来的是价值观的分歧。我国是一个有着 14 亿多人口、56 个民族的大国，确立反映全国各族人民共同认同的价值观“最大公约数”，使全体人民同心同德、团结奋进，关乎国家前途命运，关乎人民幸福安康。培育和践行社会主义核心价值观，能够在具体利益矛盾、各种思想差异之上最广泛地形成价值共识，有效引领整合纷繁复杂的社会思想意识，有效避免利益格局调整可能带来的思想对立和混乱，形成团结奋斗的强大精神力量。

第二节 社会主义核心价值观的显著特征

真理的力量加上道义的力量，才能行之久远。社会主义核心价值观体现了社会主义意识形态的本质要求，体现了社会主义制度在思想精神层面的质的规定性，以其先进性、人民性、真实性站在人类道义制高点上，彰显出独特而强大的价值观优势。

一、反映人类社会发展进步的价值理念

社会主义核心价值观具有超越以往一切社会核心价值观的先进性，它集中体现了社会主义的本质属性，扎根于中华优秀传统文化的土壤，吸收借鉴了一切人类优秀文化的先进价值，是反映人类社会发展进步的价值理念。

（一）体现社会主义的本质属性

“社会主义”是社会主义核心价值观的“底色”。社会主义核心价值观的先进性，集中体现在它是社会主义所坚持和追求的价值理念。

社会主义核心价值观遵循着人类历史发展的轨迹。作为社会意识的价值观念是社会存在的反映。在阶级社会中，核心价值观体现的是这个社会占统治地位阶级的根本利益。奴隶社会的核心价值观体现奴隶主阶级的根本利益，封建社会的核心价值观体现封建地主阶级的根本利益，资本主义社会的核心价值观体现资产阶级的根本利益。科学社会主义，既是对社会主义运动规律的科学把握，又是基于历史必然性的价值诉求；既吸收人类社会共同向往的价值观，又前无古人地站在最大多数人民的价值立场上，提出自己的价值目标和价值追求。回顾社会主义 500 年来的风雨历程，既有高歌猛进又有坎坷曲折，但科学社会主义始终代表着人类社会的前进方向，不断推动着伟大的社会革命和社会变革。社会主义作为人类社会迄今为止最先进的社会制度，其价值观同社会主义经济基础和上层建筑相适

应，充分彰显了社会主义社会的本质要求。

中国走上社会主义道路，是近代以来中国社会发展的历史必然，是历史的选择、人民的选择，凝聚着中国共产党带领全国各族人民持续奋斗的实践经验。事实也雄辩地证明，加快推进社会主义现代化，实现中华民族伟大复兴，必须坚定不移地坚持和发展中国特色社会主义。新时代中国特色社会主义所取得的开创性成就，使科学社会主义在 21 世纪的中国焕发出强大的生机和活力，彰显了社会主义制度的独特创造力和强大生命力。社会主义核心价值观清晰地展现了社会主义的基本特征和根本追求，渗透于经济、政治、文化、社会、生态文明建设的各个方面，是我国社会主义制度的内在精神之魂。社会主义核心价值观生成于中国特色社会主义建设实践，同当今中国最鲜明的时代主题相适应，是中国特色社会主义本质规定的价值表达。

图说

一位剑桥大学博士在英国某知名网络平台上发表长文《为何中国政府肯下血本在西方国家绝不做的“亏本买卖”上？》。文中，他专门列举了中国政府在甘肃、云南、贵州、广西等相对偏远贫困的省（自治区）投入大量资金建设高速公路、铁路、桥梁，使这些“不受上苍眷顾的地方”焕发生机，让大山的子孙走出深山。一座座高耸入云的桥梁、一条条宽阔平坦的道路在偏远地区、云雾峡谷之间的建成，不仅是中国经济实力、科技实力的彰显，也体现了中国人民对“更富强、更自由、更平等、更公正……”的不懈追求。

（二）扎根中华优秀传统文化土壤

任何一种价值观都不可能凭空产生，总是有其特定的历史底色和精神脉络。牢固的核心价值观，都有其固有的根本。抛弃传统、丢掉根本，就等于割断了自己的精神命脉。源远流长的中华优秀传统文化，是中华民族发展壮大的独特优势，也是社会主义核心价值观历史底蕴的集中体现。

中华优秀传统文化是涵养社会主义核心价值观的重要源泉。在世界几大古代文明中，中华文明之所以能够没有中断并延续发展至今，一个重要原因就是中华民族有一脉相承的精神追求、精神特质、精神脉络。2000多年前，中国就出现过百家争鸣的盛况，老子、孔子、墨子等思想家广泛探讨了人与人、人与社会、人与自然的关系，提出了孝悌忠信、礼义廉耻、仁者爱人、与人为善、天人合一、道法自然、自强不息、兼爱非攻等诸多理念，至今仍然深深影响着中国人的生活，成为中国人日用而不觉的价值观念。中华优秀传统文化强调“民惟邦本”“天人合一”“和而不同”；强调“天行健，君子以自强不息”“大道之行也，天下为公”；强调“天下兴亡，匹夫有责”；主张以德治国、以文化人；强调“君子坦荡荡”“君子义以为质”；强调“人而无信，不知其可也”；强调“德不孤，必有邻”“仁者爱人”“与人为善”“己所不欲，勿施于人”“出入相友，守望相助”“老吾老以及人之老，幼吾幼以及人之幼”“扶贫济困”“兼相爱，交相利”；等等。像这样的思想和理念，不论过去还是现在，都有其鲜明的民族特色，都有其永不褪色的时代价值。

> 中华优秀传统文化源远流长、博大精深，是中华文明的智慧结晶，其中蕴含的天下为公、民为邦本、为政以德、革故鼎新、任人唯贤、天人合一、自强不息、厚德载物、讲信修睦、亲仁善邻等，是中国人民在长期生产生活中积累的宇宙观、天下观、社会观、道德观的重要体现，同科学社会主义价值观主张具有高度契合性。
>
> ——习近平

培育和弘扬社会主义核心价值观，必须从中华优秀传统文化中汲取丰富营养，深入中华民族历久弥新的精神世界，把长期以来我们民族形成的积极向上向善的思想文化充分继承和弘扬起来，推动中华优秀传统文化创造性转化和创新性发展，激活其生命力，增强其影响力和感召力，把跨越时空、超越国度、富有永恒魅力、具有当代价值的文化精神弘扬起来，把继承优秀传统文化又弘扬时代精神、立足本国又面向世界的当代中国文化创新成果传播出去。

（三）吸纳世界文明有益成果

社会主义核心价值观吸纳了世界文明的有益成果。博采众长、兼容并蓄是中华文明的气质，社会主义核心价值观以海纳百川的气度广泛吸收借鉴了包括资本主义文明成果在内的人类一切文明成果，萃取精华、融会贯通，形成了具有世界视野、中国气派的价值观。

图说

近年来，《中国汉字听写大会》《中国诗词大会》《中国成语大会》《经典咏流传》《朗读者》等节目广受欢迎。这类节目符合国情、接地气，从探寻普通观众的基本价值认同出发，从中华优秀传统文化资源中汲取养分，增进了人们的价值认知和价值认同。

人类是在对理想社会的追求中不断进步的，不同时代的人们都提出了具有时代特点的价值理想。中国古代的“大同社会”，古希腊的“理想国”，资本主义启蒙思想家对封建等级制的批判，空想社会主义对未来美好社会

的设想，都代表了人类对美好社会的憧憬。社会主义是脱胎于资本主义的，但民主、自由、平等、公正、法治从来不是资本主义的“专属”，而是人类几千年文明成果的积淀和升华，反映了人类认识世界、改造世界的共同成果和基本规律。社会主义核心价值观在吸收人类优秀价值理念的基础上，以中国经验、中国实践为民主、自由、平等、公正、法治等价值理念赋予社会主义性质，代表了人类社会前进的方向和价值理念。

二、彰显人民至上的价值立场

社会主义核心价值观坚持人民历史主体地位，代表最广大人民的根本利益，反映最广大人民的价值诉求，引导最广大人民为实现美好社会理想而奋斗。人民性是社会主义核心价值观的根本特性。

（一）尊重人民群众历史主体地位

马克思主义唯物史观从社会存在决定社会意识的立场出发去考察人类社会发展历史，指出人民群众在社会历史发展中的主体作用，认为人民群众是历史的创造者。相信群众、依靠群众，从群众中来、到群众中去，站在广大劳动人民的立场上，以广大劳动人民的解放为宗旨，竭尽全力为人民求福利、谋利益，是马克思主义最根本的政治立场。中国共产党为人民而生，因人民而兴。人民是中国共产党执政的最深厚基础和最大底气，人民至上是社会主义核心价值观鲜明的价值立场。

江山就是人民，人民就是江山。中国共产党领导人民打江山、守江山，守的是人民的心。治国有常，利民为本。为民造福是立党为公、执政为民的本质要求。必须坚持在发展中保障和改善民生，鼓励共同奋斗创造美好生活，不断实现人民对美好生活的向往。

——习近平

（二）体现以人民为中心的价值导向

为中国人民谋幸福、为中华民族谋复兴，是中国共产党人的初心和使命，也是党领导现代化建设的出发点和落脚点。在领导中国特色社会主义建设的进程中，中国共产党始终坚持人民是历史创造者的观点，践行全心全意为人民服务的根本宗旨，坚持人民当家作主，坚持以人民为中心的发展思想，把人民对美好生活的向往作为奋斗目标。

2020年3月，在武汉大学人民医院东院，上海援鄂医疗队队员陪同住院的老人欣赏美丽的夕阳。人的生命是最宝贵的，生命只有一次，失去不会再来。在新冠肺炎疫情中，从出生仅30多个小时的婴儿到100多岁的老人，从在华外国留学生到来华外国人员，每一个生命都得到全力护佑，人的生命、人的价值、人的尊严得到悉心呵护。

在社会主义中国，“以人民为中心的发展思想，不是一个抽象的、玄奥的概念，不能只停留在口头上、止步于思想环节，而要体现在经济社会发展各个环节”①。在经济建设上，推进高质量发展，朝着全体人民共同富裕的方向稳步迈进；在政治建设上，强调人民当家作主，体现人民意志，维护人民合法权益；在文化建设上，坚持人民是文化事业的主体，满足人民的精神文化生活需要；在社会发展上，不断保障和改善民生，促进社会公平正义；在生态文明建设上，强调人与自然和谐共生，满足人民对优美生态环境的需要。特别是在中国抗击新冠肺炎疫情斗争中，人民至

① 《习近平谈治国理政》第二卷，外文出版社2017年版，第213—214页。

上、生命至上成为最醒目的价值导向，深刻彰显了我国社会主义核心价值观的人民性。习近平深刻指出，什么叫人民至上？这么多人围着一个病人转，这真正体现了不惜一切代价。在保护人民生命安全面前，我们必须不惜一切代价，我们也能够做到不惜一切代价，因为中国共产党的根本宗旨是全心全意为人民服务，我们的国家是人民当家作主的社会主义国家。鲜明的人民性，使得社会主义核心价值观具有强大的感召力。

三、因真实可信而具有强大的道义力量

“名非天造，必从其实。”任何一种价值观，如果只是停留在口头上，不管多么动听，也终将被历史抛弃。社会主义核心价值观不仅真正地与社会主义制度相契合，与保障人民的根本利益相一致，而且因其真实可信而具有强大的道义力量。

（一）社会主义核心价值观是真实可信的

在人类社会发展进程中，有过不少看上去非常美好的价值理念，其中一些在历史上发挥了重大的积极作用，但也有一些只是“看上去很美”甚至是“听起来很美”，并未能彻底地、真正地实现。正如列宁所指出的那样：“资产阶级民主同中世纪制度比较起来，在历史上是一大进步，但它始终是而且在资本主义制度下不能不是狭隘的、残缺不全的、虚伪的、骗人的民主，对富人是天堂，对被剥削者、对穷人是陷阱和骗局。”[①] 社会主义核心价值观与以往价值观的一个重要区别在于其真实性。以民主选举制度为例，与西方民主制度“一人一票”注重形式不同，中国特色社会主义民主更注重内容和结果。我们不仅有选举民主，还有协商民主、基层民主，保证人民依法实行民主选举、民主协商、民主决策、民主管理、民主监督。我们

① 《列宁全集》第三十五卷，人民出版社2017年版，第244页。

在追求民意方面，不仅不比西方少，甚至还要更多。中国的民主制度不是装饰品，不是用来做摆设的，而是用来解决人民需要解决的问题的。中国特色社会主义的成功也验证了社会主义核心价值观的正确性、可信性，使得社会主义核心价值观可以而且能够成为真切、具体、广泛的现实。

图说

入党申请书

敬爱的党组织：

此刻我正在火神山医院建设现场，怀着复杂而激动的心情，写下这份入党申请书。

疫情袭来，党中央果断决策，在十天内修建火神山医院。中建集团迅速部署，中建三局火线集结。除夕这天，我接到去抢建的通知。

到了现场我才知道，要在十天建成一座超三甲标准的医院，这几乎是不可能的任务。然而，集团党组下达的命令很明确：不计成本、不讲条件，必须高效优质地完成任务。集团党组主要领导周乃翔、郑学选第一时间赶赴武汉，与我们一起并肩战斗。大年初一，在火神山上成立了临时党委，进行了党员突击队授旗仪式。当时寒风如刀，冷雨如鞭，但是大家丹心如旗，使命在肩。

党员突击队员们集体宣誓：誓死完成任务！慷慨激昂的声音响彻云霄！让我感觉浑身发热，充满了神圣的力量。

我在现场看到：他们是"干不死就往死里干"的硬核，是"建不成任务就把我埋在火神山"的承诺，是"只有建好火神山才能保家国"的榜样，是"中建一家亲"11家兄弟单位的热血驰援。

他们匠心向党、为国建功，他们燃灯续昼、热血融冰，他们听党召唤，挺身而出，他们不畏艰险、使命必达。

他们有共同的名字——党员突击队，有同样的身份——中国共产党党员。此刻我终于明白，面对极限考验，是人民至上、生命至上的发展思想，是众志成城、共克时艰的政治优势，是冲得上去、豁得出来的责任担当，才能把不可能变成可能变成可能。

敬爱的党组织：我无比激动也无比清醒地写下这份入党申请书，请求加入这个伟大而光荣的团队，成为其中的一员。我会把此次战斗当作锻打意志、锤炼作风的机会，磨炼党的品格，传承党的信仰。请党在实践中考验我！

申请人：尹典

2020年1月31日

从火神山医院开建首日入场到闭院休舱，中建三局项目执行经理尹典坚守岗位83天。他与上万名建设者一起，书写了火神山医院从无到有的“中国速度”。2020年1月30日凌晨，连续工作43个小时以后，他趴在火神山医院建设指挥部的方便面箱子上，写下了入党申请书。抗疫“战场”上一幕幕感人至深的场景，让他对我国先进的制度优势有了深切的感悟和独特的理解。

“火雷兄弟”的家国情怀

（二）认清西方“普世价值”的实质

随着社会思想多元多样多变，价值观领域也面临来自多方面的挑战，特别是面临西方价值观日益严峻的渗透。“普世价值”就是一种极具迷惑性、欺骗性并且带有鲜明政治倾向的价值观。我们需要对此廓清思想迷雾，认清其实质和危害。

“普世价值”在理论上的虚伪性。“普世价值”听上去既抽象又玄妙。

那什么是“普世价值”呢？概括起来即普遍适用、永恒存在的价值。这种价值被认为打破了所有民族、种族、阶级、国家的界限，超越了一切文明、宗教、信仰的差异，并且不会因时代的变迁、社会形态的更替而有任何的改变。事实上，西方国家所谓的“普世价值”并非指人类道德评价、审美评价的普遍性或共性，而是特指资本主义价值观；推行的并不是人类共同的价值观，而是特定的价值观及其背后的经济政治文化制度。资本主义价值观是在资本主义生产方式基础上形成的，从根本上说，是为资产阶级利益服务的。资产阶级把自己的利益说成是全体社会成员的共同利益，把自己的价值观以全人类的共同价值观装饰起来，其目的就是维护和攫取与之相关的最大利益。不难看出，西方所谓的“普世价值”从抽象的“人性论”出发，将人看作无差别的价值符号。事实上根本不存在抽象的人性，也没有放之四海而皆准的价值观及其相应的制度。正如习近平所说：“每个国家的政治制度都是独特的，都是由这个国家的人民决定的，都是在这个国家历史传承、文化传统、经济社会发展的基础上长期发展、渐进改进、内生性演化的结果。”①

“普世价值”在实践上的虚伪性。其实，西方所谓的“普世价值”，在他们自己的世界里都未能真正“普适”。种族歧视、劳资对立、金钱政治、贫富分化、社会撕裂、人权无保障等问题，在一些西方国家长期存在且愈演愈烈，与他们所标榜的“普世价值”形成鲜明对照。无论是2011年爆发的“占领华尔街”运动，还是2020年美国警察暴力执法致黑人死亡而引发的抗议浪潮，都是对西方所谓“普世价值”的莫大讽刺。西方所谓的“普世价值”并不“普适”，更不是什么普照世界的“明灯”。长期以来，一些西方国家为了自己的政治经济利益和霸权野心，四处兜售“普世价值”，推行“和平演变”。东欧剧变、苏联解体、“阿拉伯之春”等，无一不是美西方插手而造成的。在所谓的“普世价值”影响下，一些国家

① 《习近平谈治国理政》第二卷，外文出版社2017年版，第286页。

被折腾得不成样子，有的四分五裂，有的战火纷飞，有的混乱不堪，这种例子比比皆是。事实一再说明，随“普世价值”而至的并非“自由”“民主”“人权”的春天，而是民不聊生、生灵涂炭的严冬。

图说

2020年5月以来，反种族歧视、反暴力执法抗议浪潮席卷美国各地。2021年4月，在美国加利福尼亚州亨廷顿海滩，部分加州民众举行“黑人的命也是命”集会活动，随后，当地白人也在附近举行所谓的“白人的命也是命”集会，双方一度爆发冲突。

万物并育而不相害，道并行而不相悖。中国真诚呼吁世界各国弘扬和平、发展、公平、正义、民主、自由的全人类共同价值，促进各国人民相知相亲，尊重世界文明多样性，以文明交流超越文明隔阂、文明互鉴超越文明冲突、文明共存超越文明优越，共同开创人类更加美好的未来。

明辨

全人类共同价值与所谓“普世价值”存在根本不同

反对西方所谓的“普世价值”，并不是说人类社会不存在共同价值。2021年7月1日，习近平强调：“中国共产党将继续同一切爱好和平的国家和人民一道，弘扬和平、发展、公平、正义、民主、自由的全人类共同价值，坚持合作、不搞对抗，坚持开放、不搞封闭，坚持互利共赢、不搞零和博弈，反对霸权主义和强权政治，推动历史车轮向着光明的目标前进！”[①]

① 习近平：《在庆祝中国共产党成立100周年大会上的讲话》，人民出版社2021年版，第16页。

人类生活在同一个地球村里，越来越成为你中有我、我中有你的命运共同体，客观存在共同利益，必然要求共同价值。我们所主张的共同价值，是要倡导求同存异、和而不同，充分尊重文明的多样性，尊重各国自主选择社会制度和发展道路的权利。这与唯我独尊、强施于人、旨在推行资本主义政治理念和制度模式的所谓“普世价值”根本不同。

当今世界，要说哪个政党、哪个国家、哪个民族能够自信的话，那中国共产党、中华人民共和国、中华民族是最有理由自信的。社会主义核心价值观的先进性、人民性和真实性使其具有更高的道义力量，充分彰显社会主义核心价值观的优越性及其在中华民族实现自己梦想的奋斗中所具有的重大意义。坚定价值观自信，要自觉以社会主义核心价值观为引领，运用马克思主义客观辩证地分析各种错误价值观的实质，不断增强社会凝聚力和价值共识。

第三节 积极践行社会主义核心价值观

青年是引风气之先的社会力量。青年的价值取向，关系着自身的健康成长成才，决定着未来整个社会的价值取向。在全社会培育和弘扬社会主义核心价值观，需要大学生始终走在时代前列，成为培育和践行社会主义核心价值观最积极、最活跃的青年先进代表。

一、扣好人生的扣子

大学时期是价值观养成的关键阶段。青年的未来与国家的未来同频同向，青年一代的理想、本领和担当勾勒出国家的形象和力量。正因为未来掌握在青年手中，青年的价值观是什么样，决定着未来整个社会的价值观就是什么样。当代大学生要意识到自身肩负的历史使命，自觉加强价值观养成，树立正确的价值取向。

青年的价值取向决定了未来整个社会的价值取向，而青年又处在价值观形成和确立的时期，抓好这一时期的价值观养成十分重要。这就像穿衣服扣扣子一样，如果第一粒扣子扣错了，剩余的扣子都会扣错。人生的扣子从一开始就要扣好。

——习近平

大学生的成长成才和全面发展，离不开正确价值观的引领。当今世界和当代中国都处于大变革之中。这种变革反映到人们的思想观念中，自然会产生多种多样的观点想法和价值理念。面对世界范围内各种思想文化交流交融交锋的新形势，面对整个社会思想观念呈现多元多样、复杂多变的新特点，大学生健康成长成才更加需要正确价值观的引领。正确的价值观能够引导大学生把人生价值追求融入国家和民族事业，始终站在人民大众立场，同人民一道拼搏、同祖国一道前进，服务人民、奉献社会，努力成为中国特色社会主义事业的合格建设者和可靠接班人。

核心价值观的养成绝非一日之功。大学生要坚持由易到难、由近及远，从现在做起，从自己做起，努力把核心价值观的要求变成日常的行为准则，形成自觉奉行的信念理念，并身体力行大力将其推广到全社会去，为实现国家富强、民族振兴、人民幸福的中国梦凝聚强大的青春能量。

二、把社会主义核心价值观落细落小落实

“一种价值观要真正发挥作用，必须融入社会生活，让人们在实践中感知它、领悟它。”[①]这就要求在培育和弘扬的过程中，下好落细、落小、落实的功夫。对于大学生而言，就是要切实做到勤学、修德、明辨、笃实，使社会主义核心价值观成为一言一行的基本遵循。

勤学。下得苦功夫，求得真学问。知识是树立社会主义核心价值观的重要基础。大学生正处于学习的黄金时期，要把学习作为一种精神追求、一种生活方式，以韦编三绝、悬梁刺股的毅力，以凿壁借光、囊萤映雪的劲头，努力扩大知识半径，既读有字之书，也读无字之书，砥砺道德品质，练就过硬本领。要努力掌握马克思主义理论，形成正确的世界观和科学的方法论，深化对社会主义核心价值观的认知认同。大学生要注重把所学知识内化于心，形成自己的见解，既有专攻，又要博览，努力掌握为祖国、为人民服务的真才实学，让勤于学习、敏于求知成为青春远航的动力。

修德。加强道德修养，注重道德实践。“德者，本也。”蔡元培曾经说过，若无德，则虽体魄智力发达，适足助其为恶。德是首要，是方向，一个人只有明大德、守公德、严私德，其才方能用得其所。修德，既要立意高远，又要立足平实。要立志报效祖国、服务人民，这是大德，养大德者方可成大业。同时，还得从做好小事、修好小节起步，“见善则迁，有过则改”，踏踏实实修好公德、私德，学会劳动、学会勤俭，学会感恩、学会助人，学会谦让、学会宽容，学会自省、学会自律。

明辨。善于明辨是非，善于决断选择。培育和践行社会主义核心价值观，要增强自己的价值判断力和道德责任感，辨别什么是真善美、什么是假恶丑，自觉做到常修善德、常怀善念、常做善举。当前，在一些领域和一些人当中，价值判断没有了界限、丧失了底线，甚至以假乱真、以丑为

① 《习近平谈治国理政》第一卷，外文出版社2018年版，第165页。

美、以耻为荣。大学生要善于明辨是非，善于判断选择，旗帜鲜明地弘扬真善美、贬斥假恶丑，澄清模糊认识，匡正失范行为，自觉做良好道德风尚的建设者、社会文明进步的推动者。

面对世界的深刻复杂变化，面对信息时代各种思潮的相互激荡，面对纷繁多变、鱼龙混杂、泥沙俱下的社会现象，面对学业、情感、职业选择等多方面的考量，一时有些疑惑、彷徨、失落，是正常的人生经历。关键是要学会思考、善于分析、正确抉择，做到稳重自持、从容自信、坚定自励。

——习近平

笃实。扎扎实实干事，踏踏实实做人。道不可坐论，德不能空谈。于实处用力，做到知行合一，核心价值观才能内化为人们的精神追求，外化为人们的自觉行动。《礼记》中有："博学之，审问之，慎思之，明辨之，笃行之。"有人说："圣人是肯做工夫的庸人，庸人是不肯做工夫的圣人。"新时代青年有着大好机遇，关键是要迈稳步子、夯实根基、久久为功。心浮气躁，朝三暮四，学一门丢一门，干一行弃一行，无论学习还是创业，都是最忌讳的。"天下难事，必作于易；天下大事，必作于细。"成功的背后，永远是艰辛努力。青年大学生要把艰苦环境作为磨炼自己的机遇，把小事当作大事干，一步一个脚印往前走。滴水可以穿石。只要坚忍不拔、百折不挠，成功就一定在前方等你。

拓展

社会是个大课堂

青年要成长为国家栋梁之材，既要读万卷书，又要行万里路。近年来，各地各高校一批批大学生积极投身新时代，将视线投向国家发展的航程，把汗水洒在艰苦创业的舞台，到基层去、到西部去、到祖国最需要的地方去。同学们走进农村、把脉农业、遍访农户，用双脚丈量土地，用真心浇灌理想，用汗水致敬青春，用亲身实践将课本上的抽象道理变成头脑中的真知灼见；同学们拜群众为师、向实践取经，找寻人生应当在哪用力、对谁用情、如何用心、做什么样的人的青春答案。

培育和践行社会主义核心价值观，既要目标高远，保持定力、不懈奋进，又要脚踏实地，严于律己、精益求精。新时代大学生要将社会主义核心价值观转化为人生的价值准则，勤学以增智、修德以立身、明辨以正心、笃实以为功，在激扬青春、开拓人生、奉献社会的进程中书写无愧于时代的壮丽篇章。

思考讨论

1. 习近平指出："核心价值观是一个民族赖以维系的精神纽带，是一个国家共同的思想道德基础。如果没有共同的核心价值观，一个民族、一个国家就会魂无定所、行无依归。"① 你是如何理解核心价值观的?

2. 习近平指出："我们生而为中国人，最根本的是我们有中国人的独特精神世界，有百姓日用而不觉的价值观。"② 你是如何理解这句话的?

3. 青年是引风气之先的社会力量。青年的价值取向，决定着未来整个社会的价值取向。作为当代大学生，应如何培育和践行社会主义核心价值观?

文献阅读

1. 习近平:《培育和弘扬社会主义核心价值观》,《习近平谈治国理政》

① 《习近平关于社会主义文化建设论述摘编》，中央文献出版社 2017 年版，第 124 页。

② 《习近平谈治国理政》第一卷，外文出版社 2018 年版，第 171 页。

第一卷，外文出版社 2018 年版。

这篇讲话是习近平在主持十八届中央政治局第十三次集体学习时的讲话要点。习近平指出，把培育和弘扬社会主义核心价值观作为凝魂聚气、强基固本的基础工程，继承和发扬中华优秀传统文化和传统美德，广泛开展社会主义核心价值观宣传教育，不断夯实中国特色社会主义的思想道德基础。

2. 中共中央办公厅、国务院办公厅：《关于进一步把社会主义核心价值观融入法治建设的指导意见》，2016 年 12 月 25 日。

文件指出，社会主义核心价值观是社会主义法治建设的灵魂。把社会主义核心价值观融入法治建设，是坚持依法治国和以德治国相结合的必然要求，是加强社会主义核心价值观建设的重要途径。要坚持以社会主义核心价值观为引领，恪守以民为本、立法为民理念，把社会主义核心价值观的要求体现到宪法法律、法规规章和公共政策之中，转化为具有刚性约束力的法律规定。

3. 中华人民共和国国务院新闻办公室：《中国的民主》，人民出版社 2021 年版。

这是一部系统介绍中国民主价值理念、发展历程、制度体系、参与实践和成就贡献的重要文献。该白皮书强调，人民当家作主是中国民主的本质和核心，全过程人民民主是全链条、全方位、全覆盖的民主，是最广泛、最真实、最管用的社会主义民主。

第五章　遵守道德规范　锤炼道德品格

大学时期是道德观形成和发展的重要阶段，在这个时期形成的道德观念对大学生一生影响很大。大学生提高自身的道德素质，需要认真学习道德的基本理论，树立马克思主义道德观，弘扬社会主义道德，自觉传承中华传统美德和中国革命道德，积极吸收借鉴人类优秀道德成果，在崇德向善的实践中不断锤炼道德品格、提升道德境界。

第一节　社会主义道德的核心与原则

道德是立身兴国之本，对个人和社会都具有基础性意义。社会主义道德是人类道德发展史上一种崭新类型的道德。弘扬社会主义道德，坚持以为人民服务为核心，以集体主义为原则，提高全社会道德水平，是全面建成社会主义现代化强国的战略任务，是适应社会主要矛盾变化、满足人民对美好生活向往的迫切需要，是促进社会全面进步、人的全面发展的必然要求。

一、坚持马克思主义道德观

道德是一种特殊的社会意识形态，它是以善恶为评价方式，主要依靠社会舆论、传统习俗和内心信念来发挥作用的行为规范的总和。作为人类社会发展到一定阶段的必然产物，道德对人和社会发展具有重要的促进作用，并随着社会的发展而不断进步。准确把握道德的起源和本质，正确认识道德的功能与作用，深刻理解社会主义道德是对人类以往道德形态的超越，是大学生建立正确道德认知的前提。马克思主义道德观是科学世界观、人生观、价值观在道德领域的反映与体现。

（一）道德的起源与本质

“德”字的演变

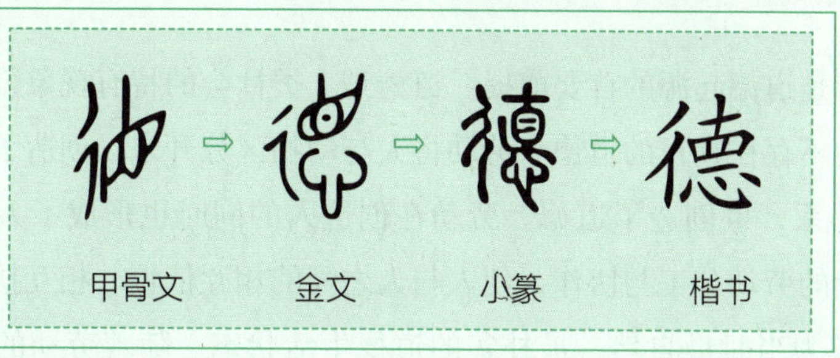

在甲骨文中，“德”字左边是“彳”，表示道路、行动，右边下方是“目”，“目”之上是一条垂直线，表示目光直射之意。行动要正，而且“目不斜视”，这就是“德”的最初含义。随着历史的发展，人们对德的理解不断深化和拓展，金文的“德”字在“目”下又加了“心”字，意思是行正、目正、心正才算“德”。小篆中的“德”字与金文字形相近，只不过把右上方变成了“直”字，意指“直心”为“德”。在古汉语中，“德”还通假于“悳”，《说文解字》解“悳”为“外得于人，内得于己也”。外得于人，指以善行施之于人，使人有所获得；内得于己，指将善念存于己心，使己有所提升。

自古以来，人们就在探讨道德的起源并提出了种种见解或理论。“天意神启论”把道德起源归结于上天的命令或者神的旨意，试图以人之外的某种所谓客观意志来说明道德的起源；“先天人性论”把道德的起源或者归结为与生俱来的善性，或者归结为先天存在的良心、理念或精神；“情感欲望论”认为道德起源于人们的情感欲望，是人们为实现情感欲望而形成的行为要求；“动物本能论”则认为道德观念是动物本能的延续，进而把动物基于本能的活动与人类有目的、有意识的活动画上等号。可以说，在马克思主义产生之前，这些关于道德起源的观点，要么是主观唯心主义或客观唯心主义的注解，要么是旧唯物主义形而上学的分析，均无法正确揭示道德的起源。马克思主义道德观认为，人类社会的实际情况是，“物质生活的生产方式制约着整个社会生活、政治生活和精神生活的过程”[①]。因此，道德的起源问题，必须从这一实际出发来认识和把握。

劳动是道德起源的首要前提。道德是人类社会的特有现象，动物的本能行为中不存在真正的道德。劳动将人与动物区分开来，创造了人、社会和社会关系，也创造了道德。劳动在创造人的同时也形成了人与人的关系。原始的劳动分工与协作，使人与人之间的相互依赖、相互扶持自觉不自觉地成为当时最自然、最朴实的道德生活状态。随着劳动的进一步发展，劳动分工与协作不断增强，各种劳动关系逐步明确，人与人之间、群体与群体之间的利益关系日渐清晰，包含自由、责任等内容的道德逐步得到确认。因此，劳动创造了人和人类社会，是道德起源的第一个历史前提。

社会关系是道德赖以产生的客观条件。在生产生活的实践活动中，人类必然要发生各种各样的人际交往和社会关系，各种利益关系更为凸显。随着社会分工的不断发展，个人利益、他人利益和社会利益的界限逐步明晰，要求规范、协调或制约利益冲突的意识更为强烈，由此促进了人类道德的不断进步和发展。可以说，道德正是适应社会关系尤其是利益关系调节的需要而产生的。

人的自我意识是道德产生的主观条件。意识是道德产生的思想认识前提。人只有在社会实践中，意识到自我作为社会成员与其他动物的根本区

---

① 《马克思恩格斯文集》第二卷，人民出版社2009年版，第591页。

别，意识到自我在社会中的角色与地位，意识到自我与他人或集体不同的利益关系，并由此产生调节利益矛盾的迫切要求时，道德才得以产生。

> 人们自觉地或不自觉地，归根到底总是从他们阶级地位所依据的实际关系中——从他们进行生产和交换的经济关系中，获得自己的伦理观念。
>
> ——恩格斯

马克思主义在人类思想史上第一次科学而全面地论述了道德的起源问题，强调道德属于上层建筑的范畴，是一种特殊的社会意识形态，为正确认识和理解道德的本质奠定了基础。

道德是反映社会经济关系的特殊意识形态。道德的产生、发展和变化，归根结底源于社会经济关系。其一，道德的性质和基本原则、规范反映了与之相应的社会经济关系的性质和内容。有什么样的社会经济关系，相应地就有什么样的道德。其二，道德随着社会经济关系的变化而变化。一般来说，新旧经济关系更替之后，新的道德必将取代旧的道德而居于主导地位。在人类道德史上，一切道德上的兴衰起伏、进退消长，从根本上说都是源于社会经济关系的变革。其三，道德作为一种社会意识，在阶级社会里总是反映着一定阶级的利益，因而不可避免地具有阶级性。同时，不同阶级之间的道德或多或少有一些共同之处，反映着道德的普遍性。其四，作为社会意识的道德一经产生，便有相对独立性。这种相对独立性既表现为道德的历史继承性，也表现为道德对社会发展具有能动的反作用。

道德是社会利益关系的特殊调节方式。作为一种调整人与人、人与社会、人与自然以及人与自身之间关系的特殊的行为规范，道德与法律规范、政治规范的不同之处在于，它是用善恶标准去评价，依靠社会舆论、传统习俗、内心信念来维持的，因此是一种非强制性的规范。道德是处于同一社会或同一生活环境中的人们在长期的共同生活过程中逐渐积累形成的要求、秩序和理想，它通过社会的道德风尚和个人的道德风范来调节利益关系。

中国古代的“四维”

礼义廉耻，是古人推崇的基本道德规范，《管子》中把它们比喻为“四维”。“维”的原意是指发挥骨干性作用的大绳索，用在这里是强调礼义廉耻的重要作用。欧阳修后来提出：“礼义廉耻，国之四维；四维不张，国乃灭亡。”

道德是一种实践精神。作为实践精神，道德是一种旨在通过把握世界的善恶现象而规范人们的行为，并通过人们的实践活动体现出来的社会意识。具体来说，道德是一种以指导人的行为为目的、以形成人的正确行为方式为内容的精神，在本质上是知行合一的。道德把握世界的方式不是被动地反映世界，而是从人的需要出发，从特定的价值出发来改造世界；不是简单地再现世界或描述世界，而是对世界进行价值评价。道德立足现实而追求理想，并以理想来改造和提升现实。

（二）道德的功能与作用

道德源于人的社会生活需要，又服务于人的社会生活需要。道德在人类社会中居于特别重要的地位，具有特殊的功能和作用。

道德的功能，一般是指道德作为社会意识的特殊形式对于社会发展所具有的功效与作用。道德的功能是多元的，同时也是多层次的。在道德的功能系统中，认识功能、规范功能、调节功能是最基本的功能。

道德的认识功能是指道德反映社会关系特别是反映社会经济关系的功效与能力。道德往往运用善恶、荣辱、义务、良心等范畴，反映人类的道德实践活动和道德关系，从中揭示社会道德发展的趋势，为人们的行为选择提供指南。尤其是在日常生活中，人们正是借助道德认识自己对他人、家庭、社会的道德义务和责任，使人们的道德选择、道德行为建立在明辨善恶的道德认识基础上，从而正确选择自己的道德行为，积极塑造自身的良好道德品质。

道德的规范功能是指在正确善恶观的指引下，规范社会成员在社会公共领域、职业领域、家庭领域的行为，并规范个人品德的养成，引导并促进人们崇德向善。从道德的特征来说，道德和法律一样，都是通过规范人的行为发挥作用。

道德之于个人、之于社会，都具有基础性意义，做人做事第一位的是崇德修身。

——习近平

道德的调节功能是指道德通过评价等方式指导和纠正人们的行为和实践活动、协调社会关系和人际关系的功效与能力。道德评价是道德调节的主要形式，社会舆论、传统习俗和人们的内心信念是道德调节所赖以发挥作用的力量。道德的调节功能主要是通过调节人与人、人与社会、人与自然以及人与自身之间关系而使之逐步完善和谐。在社会生活中，道德调节并不是孤立进行的，而是和其他社会调节手段密切配合、共同发挥调节效用。比如，法律和道德都是重要的社会规范，国家和社会治理需要法律和道德共同发挥作用。一个法治健全的社会应该是一个道德规范健全的社会，离开道德仅仅依靠法律，则无法达到社会秩序井然的状态和长治久安的目标。

道德的作用是指道德的认识、规范、调节、激励、导向、教育等功能的发挥和实现所产生的社会影响及实际效果。“国无德不兴，人无德不立”，就生动表达了道德的作用。道德作为维系社会稳定、促进国家发展的重要因素，对巩固特定社会的经济基础和上层建筑具有不可替代的重要作用。同时，道德作为激励人们改造客观世界和主观世界的一种精神力量，也是提高人的精神境界、促进人的自我完善、推动人的全面发展的内在动力。

明辨

道德万能？道德无用？

在道德作用问题上，有两种极端的看法，即“道德万能论”和“道德无用论”。“道德万能论”片面夸大道德的作用，认为道德决定一切、高于一切、支配一切，只要道德水平高，一切社会问题都可以迎刃而解。这种观点的根本错误在于，颠倒了社会存在和社会意识、经济基础和上层建筑之间的决定与被决定的关系，否定了物质资料的生产方式在社会发展中的决定作用。事实上，无论是在古代社会，还是在现代社会，道德都不是社会历史发展的最终决定因素。“道德无用论”则根本否认道德的作用，或者通过强调非道德因素的作用来否定道德的积极作用，或者通过强调道德消极因素的作用来否定道德的积极作用。这种观点的根本错误在于，忽视了道德作为上层建筑的重要组成部分对经济基础和生产力发展有一定的反作用。

道德发挥作用的性质与社会发展的不同历史阶段相联系，由道德所反映的经济基础、代表的阶级利益所决定。只有反映先进生产力发展要求和进步阶级利益的道德，才会对社会的发展和人的素质的提高产生积极的推动作用，否则，就不利于甚至阻碍社会的发展和人的素质的提高。总之，道德的力量是广泛的、持久的、深入的，既深刻地影响着人们的意志、行为和品格，也深刻地影响着社会的存在和发展。

（三）社会主义道德是崭新类型的道德

道德同其他社会意识形态一样，不是亘古不变的。迄今为止，人类社会先后经历了五种基本社会形态，与此相适应，出现了原始社会的道德、奴隶社会的道德、封建社会的道德、资本主义社会的道德、社会主义社会的道德。在社会主义社会，有一部分先进分子还身体力行共产主义道德。

纵观道德发展的历史，进步与落后、善良与邪恶、顺利与曲折交织其中，使得数千年来的道德现象纷繁复杂、矛盾重重。但是，不管这个进程多么复杂，人类道德的发展是一个曲折上升的历史过程。人类道德发展的历史过程与社会生产方式的发展进程大体一致，这是道德发展的基本规律。虽然在一定时期可能有某种停滞或倒退现象，但道德发展的总趋势是向上的、前进的，是沿着曲折的道路向前发展的，或者叫作螺旋式上升、波浪式前进。社会主义和共产主义道德，是人类道德合乎规律发展的必然产物，是人类道德发展史上的一种崭新类型的道德，是对人类道德传统的批判与继承，并必然随着社会的进步和实践的发展而与时俱进。

念奴娇·追思焦裕禄

习近平

中夜，读《人民呼唤焦裕禄》一文，是时霁月如银，文思萦系……

魂飞万里，盼归来，此水此山此地。百姓谁不爱好官？把泪焦桐成雨。[①]生也沙丘，死也沙丘，父老生死系。[②]暮雪朝霜，毋改英雄意气！

依然月明如昔，思君夜夜，肝胆长如洗。路漫漫其修远矣，两袖清风来去。为官一任，造福一方，遂了平生意。绿我涓滴，会它千顷澄碧。

一九九〇年七月十五日

① 焦裕禄当年为了防风固沙，帮助农民摆脱贫困，提倡种植泡桐。如今，兰考泡桐如海，焦裕禄当年亲手栽下的幼桐已长成合抱大树，人们亲切地叫它“焦桐”。

② 焦裕禄临终前说：“我死后只有一个要求，要求党组织把我运回兰考，埋在沙丘上。活着我没有治好沙丘，死了也要看着你们把沙丘治好！”

与以往社会的道德形态相比，社会主义道德具有显著的先进性特征。这种先进性主要体现在以下几个方面。首先，社会主义道德是社会主义经济基础的反映。在以生产资料公有制为主体的社会主义社会，广大人民不仅在政治上实现了当家作主，而且在道德上实现了由被动到主动的转变。其次，社会主义道德是对人类优秀道德资源的批判继承和创新发展。以当代中国的社会主义道德体系为例，我们今天倡导的社会主义道德规范，不仅与中华传统美德相承接，与中国共产党人在革命战争年代创立的革命道德相延续，同时也是对人类优秀道德成果的吸收和借鉴。最后，社会主义道德克服了以往阶级社会道德的片面性和局限性，坚持以为人民服务为核心，坚持以集体主义为原则，展现出真实而强大的道义力量。

二、坚持以为人民服务为核心

为什么人服务是道德的核心问题，决定并体现着道德建设的根本性质和发展方向，规定并制约着道德领域中的所有道德现象。为人民服务，不仅是坚持历史唯物主义的必然要求，是中国共产党践行的根本宗旨，也是社会主义道德观的集中体现，是全体中国人民共同遵循的道德要求。

（一）社会主义道德的本质要求

为人民服务是社会主义经济基础和人际关系的客观要求。在社会主义社会，每个劳动者和建设者都在为社会、为他人同时也是为自己而劳动和工作。各行各业的劳动者和建设者，只是社会分工不同，没有高低贵贱之分。权利和义务不再分属于两个对立的阶级，而是统一于人民自己身上，每个人都是服务对象，又都为他人服务，全体人民通过社会分工和相互服务来实现共同利益。在我国，公有制为主体、多种所有制经济共同发展，按劳分配为主体、多种分配方式并存，社会主义市场经济体制等社会主义基本经济制度，是为人民服务的根本制度保证；团结互助、平等友爱、共同进步的人际关系，是为人民服务的广泛社会基础。

为人民服务是社会主义市场经济健康发展的要求。在社会主义市场经济条件下，市场主体必须通过向社会和他人提供一定数量和质量的产品，建立满足社会和他人需求的良好信誉。换句话说，社会主义市场经济，不仅不排斥为社会和他人服务，而且需要通过服务甚至是优质服务，才能实现市场主体的利益。为人民服务与社会主义市场经济并不必然对立。社会主义市场经济不仅要求人们在一切经济活动中，正确处理个人与社会、竞争与协作、效率与公平、先富与共富、经济效益与社会效益等关系，形成健康有序的经济和社会生活规范，而且强调在社会主义物质文明和精神文明的引导下，每个市场主体都要有为人民服务的思想，自觉积极地为人民服务、为社会服务，把自身利益同国家和人民的共同利益结合起来。

（二）先进性与广泛性的统一

为人民服务是先进性要求和广泛性要求的统一。为人民服务，既伟大又平凡，既高尚又普通，它并非高不可攀、遥不可及，而是可以通过不同层次、不同形式表现出来。“每个人的力量是有限的，但只要我们万众一心、众志成城，就没有克服不了的困难；每个人的工作时间是有限的，但全心全意为人民服务是无限的。”[①]在今天，毫不利己、专门利人、无私奉献是为人民服务，顾全大局、先公后私、爱岗敬业、办事公道是为人民服务，同志间、师生间、同学间互相关心、互相爱护、互相帮助是为人民服务，热心公益、助人为乐、见义勇为、扶贫帮困、扶残助残是为人民服务，遵纪守法、诚实劳动并获取正当的个人利益同样也是为人民服务。那种认为为人民服务只适于党员干部而不能推广到全体人民的看法是一种误

---

① 《习近平谈治国理政》第一卷，外文出版社 2018 年版，第 5 页。

解。事实上，一个人只要时时处处想到他人、想到社会、想到国家，从而能够推己及人、与人为善，服务他人、奉献社会，使他人能够因自己的所作所为而得到益处，使社会可以因自己的努力而发生积极改变，这就是在践行为人民服务。

图说

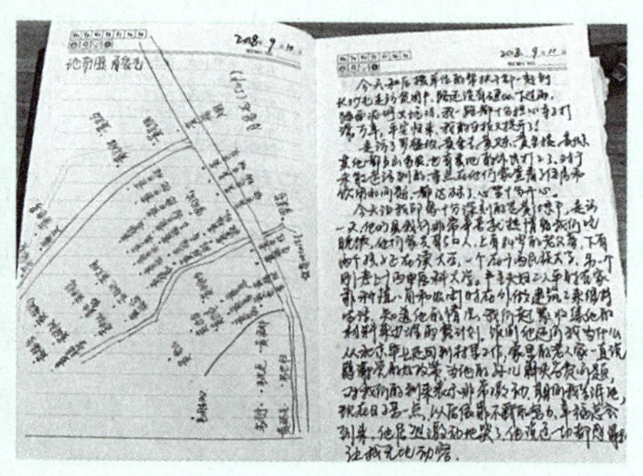

硕士毕业的黄文秀积极响应党组织号召，放弃在大城市的工作机会，回到家乡——革命老区广西百色工作。她埋头苦干，仅用一年多时间就带领 88 户 418 名贫困群众脱贫，全村贫困发生率从 22.88% 降至 2.71%。2019 年 6 月，黄文秀深夜冒雨奔向受灾群众，面对危险坚定前行，不幸遭遇突如其来的山洪，献出了年仅 30 岁的宝贵生命。习近平对黄文秀先进事迹作出指示，强调她在脱贫攻坚第一线倾情投入、奉献自我，用美好青春诠释了共产党人的初心使命，谱写了新时代的青春之歌。黄文秀是全心全意为人民服务的青年代表，值得我们缅怀和学习。2021 年，黄文秀被授予“七一勋章”。

为人民服务作为社会主义道德的核心，是社会主义道德区别和优越于其他社会形态道德的显著标志。大学生践行为人民服务，就是要弘扬为人民服务的精神，尊重人、理解人、关心人，为人民、为社会、为国家多做好事、多作贡献。

三、坚持以集体主义为原则

道德原则是道德规范体系的总纲，它最直接最集中地反映着一定社会经济关系和利益关系的根本要求，代表着一定阶级的根本利益和长远利益。社会主义道德的原则是集体主义。在我国，国家利益、社会整体利益和个人利益根本上的一致性，使得集体主义应当而且能够在全社会范围内贯彻实施。

（一）调节社会利益关系的基本原则

长期以来，集体主义已经成为调节国家利益、社会整体利益和个人利益关系的基本原则。

集体主义强调国家利益、社会整体利益和个人利益的辩证统一。在社会中，人既作为个体而存在，又作为集体中的一员而存在，集体和个人是不能分割的。一方面，个人离不开集体，集体把每个劳动者的智慧和力量凝聚在一起，形成巨大的创造力；另一方面，集体是由若干个人组成的，不调动个人的积极性，也就不会有集体的创造力。集体与个人，即“统”与“分”，是相互作用、相互依赖、互为前提的辩证统一关系。只有使二者有机地结合起来，才能使生产力保持旺盛的发展势头，偏废任何一方，都会造成大损失。在社会主义社会中，国家利益、社会整体利益和个人利益也是不能分割的。国家利益、社会整体利益体现着个人根本的、长远的利益，是所有社会成员共同利益的统一。同时，每个人的正当利益，又都是国家利益、社会整体利益不可分割的组成部分。国家和社会的兴衰与个人利益得失息息相关。在现实生活中，国家利益、社会整体利益和个人利益是相辅相成的，要力求做到共同发展、相互增益、相得益彰。

集体主义强调国家利益、社会整体利益高于个人利益。在实际生活中，个人利益和国家利益、社会整体利益难免会发生矛盾。这种矛盾，有的是可以缓和、化解的，有的则会发生或大或小的冲突。集体主义强调，在个人利益与国家利益、社会整体利益发生矛盾尤其是发生激烈冲突的时候，必须坚持国家利益、社会整体利益高于个人利益的原则，即个人应当以大局为重，使个人利益服从国家利益、社会整体利益，在必要时作出牺牲。集体主义要求个人为国家、社会作出牺牲并不是随意的，只有在不牺牲个人利益就不能保全国家利益、社会整体利益的情况下，才要求个人作出牺牲。社会主义集体主义之所以强调个人利益要服从国家利益、社会整体利益，归根到底，既是为了维护国家、社会的共同利益，最终也是为了维护个人的根本利益和长远利益。

图说

我国空军某试飞大队的飞行员们把个人理想融入强军实践，始终保持旺盛斗志，在祖国的蓝天下英勇试飞，圆满完成了各项试验试飞任务，填补了我国航空领域多项空白。他们自觉抵制诱惑、坦然面对生死，多次挑战装备和生理极限，永葆旺盛革命意志和顽强战斗精神，随时准备为捍卫国家主权、安全和领土完整奉献一切，顺利完成了党和人民赋予的各项任务，被授予“英雄试飞大队”荣誉称号。这些试飞英雄就是践行集体主义道德原则的代表人物。

集体主义重视和保障个人的正当利益。集体主义促进和保障个人正当利益的实现，使个人的才能、价值得到充分的发挥。这不但与集体主义不矛盾，而且正是集体主义思想的应有之义。只有在国家、社会中个人才能获得全面发展，才可能有个人自由。那种把集体主义看作对个人的压制、对个性的束缚的思想，是与集体主义的本意相违背的。事实上，正是集体主义为培养个人的健全人格、鲜明个性和创新精神提供了道义保障。对于集体主义来说，只有个人的价值、尊严得到实现，个人的正当利益得到保证，集体才能有更强大的生命力和凝聚力。集体主义重视个人利益的实现，并不等于任何个人不分场合不分时间的利益需求都应该无条件得到满足。集体主义所重视和保障的是个人的正当利益，对于损人利己、损公肥私的行为，集体主义不但不保护，而且强烈反对和禁止。

（二）集体主义的层次性

随着社会主义市场经济的发展，我国的经济生活和道德生活正在发生着深刻的变化，在道德领域出现了许多新问题，必须适应实际变化，不断补充、丰富和完善集体主义原则。在社会主义市场经济条件下，集体主义仍然而且应当成为社会主义道德的基本原则。社会主义市场经济之所以需要集体主义，是因为其有助于克服市场自身的弱点和消极方面，有助于形成追求高尚、激励先进的良好社会风气，保证社会主义市场经济的有序健康发展。

根据我国现阶段经济社会生活和人们思想道德的实际，集体主义可分为三个层次的道德要求。一是无私奉献、一心为公。即时时处处为集体利益着想，并甘愿为集体牺牲一切。这是集体主义的最高层次，是优秀共产党员、先进分子应努力达到的道德目标。二是先公后私、先人后己。即自觉把集体利益放在个人利益之上，在维护集体利益的前提下，实现个人的正当利益。这是已经具有较高社会主义道德觉悟的人能够达到的要求，具有广泛的社会基础。三是顾全大局、遵纪守法、热爱祖国、诚实劳动，以正当合法的手段保障个人利益。这是对公民最基本的道德要求。

集体主义离我们并不遥远，体现于具体的学习工作生活之中。人人都可以而且应当践行集体主义原则，沿着道德的阶梯循序渐进地向上攀登。当代大学生应正确认识和处理国家利益、社会整体利益和个人利益的关系，自觉坚持个人利益服从集体利益、局部利益服从整体利益、当前利益服从长远利益，反对小团体主义、本位主义和极端个人主义。

第二节 吸收借鉴优秀道德成果

弘扬社会主义道德，推进新时代公民道德建设，必须坚持马克思主义道德观，充分吸收借鉴各种优秀道德成果。社会主义道德不是凭空产生的，中华传统美德是中华文化的精髓，蕴含着丰富的思想道德资源；中国革命道德是对中华传统美德的继承和发展，是社会主义道德的红色基因。大学生应当自觉继承并弘扬中华传统美德和中国革命道德，同时以开放的胸怀和视野吸收借鉴人类文明的优秀道德成果，不断深化对社会主义道德的认识。

一、传承中华传统美德

传统道德是历史上不同时代人们的行为方式、风俗习惯、价值观念和文化心理的集中体现，是对道德实践经验的提炼总结。中华优秀传统文化中很多思想理念和道德规范，至今仍具有重要价值。“今天，中华民族要继续前进，就必须根据时代条件，继承和弘扬我们的民族精神、我们民族的优秀文化，特别是包含其中的传统美德。”[①] 中华传统美德是人类文明发展的重要精神财富，是社会主义道德建设的源头活水。

（一）中华传统美德的基本精神

重视整体利益，强调责任奉献。在中华传统道德的发展演化中，我们

① 《习近平谈治国理政》第一卷，外文出版社 2018 年版，第 181 页。

始终强调整体利益、国家利益和民族利益的重要性。传统道德中的义利之辨、理欲之辨，其核心和本质是公私之辨。“公义胜私欲”是中华传统美德的根本要求。2000多年前的《诗经》已经提出“夙夜在公”的道德要求，认为日夜为公家办事是一种高尚的道德品质。《尚书》也有“以公灭私，民其允怀”的思想，认为朝廷官员应当以公心灭除自己的私欲，这样就可以得到老百姓的信任和依附。西汉贾谊提出“国而忘家，公而忘私”，清代林则徐提出“苟利国家生死以，岂因祸福避趋之”，都体现了强烈的为国家、为民族献身的精神。正是从国家利益和整体利益的原则出发，中国古代思想家强调在“义”和“利”发生矛盾时，应当义以为上、先义后利、见利思义、见义勇为。

拓展

中华传统文化中的“义”与“利”

从字源学的角度来讲，“义”（義），上“羊”下“我”，代表执干戈以保卫财产。这说明中国古人在最初造字时，就有意识地将“义”字与人们实际的物质利益需要相联系。在中国古人那里，所谓“义”就是行为的应当或者适宜的标准。义与不义，就是人们的思想和行为是否适宜，是否应当，是否合乎社会道德准则。“利”，在甲骨文中是用刀收割庄稼，本意指用农具进行的生产活动，这种活动为人类早期社会中的生存发展提供了物质条件。到了春秋中期，“利”演变成一个具有经济学意义的概念，主要指人们切身的物质利益和实际功利。中国古代思想家总是把义与利联系起来讨论问题。先秦时期曾经有过著名的“义利之辨”，儒墨道法诸家对此各有建树，都对后世的义利观产生了深远的影响。

推崇仁爱原则，注重以和为贵。推崇仁爱、崇尚和谐是中华民族的优良传统和高尚品德。孔子强调“己欲立而立人，己欲达而达人”，孟子强调“亲亲而仁民，仁民而爱物”，荀子强调“仁者自爱”，墨子则提出“兼相爱，交相利”。从仁爱精神出发，古人强调社会和谐，讲求和睦友善，倡导团结互助，追求和平共处。在人际相处上，主张与人为善、推己及人，建立和谐友爱的人际关系；在民族关系上，主张各民族互相交融、和衷共济，建设团结和睦的大家庭；在对外关系上，倡导亲仁善邻、协和万邦，与世界其他民族在平等相待、互相尊重的基础上发展友好合作关系。

图说

和平、和睦、和谐是中华民族5000多年来一直追求和传承的理念。2015年，为纪念联合国成立70周年，中国政府向联合国赠送了一座“和平尊”。“和平尊”以中国非物质文化遗产景泰蓝工艺制成，以“中国红”为主色调，顶部龙饰象征守望和平，两侧象首、凤鸟寓意天下太平、人民安康。尊体以中国传统吉祥纹饰，辅以丝绸之路等元素，传承和平发展、交流合作的理念。尊身以展翅高飞的七只和平鸽装饰，代表联合国为世界和平奋斗的70年。习近平指出，“和平尊”以中国古代青铜器中的“尊”为原型，表达中国对联合国的重视和支持，也是中国人民对联合国的美好祝福。“和平尊”展示了中华民族自古以来推崇仁爱、以和为贵的优良道德传统，传递了中国和中国人民历来崇尚的求和平、谋发展、促合作、图共赢的愿望和信念。

注重人伦关系，重视道德义务。中华传统美德一个重要的特点，就是非常重视每个人在人伦关系中的地位及其价值，强调每个人都必须根据规范的要求来尽自己应尽的义务。早在《尚书》中就有“五教”的思想，即

“父义”“母慈”“兄友”“弟恭”“子孝”。到了战国时期，孟子提出了影响深远的“五伦”说，即“父子有亲、君臣有义、夫妇有别、长幼有序、朋友有信”。汉代以后，思想家们为了更好地调整不断变化着的人际关系，相继提出了一些新的原则，如董仲舒提出了“仁、义、礼、智、信”，宋代的思想家们又提出了“忠、孝、节、义”四大德目等，不断强化在人伦关系中每个人的责任和义务，强调人伦价值的重要意义。

追求精神境界，向往理想人格。中华传统美德主张在物质生活基本满足的情况下应追求崇高的精神境界，把道德理想的实现看作人生诸种需要中最高层次的需要。孟子说，人之所以异于禽兽的根本就在于人能够“明于庶物，察于人伦”，即能本着“仁义”行事。荀子说，人之所以能够保持群体性特征，归根结底是由于人能够遵守礼仪，否则人就会由于争斗而发生祸乱，进而造成彼此分离而变得弱小。从先秦儒家所强调的孔颜之乐、“大丈夫”人格，到范仲淹所提出的“先天下之忧而忧，后天下之乐而乐”，这种精神已经凝聚成为中华民族一种特有的价值追求。

强调道德修养，注重道德践履。中国古代的思想家大都认为，在修身养性的过程中，最重要的就是要使社会的道德原则和规范转换为自身的思想品德和行为实践，通过切磋践履不断养成良好的道德习惯，形成完善的道德人格。儒家经典《礼记》中明确提出，“修身”是“齐家、治国、平天下”的前提和基础，孔子提倡“修己”“克己”和“慎独”，提倡“见贤思齐焉，见不贤而内自省也”，孟子更主张“善养吾浩然之气”。墨家也非常重视修身，强调“察色修身”和“以身戴行”。

在长期的历史发展中，中华传统美德已经深入到全民族的思维方式、价值观念、行为方式和风俗习惯之中，具有重要的当代价值。比如，关于道法自然、天人合一的思想，关于天下为公、大同世界的思想，关于自强不息、厚德载物的思想，关于经世致用、知行合一、躬行实践的思想，关于仁者爱人、以德立人的思想，关于以诚待人、讲信修睦的思想，关于清廉从政、勤勉奉公的思想，关于俭约自守、力戒奢华的思想等，这些传统美德蕴藏的中国智慧，既可以为我们今天的道德建设提供有益启发，为治国理政提供有益启示，也为解决当代人类面临的道德难题提供了重要启迪，更为当代大学生的成长提供了宝贵的精神营养。

（二）中华传统美德的创造性转化和创新性发展

要加强对中华优秀传统文化的挖掘和阐发，努力实现中华传统美德的创造性转化、创新性发展，把跨越时空、超越国度、富有永恒魅力、具有当代价值的文化精神弘扬起来，把继承优秀传统文化又弘扬时代精神、立足本国又面向世界的当代中国文化创新成果传播出去。只要中华民族一代接着一代追求美好崇高的道德境界，我们的民族就永远充满希望。

——习近平

传统道德是一个矛盾体，具有鲜明的两重性。属于精华的部分，表现出积极、革新、进步的一面；属于糟粕的部分，则表现出消极、保守、落后的一面。中华传统美德作为中国传统道德的精华部分，为今天的道德建设提供了丰富的资源。我们要坚定历史自信、文化自信，不忘本来、辩证取舍，古为今用、推陈出新，传承和弘扬中华传统美德。

加强对中华传统美德的挖掘和阐发。任何道德都是具体历史时代的产物。中华传统美德是经过漫长的社会发展而形成的，不可避免地打上了传统社会的印记，在内容和形式上或多或少地存在着与今天的现实生活不相适应的地方。弘扬中华传统美德，必须通过科学的分析和鉴别，把其中带有阶级和时代局限性的成分剔除出去，把其中具有当代价值的道德精神挖掘出来，总结传统美德中丰富的思想道德资源，对中华传统美德的德目、观点进行新的诠释和激活，结合现代生活赋予其新的时代内涵，努力推动中华传统美德的创造性转化和创新性发展。

图说

“共和国勋章”获得者黄旭华，为了中国核潜艇事业，隐姓埋名30年，无法向父母尽孝。他曾经说：“俗话说，忠孝难两全。我觉得，对国家的忠就是对父母最大的孝，我相信终有一天我的家人会谅解我，能够理解我为国家所做的工作。”黄旭华曾获“感动中国”年度人物，颁奖词这样写道：“时代到处是惊涛骇浪，你埋下头，甘心做沉默的砥柱；一穷二白的年代，你挺起胸，成为国家最大的财富。你的人生，正如深海中的潜艇，无声，但有无穷的力量。”黄旭华的忠孝观，是对中华传统美德中的家国情怀和社会主义集体主义精神的生动体现和弘扬。

用中华传统美德滋养社会主义道德建设。要结合时代要求，按照是否有利于推动中国特色社会主义事业，是否有利于建设社会主义道德体系，是否有利于培育和践行社会主义核心价值观的标准，充分彰显其时代价值和永恒魅力，使之与现代文化、现实生活相融相通，成为全体人民精神生活、道德实践的鲜明标识。要立足面向大众、服务人民，发挥中华传统美德人伦日用的化育功能，使传统美德与日常生活水乳交融，让传统美德中蕴含的伦理精神点点滴滴地融入人们的生活，生根发芽，不断丰富人们的精神世界，增强人们的精神力量。

在对待传统道德的问题上，要反对两种错误思潮。一种是“复古论”，认为道德建设的最终目标就是要恢复中国“固有文化”，形成以中国传统文化为主体的道德体系；另一种是“虚无论”，认为中国传统道德从整体上来说在今天已经失去了价值和意义，必须从整体上予以全盘否定。这两种观点都是错误的，割断了道德的历史与发展的关系，都不利于社会的发展和道德的进步。我们要树立高度的文化自觉和文化自信，深入挖掘中华优秀传统文化蕴含的思想观念、人文精神、道德规范，结合时代要求继承创新，让中华文化展现出永久魅力和时代风采。

二、发扬中国革命道德

中国革命道德是对中华传统美德的延续和发展。传承和发扬中国革命道德，是弘扬中华传统美德的应有之义，是加强社会主义道德建设的客观需要，也是激励大学生锤炼优良道德品质的必然要求。

（一）中国革命道德的形成与发展

中国革命道德，是指中国共产党人、人民军队、一切先进分子和人民群众在中国革命、建设、改革中所形成的优秀道德，是马克思主义与中国革命、建设、改革的伟大实践相结合的产物，是中华民族极其宝贵的道德财富。中国革命道德萌芽于五四运动前后，发端于中国共产党成立以后蓬勃发展的伟大工人运动和农民运动，经过土地革命战争、抗日战争、解放战争和社会主义革命、建设、改革的长期发展，逐渐形成并不断发扬光大。

中国共产党始终高度重视继承和发扬革命道德传统。改革开放以来，中国共产党反复强调，要保持和发扬革命战争时期的那么一股劲、那么一股气，始终保持革命加拼命的精神，培养和树立优良的道德风尚，为建设高度发展的社会主义精神文明作出积极的贡献，努力创建人类先进的精神文明。革命前辈们在艰苦卓绝的革命斗争中培育起来的革命道德和优良传统，是我们在前进道路上战胜各种困难和风险、不断夺取新胜利的强大精神力量。我们要深刻认识到红色政权来之不易，新中国来之不易，中国特色社会主义来之不易。无论现在和将来，都要从革命的历史中汲取智慧和力量，把理想信念的火种一代代传下去，把红色基因传承好，确保红色江山永不变色。

习近平在纪念中国人民志愿军抗美援朝出国作战70周年大会上的讲话

中国革命道德作为一种精神力量对中国的革命、建设、改革事业发挥着极其重要的作用。在革命战争时期，中国共产党之所以能够在非常困难的情况下战胜千难万险取得革命的胜利，能够保证革命事业的发展和壮大，就是因为有革命的理想和信念，有革命的精神和道德情操。20世纪50年代，我国社会主义建设之所以取得举世瞩目的成绩，一个重要原因就是继承和弘扬了中国革命道德传统，广大党员和人民讲理想、讲纪律、讲为人民服务，爱党、爱国家、爱社会主义。同样，在20世纪60年代的困难时期，中国共产党之所以能够带领全党和全国人民团结奋斗、渡过难关，也正是由于继承和弘扬了革命道德传统。历史经验表明，革命传统特别是革命道德传统，是克服前进道路上一切困难的重要精神支柱，是战胜千难万险的重要力量源泉。

弘扬中国革命道德，要同弘扬中华传统美德相结合。中华传统美德是中国革命道德的渊源之一，从一定意义上来说，没有中华传统美德的长期发展和丰厚积淀，就不可能有中国革命道德的形成和发展。中国革命道德继承了中国传统道德的精华，摒弃了传统道德的糟粕，是中国优良传统道德的延续和发展，是超越了中华传统美德的时代局限而形成的一种崭新的道德。

（二）中国革命道德的主要内容

为实现社会主义和共产主义的理想而奋斗。列宁指出：“为巩固和完成共产主义事业而斗争，这就是共产主义道德的基础。”[①] 坚持社会主义

① 《列宁全集》第三十九卷，人民出版社2017年版，第342页。

和共产主义理想信念是革命道德的灵魂。无数革命先烈，正是为了实现这样一个崇高的理想，毫不犹豫地献出了自己的生命。夏明翰写下“砍头不要紧，只要主义真。杀了夏明翰，还有后来人”的豪言壮语，方志敏发出“敌人只能砍下我们的头颅，决不能动摇我们的信仰”的坚定誓言。这些革命先烈之所以能够排除万难、坚持斗争、无私无畏、不怕牺牲，就是因为他们有坚定的社会主义和共产主义的理想信念。

全心全意为人民服务。中国革命道德从一开始就特别强调要为群众服务、为大众谋幸福、为人民利益献身，并认为这是对一切革命人士和先进分子的要求。毛泽东曾经在纪念革命战士张思德时，明确把“为人民服务”作为对张思德及一切革命者崇高品质的概括，强调一切革命者都要想到大多数人民的利益，彻底地为人民的利益工作。可以说，全心全意为人民服务作为贯穿中国革命道德始终的一根红线，是中国共产党在中国革命实践中的一个伟大创造，对中国的革命、建设、改革事业产生了极其重大的推动作用。

中国人民解放军总部关于重行颁布三大纪律八项注意的训令

（一九四七年十月十日）

一、本军三大纪律八项注意，实行多年，其内容各地各军略有出入。现在统一规定，重行颁布。望即以此为准，深入教育，严格执行。至于其他应当注意事项，各地各军最高首长，可根据具体情况，规定若干项目，以命令施行之。

二、三大纪律如下：

(一)一切行动听指挥；(二)不拿群众一针一线；(三)一切缴获要归公。

三、八项注意如下：

(一)说话和气；(二)买卖公平；(三)借东西要还；(四)损坏东西要赔；(五)不打人骂人；(六)不损坏庄稼；(七)不调戏妇女；(八)不虐待俘虏。

“三大纪律八项注意”，是中国人民解放军的优良传统和行动准则，体现了人民军队的本质和宗旨。1947 年 10 月 10 日，毛泽东起草了《中国人民解放军总部关于重行颁布三大纪律八项注意的训令》。从此，“三大纪律八项注意”就以命令的形式固定下来，成为全军的统一纪律。它对加强部队的思想和作风建设具有重大的意义。

始终把革命利益放在首位。共产党人和革命者从事革命活动的目的就是要为革命利益而奋斗，在个人利益与革命利益发生矛盾时，要“以革命利益为第一生命，以个人利益服从革命利益”[①]。正如邓小平所说：“为了国家和集体的利益，为了人民大众的利益，一切有革命觉悟的先进分子必要时都应当牺牲自己的利益。”[②]始终把革命利益放在首位，极大地激发了革命者为集体而献身的斗志，使革命队伍形成了前所未有的向心力和凝聚力，也使革命事业不断蓬勃向前发展。中国革命道德在要求一切革命者和先进分子自觉地服从革命利益的同时，也要求革命的集体和领导始终不渝地从各个方面照顾每个革命成员的个人利益，关心他们的事业成就和个人的全面发展。

树立社会新风，建立新型人际关系。任何道德规范都要面向生活实践。树立社会新风，建立新型人际关系，体现了中国革命道德在社会生活层面上的重要意义。人们对中国革命道德的传扬，破除了等级观念和特权思想，破除了鄙视劳动和劳动人民的旧观念，树立了平等意识，保护了妇女、儿童和老人的合法权益，引导建立新型家庭关系和培育良好家风，对于提升人民群众的文明水准和道德风貌，树立社会新风尚，发挥了重要的作用。

修身自律，保持节操。中国革命道德还体现在共产党人对自身道德修养的重视方面。加强个人道德修养是影响革命成败的大事，因而践履中国革命道德的重要环节就是共产党人修身自律、保持节操。具体来说，就是要以中国革命事业为重，严于律己、谦虚谨慎、淡泊名利、清正廉洁、襟怀坦白、光明磊落，始终保持高风亮节，展现出高尚的人格力量。

---

① 《毛泽东选集》第二卷，人民出版社 1991 年版，第 361 页。
② 《邓小平文选》第二卷，人民出版社 1994 年版，第 337 页。

图说

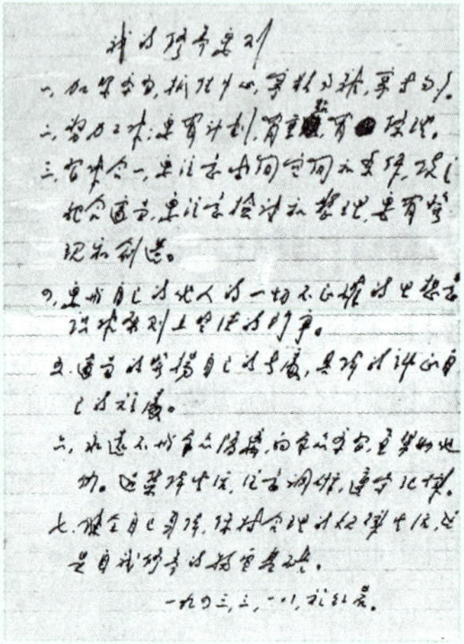

1943 年 3 月 18 日是周恩来的 45 岁农历生日，在重庆红岩村，中共中央南方局的同志们为他准备了茶点祝寿。但周恩来没有出席，只是简单地吃了一碗面条就回到办公室，撰写了《我的修养要则》作为自己的生日箴言。

他从学习工作方法、自律自省、党性修养、生活态度等方面为自己规划了一篇“大文章”并身体力行，堪称修身自律、保持节操的楷模。

（三）中国革命道德的当代价值

中国革命道德内容丰富、历久弥新，是中国共产党领导全体人民实现民族独立、人民解放的精神支撑，对于我们走好新时代的长征路，实现中华民族伟大复兴仍然具有极其重要的现实意义。

有利于加强和巩固社会主义和共产主义的理想信念。一个思想空虚、精神萎靡的人，难免要被各种错误思想和观点牵着鼻子引上邪路。如果没有精神、没有理想信念的支持，一个人的一生只能庸庸碌碌、无所作为，甚至会对国家和社会造成危害。当前，我们既要正视人民群众的物质利益，不断提高和改善人民的物质生活，又要进行理想信念的教育，充实人民群众的精神生活。弘扬中国革命道德，有利于树立和培养人民群众的社会主义和共产主义的理想信念，有利于坚持和发展中国特色社会主义道路。

有利于培育和践行社会主义核心价值观。中国革命道德是先进价值观在道德领域的集中体现，蕴含着培育和践行社会主义核心价值观的丰富思想道德资源。不忘本来才能开辟未来，善于继承才能更好创新。在新的历史条件下，继承和弘扬中国革命道德，对于帮助人们深刻理解社会主义核心价值观的科学内涵和历史底蕴，增强价值观认同，为中国特色社会主义事业提供攻坚克难的强大精神支撑，具有重要意义。

有利于引导人们树立正确的道德观。历史告诉我们，一个革命者唯有牢固树立并自觉坚持革命道德观，才能在革命事业的艰难困苦中经受住严峻考验；才能在身处顺境时保持清醒的头脑，身处逆境时仍然坚忍不拔，保持应有的革命节操；才能视国家和民族的利益为最大价值而为之不懈努力、奋斗终身。在今天，发扬光大革命道德，能够引导人们正确对待个人利益和社会整体利益、国家利益的关系，能够帮助人们在深刻把握历史、认识社会、审视人生的基础上，以昂扬姿态投入全面建设社会主义现代化国家的新征程。

有利于培育良好的社会道德风尚。改革开放以来，中国取得了举世瞩目的发展成就，人们的精神面貌也发生了极大的变化。应该看到，我国道德领域呈现积极健康向上的良好态势，但仍然存在着诸如金钱至上、诚信缺失、奢侈浪费、贪污腐败这样一些不容忽视的问题，严重损害了群众利益，腐蚀了人们灵魂，污染了社会风气。解决道德领域出现的突出问题，要充分发挥革命道德的精神力量，培育良好的社会道德风尚，净化社会人际关系，抵制各种腐朽思想，树立浩然正气，凝聚崇德向善的正能量。

大学生发扬革命道德、传承红色基因，就要深入了解中国社会和中国革命的历史，了解中国共产党人带领广大人民群众进行革命斗争的艰苦实践，真正体会中国革命道德的本质内涵、历史意义和当代价值，自觉同各种歪曲历史、诋毁英雄的历史虚无主义思潮作斗争，努力在坚持和发展中国特色社会主义伟大进程中创造无愧于时代、无愧于人民、无愧于先辈的业绩。

三、借鉴人类文明优秀道德成果

文明因交流而多彩，文明因互鉴而丰富。人类文化和文明发展进步的过程表明，一种文化能够通过与其他文化交流碰撞和冲突融合而保持其生命力，是实现自我更新和自我发展的重要条件。因此，一个国家或民族的道德进步，既要注意在文明交流中坚守自身优秀道德传统，也要在文明互鉴中积极吸收其他有益道德成果。我们要拓展世界眼光，深刻洞察人类发展进步潮流，以海纳百川的宽阔胸襟借鉴吸收人类一切优秀文明成果，推动建设更加美好的世界。

每一种文明都是美的结晶，都彰显着创造之美。一切美好的事物都是相通的。人们对美好事物的向往，是任何力量都无法阻挡的！各种文明本没有冲突，只是要有欣赏所有文明之美的眼睛。我们既要让本国文明充满勃勃生机，又要为他国文明发展创造条件，让世界文明百花园群芳竞艳。

——习近平

从道德形成和发展的过程来看，道德都是某个民族或国家在特定历史条件下，为回应来自自然环境、社会生活和人际关系的各种矛盾而形成发展起来的，反映了具体民族或国家的生存方式和生活态度。每一个民族或国家都有自己优良的道德传统，都对促进道德的发展作出过不同程度的贡献。从古至今，历代思想家都十分重视道德问题，对道德品质、道德评价、道德教育和道德修养等进行了有益的探讨，其中不乏超越时代、国家、民族乃至阶级界限的真知灼见，为人类道德进步提供了丰富资源。

借鉴和吸收人类文明优秀道德成果，必须秉承正确的态度和科学的方法。不同的道德文明体现了各自的生活方式、人生态度、价值信仰和行为方式，但不同民族或国家之间仍然会面临某些共同的问题，形成一些具有共性的道德认识。要坚持马克思主义立场、观点、方法，在道德问题上把握好共性和个性、抽象和具体、一般和个别的关系。要坚持以我为主、为我所用，批判吸收其他国家的道德成果。不同道德文明的产生、发展和演化，都要依托一定的社会历史条件。在吸取人类文明优秀道德成果的问题上，既要大胆吸收和借鉴人类道德文明的积极成果，又必须掌握好鉴别取舍的标准，善于在鉴别中吸收、吸收中消化，把人类文明优秀道德成果变成自己道德文明体系的组成部分。

当今世界，人类生活在不同文化、种族、肤色、宗教和不同社会制度所组成的世界里，各国人民形成了你中有我、我中有你的命运共同体。人类文明优秀道德成果是由世界各国各民族共同创造的，中华民族的优良道德传统和其他各国的优良道德传统都是其重要组成部分。中华民族的优秀道德成果从与其他文明的交流中获得了丰富营养，也为人类文明进步作出了重要贡献。不忘本来，吸收外来，面向未来，中华文明才能同世界各国人民创造的丰富多彩的文明一道，不断为人类社会共同进步作出新贡献。

习近平在亚洲文明对话大会开幕式上的主旨演讲

第三节　投身崇德向善的道德实践

公民道德建设，对于提高人民思想觉悟、道德水准、文明素养，提高全社会文明程度，具有至关重要的作用。弘扬社会主义道德，必须坚持以为人民服务为核心、以集体主义为原则，推进社会公德、职业道德、家庭美德、个人品德建设。大学生要自觉讲道德、尊道德、守道德，做社会主义道德的践行者、示范者和引领者。

加强社会公德、职业道德、家庭美德、个人品德建设

《新时代公民道德建设实施纲要》强调，要把社会公德、职业道德、家庭美德、个人品德建设作为着力点。推动践行以文明礼貌、助人为乐、爱护公物、保护环境、遵纪守法为主要内容的社会公德，鼓励人们在社会上做一个好公民；推动践行以爱岗敬业、诚实守信、办事公道、热情服务、奉献社会为主要内容的职业道德，鼓励人们在工作中做一个好建设者；推动践行以尊老爱幼、男女平等、夫妻和睦、勤俭持家、邻里互助为主要内容的家庭美德，鼓励人们在家庭里做一个好成员；推动践行以爱国奉献、明礼遵规、勤劳善良、宽厚正直、自强自律为主要内容的个人品德，鼓励人们在日常生活中养成好品行。

一、遵守社会公德

社会公德与公共生活密切相关，公共生活需要道德规范来约束和协调。社会公德作为社会公共生活中应当遵守的行为准则，在维护公共秩序方面具有重要的作用。大学生应当自觉培养公德意识，养成遵守社会公德的良好行为习惯。

（一）公共生活与公共秩序

公共生活是相对于私人生活而言的。私人生活以家庭内部活动和个人活动为主要领域，私人空间里人们的行为是相对独立的，因而具有一定的封闭性和隐秘性。在公共生活中，一个人的行为必定与他人发生直接或间接的联系，具有鲜明的开放性和透明性，对社会的影响更为直接和广泛。

当今世界，公共生活的领域更为广阔，公共生活的重要性更加凸显。公共生活具有以下四个方面的特征。一是活动范围的广泛性。公共生活的场所和领域不断扩展、空间不断扩大，特别是互联网技术使公共生活进一步扩展到网络空间。二是活动内容的开放性。公共生活是由社会成员共同参与、共同创造的公共空间，它涉及的活动内容是开放的。三是交往对象的复杂性。随着科学技术的迅猛发展，人们在公共生活中的交往对象不再局限于熟识的人，而是进入公共场所的任何人，这就增加了人际交往信息的不对称性和行为后果的不可预期性。四是活动方式的多样性。当代社会的发展使人们的生活方式发生了新的变化，人们可以根据自身的需要及年龄、兴趣、职业、经济条件等因素，选择和变换参与公共生活的具体方式。

公共生活需要公共秩序。秩序是由社会生活中的规范来制约和保障的，公共秩序是由一定规范维系的人们公共生活的一种有序化状态，如工作秩序、教学秩序、交通秩序、娱乐秩序、网络秩序等。公共生活领域越扩大，对公共秩序的要求就越高。有序的公共生活是社会生产活动的重要基础，是提高社会成员生活质量的基本保障，更是社会文明的重要标志。

只有维护公共秩序、公共安全、公共利益，才能有自己的利益。

——恩格斯

（二）公共生活中的道德规范

公共生活中的道德规范，即社会公德，是指人们在社会交往和公共生活中应该遵守的行为准则，是维护公共利益、公共秩序、社会和谐稳定的起码的道德要求，涵盖了人与人、人与社会、人与自然之间的关系。

每一个社会成员，都应遵守以文明礼貌、助人为乐、爱护公物、保护环境、遵纪守法为主要内容的社会公德。文明礼貌是调整和规范人际关系的行为准则，与日常生活密切相关，自觉讲文明、懂礼貌、守礼仪，可以塑造真诚待人的良好形象；助人为乐是把帮助他人视为自己应做之事，以力所能及的方式关心和关爱他人，并从中收获实现人生价值的快乐；爱护公物是对社会共同劳动成果的珍惜和爱护，是每个公民应该承担的责任义务，既显示出个人的道德修养水平，也是社会文明水平的重要标志；保护环境要求尊重自然、顺应自然、保护自然，像对待生命一样对待生态环境，为建设美丽中国作出自己应有的贡献；遵纪守法是全体公民都必须遵循的基本行为准则，是维护公共生活秩序的重要条件，每个社会成员既要遵守国家颁布的有关法律、法规，也要遵守特定公共场所和单位的有关纪律规定。

拓展

垃圾清理挑战

2019 年 3 月，“垃圾清理挑战”成为某网络平台热门话题。这场线上线下结合的挑战活动，号召网友们走到户外清理垃圾，为保护环境尽一份力。这一活动引起热烈反响，反映了人们对于保护环境这一社会公德的关注。每个公民都应当增强节约意识、环保意识和生态意识，用实际行动守护我们共同生活的家园，倡导简约适度、绿色低碳的生活方式，共同建设天蓝、地绿、水净的美丽中国。

（三）网络生活中的道德要求

人类已进入互联网时代，我国已成为网络大国。网络走进千家万户，融入社会生活的方方面面，这既会影响人们的求知途径、思维方式、价值观念，也会影响人们对国家、社会、人生的看法。从本质上说，网络交往仍然是人与人的现实交往，网络生活也是人的真实生活。网络生活中的道德要求，是人们在网络生活中为了维护正常的网络公共秩序需要共同遵守的基本道德准则，是社会公德在网络空间的运用和扩展。“网络空间天朗气清、生态良好，符合人民利益。”[①] 大学生应当遵守网络生活中的道德

① 《习近平谈治国理政》第二卷，外文出版社 2017 年版，第 336 页。

要求，成为营造清朗网络空间的正能量。

图说

2021年11月，首届中国网络文明大会在北京举行。大会以“汇聚向上向善力量，携手建设网络文明”为主题，旨在坚持以人民为中心的发展思想，大力发展积极健康的网络文化，净化网络生态、滋养网络空间，满足亿万网民对美好生活的向往。习近平致首届中国网络文明大会的贺信中指出，网络文明是新形势下社会文明的重要内容，是建设网络强国的重要领域。近年来，我国积极推进互联网内容建设，弘扬新风正气，深化网络生态治理，网络文明建设取得明显成效。要坚持发展和治理相统一、网上和网下相融合，广泛汇聚向上向善力量。各级党委和政府要担当责任，网络平台、社会组织、广大网民等要发挥积极作用，共同推进文明办网、文明用网、文明上网，以时代新风塑造和净化网络空间，共建网上美好精神家园。

正确使用网络工具。当今世界，科技进步日新月异，互联网、云计算、大数据等现代信息技术深刻改变着人类的思维、生产、生活、学习方式，展示了世界发展的前景。人们通过网络获取信息的方式更加方便、多样，大部分人特别是年轻人越来越主要依靠网络获取信息。大学生要提高信息获取能力，加强信息辨识能力，增进信息应用能力，使网络成为开阔视野、提高能力的重要工具。

加强网络文明自律。网络行为主体的文明自律是网络空间道德建设的基础。要建立和完善网络行为规范，明确网络是非观念，培育符合互联网发展规律、体现社会主义精神文明建设要求的网络道德。大学生要文明上网，尊德守法、文明互动、理性表达，远离不良网站，防止沉迷网络，自觉维护良好网络秩序。首先，进行健康网络交往。大学生应通过网络开展健康有益的交往活动，重视个人信息安全，树立自我保护意识，避免给自己的人身和财产安全带来危害。其次，自觉避免沉迷网络。大学生应当合理安排上网时间，约束上网行为，避免因沉迷网络而耽误学业。最后，加强网络道德自律。网络空间同现实社会一样，既要提倡自由，也要保持秩序。如果说享受互联网的自由是网民不可被剥夺的权利，那么加强道德自律就应该成为网民不可推卸的义务。在这种情况下，个体的道德自律成为维护网络道德规范的基本保障。大学生应当在网络生活中培养自律精神，在缺少外在监督的网络空间里，做到自律而“不逾矩”，促进网络生活的健康与和谐。

营造良好网络道德环境。良好的网络环境需要网民的共同努力，纷繁复杂的网络言论如果得不到正确引导，势必会引发各种社会问题。大学生一方面要加强网络道德自律，自觉抵制网络欺诈、造谣、诽谤、谩骂、歧视、色情、低俗等内容，反对网络暴力行为，维护网络道德秩序；另一方面应当带头引导网络舆论，对模糊认识要及时廓清，对怨气怨言要及时化解，对错误看法要及时纠正，促进网络空间日益清朗。

二、恪守职业道德

随着现代社会分工的发展和专业化程度的提高，市场竞争日趋激烈，整个社会对从业人员职业观念、职业态度、职业纪律和职业作风的要求越来越高。职业生活中的道德规范，不仅对各行各业的从业者具有引导和约束作用，而且也是促进社会持续、健康、有序发展的必要条件。

图说

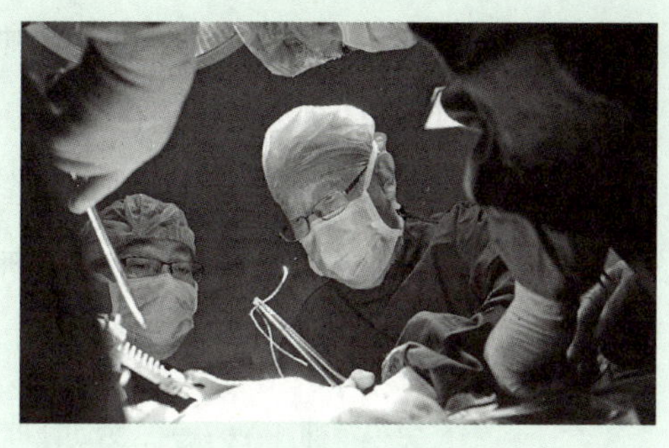

吴孟超院士被誉为“中国肝胆外科之父”。他曾说：“即使有一天，倒在手术室里，也将是我一生最大的幸福！”从医70多年，吴孟超推动中国的肝病医学从无到有、从有到精，使我国肝脏疾病的诊断准确率、手术成功率和术后存活率均达到世界领先水平。吴孟超信守职业道德，游刃肝胆，精准无误，满腔热忱，彰显了对人民群众生命健康负责的医者仁心。

（一）职业生活与劳动观念

职业是指人们由于社会分工所从事的具有专门业务和特定职责，并以此作为主要生活来源的社会活动。职业生活则是人们参与社会分工，用专业的技能和知识创造物质财富或精神财富，获取合理报酬，丰富社会物质生活或精神生活的生活方式。

人类是劳动创造的，社会是劳动创造的。劳动没有高低贵贱之分，任何一份职业都很光荣。正确的劳动观念是维系人们职业活动和职业生活的思想观念保障。在职业生活中，必须牢固树立“劳动最光荣、劳动最崇高、劳动最伟大、劳动最美丽”[①]的观念，通过劳动创造更加美好的生活。只要踏实劳动、勤勉工作，在平凡岗位上也能干出不平凡的业绩。

① 《习近平谈治国理政》第一卷，外文出版社2018年版，第46页。

拓展

劳模精神、劳动精神、工匠精神

2020 年 11 月 24 日，习近平在全国劳动模范和先进工作者表彰大会上，对劳模精神、劳动精神、工匠精神作出全面系统的深刻阐述，并指出我们长期实践中所培育的劳模精神、劳动精神、工匠精神是鼓舞全党全国各族人民风雨无阻、勇敢前进的强大精神动力。

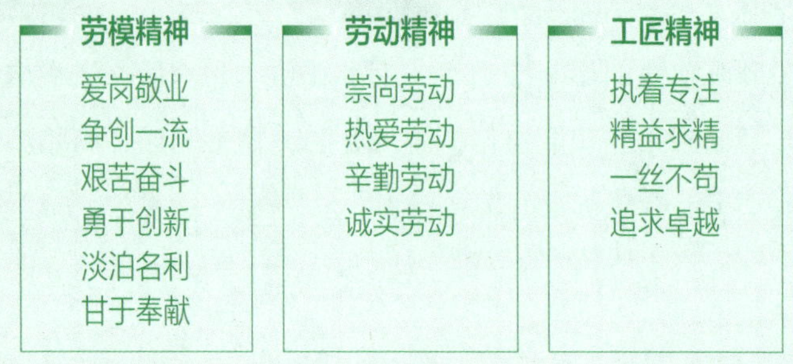

幸福源自奋斗，成功在于奉献，平凡孕育伟大。事实上，只要有志气、有闯劲，普通劳动者都可以在宽广舞台上实现自己的人生价值。许多劳动模范平凡而感人的事迹，就充分地说明了这一点。“蓝领专家”孔祥瑞、“金牌工人”窦铁成、“新时代雷锋”徐虎、“知识工人”邓建军、“马班邮路上的信使”王顺友、“白衣圣人”吴登云、“中国航空发动机之父”吴大观等一大批劳动模范和先进工作者，带动人们锐意进取、积极投身改革开放和社会主义现代化建设，为国家和人民建立了杰出功勋。

（二）职业生活中的道德规范

职业生活中的道德规范即职业道德，是指从事一定职业的人在职业生活中应当遵循的具有职业特征的道德要求和行为准则，涵盖了从业人员与服务对象、职业与职工、职业与职业之间的关系。

图说

张黎明，国家电网天津滨海供电公司运维检修部配电抢修班班长、滨海黎明共产党员服务队队长，被誉为“点亮万家的蓝领工匠”，2018年被授予“时代楷模”称号，2019年被评选为“最美奋斗者”，2022年当选党的二十大代表。张黎明工作30多年来始终奋战在电力抢修一线，累计巡线8万多公里，完成故障抢修作业近2万次，被称为电力抢修的“活地图”；带领团队先后实现技术革新400余项，20多项填补电力行业空白；十年如一日开展学雷锋志愿服务，用爱心搭起了党与群众的“连心桥”。

电力抢修“活地图”：张黎明

爱岗敬业、诚实守信、办事公道、热情服务和奉献社会是职业生活中的基本道德规范。爱岗敬业体现的是从业者热爱工作岗位、对工作极端负责、敬重自己所从事职业的道德操守，是从业者对工作勤奋努力、恪尽职守的行为表现；诚实守信要求从业者在职业生活中诚实劳动、合法经营、信守承诺、讲求信誉，体现着从业者的道德操守和人格力量，也是在行业中扎根立足的基础；办事公道要求从业人员做到公平、公正，不损公肥私，不以权谋私，不假公济私，无论对人对己都要出于公心，遵循道德和法律规范来处事待人；热情服务要求每个人无论从事什么工作、能力如何，都应该在本职岗位上通过不同形式为群众服务，形成人人都是服务者、人人又都是服务对象的良好秩序与和谐状态；奉献社会要求从业人员在工作岗位上兢兢业业地为社会和他人作贡献，是社会主义职业道德中最高层次的要求，体现了社会主义职业道德的最高目标指向。爱岗敬业、诚实守信、办事公道、热情服务，都体现了奉献社会的精神。

（三）树立正确的择业观和创业观

就业是最大的民生。就业牵涉大学生自身和千家万户的利益，也影响国家和社会的发展。每个大学生都要面临就业的现实。树立正确的择业观和创业观，对于大学生顺利走进职业生活具有重要的现实意义。

树立崇高的职业理想。职业活动不仅是人们谋生的手段，也是人们奉献社会、完善自身的必要条件。青年马克思在谈到职业理想时曾经写道：“如果我们选择了最能为人类而工作的职业，那么，重担就不能把我们压倒，因为这是为大家作出的牺牲；那时我们所享受的就不是可怜的、有限的、自私的乐趣，我们的幸福将属于千百万人，我们的事业将悄然无声地存在下去，但是它会永远发挥作用，而面对我们的骨灰，高尚的人们将洒下热泪。”[①] 马克思这种崇高的职业理想，值得大学生择业和创业时去学习和追求。

服从社会发展的需要。择业和创业固然要考虑个人的兴趣和意愿，同时也要充分考虑社会的需要和现实的可能性，把自己对职业的期望与社会的需要、现实的可能结合起来。目前，许多地方的基层单位特别是中西部地区人才需求十分强烈，能够为大学生提供施展才华的广阔空间。大学生应该积极响应国家号召，适应社会发展需求，面向基层、面向国家建设第一线去选择自己未来的职业，为经济社会发展贡献智慧和力量。

拓展

大学生村官群体的优秀代表

张广秀2009年考取山东烟台的大学生村官后，扎根基层，虚心学习，吃苦耐劳，服务群众，以实际行动赢得了当地干部群众的好评。2010年9月，张广秀被确诊为急性白血病，但她一直保持积极乐观的态度，坚持同疾病作斗争，同时仍然惦记着工作，挂念着群众。2014年1月15日，张广秀

① 《马克思恩格斯全集》第一卷，人民出版社1995年版，第459—460页。

致信习近平，详细汇报了自己的工作生活情况，表示自己一定努力工作，服务群众，勤奋学习，不断进步，为实现中国梦作出自己的贡献。习近平回信鼓励她，希望所有大学生村官热爱基层、扎根基层，增长见识、增长才干，促农村发展，让农民受益，让青春无悔。

做好充分的择业准备。素质是立身之基，技能是立业之本。大学生有了真才实学，才能在未来适应多种岗位。要有真才实学就要勤于学习，不断提高综合素质，练就过硬本领；既要向书本学习，也要向群众学习、向实践学习。大学生应认识到，任何一名劳动者，无论从事的劳动技术含量如何，只要兢兢业业、精益求精，就一定能够造就闪光的人生。

培养创业的勇气和能力。创业是通过发挥自己的主动性和创造性，开辟新的工作岗位、拓展职业活动范围、创造新业绩的实践过程。大学生不仅要树立正确的择业观，还应当树立正确的创业观，要有积极创业的思想准备，积极关注经济社会发展的趋势，了解国家鼓励大学生自主创业的有关政策，为今后自主创业打下良好的基础。大学生既要敢于创业，又要善于创业，努力提高自主创业的能力，做一个真正的创业者。

三、弘扬家庭美德

事业成功，往往与美好的爱情和美满的婚姻家庭密切相关。从恋爱到缔结婚姻和建立家庭，是人生需要经历的阶段。注重家庭、注重家教、注重家风，遵守恋爱、婚姻家庭生活中的道德规范，树立正确的恋爱观和婚姻观，有利于大学生的健康成长、顺利成才。

（一）注重家庭、家教、家风

家庭是社会的基本细胞，是人生的第一所学校。不论时代发生多大变化，生活格局发生多大变化，都要重视家庭建设，注重家庭、家教、家风。

> 无论时代如何变化，无论经济社会如何发展，对一个社会来说，家庭的生活依托都不可替代，家庭的社会功能都不可替代，家庭的文明作用都不可替代。无论过去、现在还是将来，绝大多数人都生活在家庭之中。我们要重视家庭文明建设，努力使千千万万个家庭成为国家发展、民族进步、社会和谐的重要基点，成为人们梦想启航的地方。
>
> ——习近平

注重家庭。家庭和睦则社会安定，家庭幸福则社会祥和，家庭文明则社会文明。历史和现实告诉我们，家庭的前途命运同国家和民族的前途命运紧密相连。我们要认识到，千家万户都好，国家才能好，民族才能好。国家富强、民族复兴、人民幸福不是抽象的，最终要体现在千千万万个家庭的幸福美满之上，体现在亿万人民生活的不断改善之上。同时，我们还要认识到，国家好，民族好，家庭才能好。只有实现中华民族伟大复兴的中国梦，家庭梦才能梦想成真。

注重家教。家庭是人生的第一个课堂，父母是孩子的第一任老师。家庭教育涉及很多方面，但最重要的是品德教育，是如何做人的教育，也就是古人说的“爱子，教之以义方”“爱之不以道，适所以害之也”。家庭环境对下一代的影响很大，往往可以影响一个人的一生。注重家教，应该把美好的道德观念从小就传递给孩子，引导他们有做人的气节和骨气，帮助他们形成美好心灵，促使他们健康成长。

注重家风。家风是指一个家庭或家族世代相传的风尚、作风，即一个家庭当中的风气。家风是社会风气的重要组成部分。良好的家风，对家庭成员的个人修养产生着重要的作用，也对整个社会道德风尚的形成产生着重要的影响。家风好，就能家道兴盛、和顺美满；家风差，难免殃及子孙、贻害社会，正所谓“积善之家，必有余庆；积不善之家，必有余殃”。诸葛亮诫子格言、颜氏家训、朱子家训等，都是在倡导一种优良家风。大学生要继承和弘扬优良家风，促进家庭和谐。

“怒发冲冠，凭栏处，潇潇雨歇。”抗金名将岳飞留给我们的，除了气吞山河的壮烈，莫须冤死的悲戚，还有一段精忠报国的热血家训。习近平曾多次讲过岳母刺字的故事，强调家风是社会风气的重要组成部分，父母应引导孩子成为对国家和人民有用的人。岳母刺字的故事流传千古，激励后人在危急关头挺身而出，保家卫国。

（二）恋爱、婚姻家庭中的道德规范

爱情是一对男女基于一定的社会基础和共同的生活理想，在各自内心形成的相互倾慕并渴望对方成为自己终身伴侣的一种强烈、纯真、专一的感情。男女双方培养爱情的过程或在爱情基础上进行的相互交往活动，就是人们日常所说的恋爱。恋爱作为一种人际交往，也必然要受到道德的约束。恋爱是建立幸福婚姻家庭的前奏，恪守恋爱中的道德规范关系到未来婚姻家庭生活的幸福。

恋爱中的道德规范主要有尊重人格平等、自觉承担责任和文明相亲相爱。一是尊重人格平等。恋爱的双方在人格上都是独立的，如果把对方当作自己的附庸或依附对方而失去自我，都是对爱情实质的曲解。恋爱双方

在相互关系上是平等的，都有给予爱、接受爱和拒绝爱的自由。放纵自己的情感，束缚或强迫对方，都不符合恋爱的道德要求。二是自觉承担责任。自愿地为对方承担责任，是爱情本质的体现。爱一个人或接受一个人的爱，就要自觉地为对方承担责任。责任常常体现在生活的点点滴滴之中，责任的担当是需要见诸行动的自觉。三是文明相亲相爱。文明的恋爱往往是恋爱双方既相互爱慕、亲近，又举止得体、相互尊重。恋人出入公共场所，要遵守社会公德，不要对他人生活和公共生活造成不良影响。

婚姻是指由法律所确认的男女两性的结合以及由此而产生的夫妻关系。家庭是指在婚姻关系、血缘关系或收养关系基础上产生的亲属之间所构成的社会生活单位。婚姻是家庭产生的重要前提，家庭又是缔结婚姻的必然结果。婚姻的成功体现为家庭的幸福，家庭的美满又彰显出婚姻的意义。

家庭美德以尊老爱幼、男女平等、夫妻和睦、勤俭持家、邻里互助为主要内容，在维系和谐美满的婚姻家庭关系中具有重要而独特的功能。其一，尊老爱幼。我国自古以来就倡导“幼有所养，老有所终”，形成了尊老爱幼的良好家庭道德传统。子女要孝敬、赡养父母及长辈，父母要抚育、爱护子女，这不仅是每个公民必须遵守的道德准则，也是应尽的社会责任和法律义务。要保护老人、儿童的合法权益，坚决反对虐待、遗弃老人和儿童的行为。其二，男女平等。家庭生活中的男女平等既表现为夫妻权利和义务上的平等、人格地位上的平等，又表现为平等地对待自己的子女。坚持男女平等，特别要尊重和保护妇女的合法权益，反对歧视和迫害妇女的行为。其三，夫妻和睦。夫妻关系是家庭关系的核心。夫妻和睦是在男女平等基础上的互敬互爱、互助互让。其四，勤俭持家。勤俭是家庭兴旺的保证，也是社会富足的保证。勤俭持家既要勤劳致富，也要量入为出。大学生要尊重父母劳动所得，体谅父母的辛苦操劳，在日常生活中注意节俭，尽量减轻父母和家庭的生活负担，这就是对父母和家庭最实际的贡献。其五，邻里互助。邻里互助重要的是相互尊重，尊重对方的人格、民族习惯、生活方式、兴趣爱好等，做到互谅互让、互帮互助、宽以待人、团结友爱。

《中华人民共和国民法典》第 1043 条

家庭应当树立优良家风，弘扬家庭美德，重视家庭文明建设。

夫妻应当互相忠实，互相尊重，互相关爱；家庭成员应当敬老爱幼，互相帮助，维护平等、和睦、文明的婚姻家庭关系。

大学生作为家庭的重要成员，也要积极弘扬践行家庭美德，感念父母养育之恩，感念长辈关爱之情，孝敬父母、尊重长辈、回报家庭、回馈社会，推动形成爱国爱家、相亲相爱、向上向善、共建共享的社会主义家庭文明新风尚。

（三）树立正确的恋爱观与婚姻观

爱情的艳丽花朵，只有精心照料才会绽放得更加绚烂多彩。对大学生来说，如果在大学时代与爱情相逢，那就要用心呵护，倍加珍惜。处理好恋爱中的各种关系，是对爱情的祝福，也是对自己的祝福，更是对未来人生幸福的祝福。

大学生在恋爱中要避免以下误区。第一，不能误把友谊当爱情。有些同学在与异性的交往中，不能准确区分友谊与爱情两种性质不同的感情体验，给双方增添许多烦恼。异性之间要理智地把握好友谊与爱情的界限，异性之间完全可以建立和保持健康的友谊。第二，不能错置爱情的地位。有些同学把爱情放在人生最高的地位，奉行爱情至上主义，沉湎于感情缠绵之中，很容易导致对人生目标的误解，对需要将主要精力用于学习上的大学生来说危害尤大。第三，不能片面或功利化地对待恋爱。无论是在自己心中勾画出一个脱离现实的恋爱偶像，还是只追求外在形象，或者只看重对方的经济条件，或者仅仅把恋爱看成是摆脱孤独寂寞的方式，都无法产生真挚的感情，也得不到真正的爱情。第四，不能只重过程不顾后果。责任是爱情得以长久的重要保障，是坚贞爱情的试金石。自愿担当的责任，丰富了爱情的内涵，提升了爱情的境界，如果“不在乎天长地久，只在乎曾经拥有”，把爱情当成游戏，既会伤害对方，也会伤及自己。第五，不能因失恋而迷失人生方向。恋爱过程是恋爱双方互相熟悉和情感协调的过程，恋爱成功与失败都是正常现象，大学生应该正确对待失恋，做到失恋不失志，失恋不失德，不影响学业和生活，不丧失对爱的憧憬和追求。

树立正确的恋爱观，大学生还要处理好几种关系。一是恋爱与学习的关系。学习是大学生的主要任务，大学生应把爱情作为奋发学习的动力，同时还应把是否有利于促进学习作为衡量爱情价值的一个重要而特殊的标准。二是恋爱与关心集体的关系。恋爱中的双方不应把自己禁锢在两个人的世界中。如果脱离集体，疏远同学，就会妨碍自身的全面发展与进步。三是恋爱与关爱他人和社会的关系。爱的情感丰富博大，不仅有恋人之爱，还有对父母之爱、对兄弟姐妹之爱、对社会和国家之爱。如果只专注于对恋人的爱而忽视对他人和社会、国家的爱，这样的爱情就会显得自私和庸俗；相反，如果对他人和社会具有爱心则会使爱情变得高尚和稳固。

在校大学生如果符合我国法律规定的结婚条件可以结婚，但对结婚成家需持谨慎、理性的态度。大学时期的根本任务是完成学业、不断提升和完善自我，在尚未走向社会时就草率地结婚成家，会对学业和生活产生许多负面影响。婚姻不仅代表两情相悦，更代表责任和义务，因而一旦结婚成家，就要及时调整和转换角色，承担起相应的责任和义务。由于大学生在校生活期间基本上还是一个消费者，大量的开支难免要从大家庭获得，结婚成家的大学生还要合理筹划，量力而行，勤俭节约，尽量不给父母增加过多的负担，也不能因此影响自己的学业。

四、锤炼个人品德

个人品德在社会道德建设中具有基础性作用。在现实生活中，社会公德、职业道德和家庭美德的状况，最终都是以每个社会成员的道德品质为基础的。社会公德、职业道德和家庭美德建设，最终都要落实到个人品德的养成上。

（一）涵养高尚道德品格

个人品德是通过社会道德教育和个人自觉的道德修养所形成的稳定的心理状态和行为习惯。它是个体对某种道德要求认同和践履的结果，集中体现了道德认知、道德情感、道德意志、道德信念和道德行为的内在统一。无论是社会的和谐有序，还是个人的人格健全，都有赖于个人品德的不断提升。大学生要自觉践行爱国奉献、明礼遵规、勤劳善良、宽厚正直、自强自律等个人品德要求，形成善良的道德意愿、道德情感，培育正确的道德判断和道德责任，提高道德实践能力尤其是自觉实践能力，向往和追求自觉讲道德、尊道德、守道德的生活。

青年要把正确的道德认知、自觉的道德养成、积极的道德实践紧密结合起来，不断修身立德，打牢道德根基，在人生道路上走得更正、走得更远。

——习近平

形成正确的道德认知和道德判断。道德是人类社会生产实践和交往实践的产物。在不同的民族、不同的文化、不同的社会发展阶段，道德的基本要求具有显著的差异，道德因此具有历史性、民族性和时代性的特征。形成正确的道德认知和道德判断，最根本的就是要坚持以唯物史观的基本原理来看待道德。一方面，要认识到道德的发展是一个曲折上升的历史过程，既要对历史上各种道德形态的进步性和局限性有客观准确的认知和判断，又要充分认识到社会主义道德作为崭新类型道德所具有的历史优越性和时代进步性；另一方面，要认识到在国际国内形势深刻变化、我国经济社会深刻变革的大背景下，道德领域存在着各种错综复杂的现象和问题，需要我们保持清醒的认识，学会理性地辨析并形成正确的判断。

激发正向的道德认同和道德情感。大学生在道德修养中激发正向的情感认同，总体而言就是要亲近真善美，抵制假恶丑，体验道德的愉悦，追求高尚的快乐。通过对美德的尊崇，真正把外在的社会道德规范内化为心悦诚服的自律准则。具体而言就是要自觉涵育对家庭成员的亲亲之情，对他人、集体的关心关爱，增强社会责任感、国家认同感、民族归属感、时代使命感，在与祖国同呼吸、与民族同步伐、与人民心连心的高尚情怀中，陶冶道德情操。

强化坚定的道德意志和道德信念。道德修养重在践行，但有些大学生存在知而不行的现象，也就是尽管掌握了许多道德知识，却没有落实在自己的实际行动上，导致知行脱节。在道德认知向道德行为转化的过程中，道德意志和道德信念是关键环节。道德意志和道德信念是人们在践履道德原则、规范的过程中表现出的自觉克服一切困难和障碍的毅力，通过道德意志和信念的坚守，道德行为才能体现出稳定性。大学生需要明白“从善如登、从恶如崩”的深刻道理，磨炼道德意志，坚定道德信念，在砥砺中前行，在拼搏中进取，并做到持之以恒、久久为功，从而成就高尚的道德品格。

（二）道德修养重在践行

“纸上得来终觉浅，绝知此事要躬行。”高尚道德品格的形成重在实践，贵在坚持。大学生投身崇德向善的道德实践，就要自觉加强道德修养，向道德模范学习，培养志愿服务精神，大力弘扬时代新风。

掌握道德修养的正确方法。道德修养作为人类道德实践活动的重要形式之一，是指个体自觉地将一定社会的道德规范、准则及要求内化为内在的道德品质，以促进人格的自我陶冶、自我培育和自我完善的实践过程。加强道德修养，提升个人品德，应借鉴历史上思想家们所提出的学思并重、省察克治、慎独自律、知行合一、积善成德等各种积极有效的方法，并结合当今社会发展的需要身体力行，不断提高自己的道德素质和精神境界。“不矜细行，终累大德。”加强个人品德修养不可能一蹴而就，更不可能一劳永逸。只有按照有效的品德修养方法去做，并长期坚持下去，才能使自己不断进步、不断完善，从而成为品德高尚的人。

拓展

中国古代思想家提出的五种代表性道德修养方法

学思并重，即通过虚心学习，积极思索，辨别善恶，学善戒恶，以涵养良好的德行；省察克治，即通过反省检验以发现自己思想与行为中的不良倾向，并及时对它们进行抑制和克服；慎独自律，强调在“隐”和“微”上下功夫，是对个人内心深处比较隐蔽的意识、情绪进行管理和自律的一种修养方式；知行合一，即把提高道德认识与躬行道德实践统一起来，以促进道德要求内化为个人的道德品质，外化为实际的道德行为；积善成德，即通过积累善行或美德，使之巩固强化，以逐渐凝结成优良的品德。

向道德模范学习。道德模范主要是指思想和行为能够激励人们不断向善且为人们所崇敬、模仿的先进人物。道德模范是群众身边看得见、摸得着的榜样，是可以学、能够学的标杆。榜样的力量是无穷的。道德模范用自己的行动诠释着道德的内涵，展示着道德的力量。大学生学习道德模范，就是要学习他们助人为乐、关爱他人的高尚情怀，在关心他人、帮助他人的过程中创造人生价值；学习他们见义勇为、勇于担当的无畏精神，在危难和紧急关头挺身而出；学习他们以诚待人、守信践诺的崇高品格，老老实实做人、踏踏实实做事；学习他们敬业奉献、勤勉做事的职业操守，干一行爱一行，爱一行钻一行，钻一行精一行；学习他们孝老爱亲、血脉相依的至美真情，常怀感恩之心、敬爱之情。优良的品质、高尚的人格并非一蹴而就，而是逐渐积累的结果。在我们这个社会、我们这个时代，先进人物不断涌现，他们的业绩、精神和品质是我们取之不尽、用之不竭的力量源泉。大学生应积极向道德模范学习，见贤思齐、崇尚英雄、崇德向善，争做崇高道德的践行者、文明风尚的维护者、美好生活的创造者。

明辨

道德模范太高大，不可学吗？

一些人认为，道德模范固然可敬可爱，但不可学，因为他们太高大。其实，道德模范既包括在一定社会道德实践中涌现出的符合特定道德理想类型的人物，又包括人们日常生活中能够近距离感受到的具有积极道德影响的人物。道德模范的可贵之处在于，他们不仅做了普通人愿意做和能够做的事，并且主动做了许多人应该做却没有做的事，而且把大多数人能够做的事做得更好。道德模范都是从自我做起，从身边事做起，从小事做起，以此实现由现实自我向理想自我的飞跃。

参与志愿服务活动。志愿服务是指志愿贡献个人的时间及精力，在不求任何物质报酬的情况下，为改善社会、促进社会进步而提供的服务。志愿服务是培育和弘扬社会主义核心价值观的重要载体。志愿服务的精神是奉献、友爱、互助、进步。其中，奉献精神是精髓。参与志愿服务活动，一方面，帮助了他人、服务了社会，推动了社会道德水平的提高；另一方面，也把为社会和他人的服务看作自己应尽的义务和光荣的职责，从服务社会和帮助他人中获得成就感和幸福感。当前，志愿服务已经成为大学生参与社会实践、成长成才的重要舞台，成为大学生关爱他人、传播青春正能量的重要途径。大学生志愿服务活动已经遍及农村扶贫开发、城市社区建设、环境保护、大型活动、抢险救灾、社会公益等领域。新时代的大学生应结合自身的能力、专业、特长，在最需要的地方提供优质高效的服务，为最需要关爱的群体送温暖、献爱心，并在志愿服务中长知识、强本领、增才干。互联网为道德实践提供了新的空间、新的载体。大学生可以随时、随地、随手积极参与形式多样的网络公益活动，加强网络公益宣传，形成线上线下踊跃参与公益事业的生动局面，推动形成关爱他人、奉献社会的良好风尚。

图说

在 2022 年北京冬奥会闭幕式上，6 位志愿者代表走到舞台中央接受致谢。国际奥委会主席巴赫在致辞中表示：“我要对所有志愿者说，你们眼中的笑意温暖了我们的心田，你们的友好善意将永驻我们心中。”志愿者在众多重大国际国内活动中发挥了重要作用，生动诠释了奉献、友爱、互助、进步的志愿服务精神。

（三）积极引领社会风尚

良好的社会风尚是人们在社会道德实践中逐渐形成的。大学生投身崇德向善的道德实践，要弘扬真善美、贬斥假恶丑，做社会主义道德的示范者和引领者，促成知荣辱、讲正气、作奉献、促和谐的社会风尚。

青年是引风气之先的社会力量。一个民族的文明素养很大程度上体现在青年一代的道德水准和精神风貌上。

——习近平

知荣辱。荣辱观对个人的思想行为具有鲜明的动力、导向和调节作用。社会风尚同荣辱观紧密相连，两者相互影响、相互作用。一个社会有什么样的荣辱观，也必然有什么样的社会风尚；反过来，一个社会有什么样的社会风尚，生活于其中的人们也就会形成什么样的荣辱观。大学生应知荣辱、辨善恶、明是非、鉴美丑，形成正确的价值判断，助推全社会形成知荣明辱的良好道德风尚。

讲正气。讲正气，就是坚持真理、坚持原则，坚持同一切歪风邪气作斗争。大学生须有一腔浩然正气，才能无所畏惧地前进，才能不屈不挠地为国家、为社会建功立业。要做到讲正气，在日常生活中就要洁身自好、严于律己，自觉远离低级趣味；积极维护社会公共秩序，抵制歪风邪气，敢于伸张正义、见义勇为，坚决同践踏社会道德风尚的一切行为作斗争。

作奉献。奉献精神是社会责任感的集中表现。社会是由一个个的人所构成的集合体，脱离了个体，便没有社会。社会需要人们对其负起责任。有责任，就意味着要奉献。奉献精神传递社会温暖，能够拉近人与人之间的距离，建立和谐的人际关系和稳定的社会秩序，促进社会健康有序地发展。热心公益、爱心资助是奉献精神，在危难关头挺身而出、牺牲小我是奉献精神，以职业与事业为人生目标的爱岗敬业是奉献精神，以服务国家科学技术创新进步或捍卫国家安全为己任是奉献精神。选择奉献也就选择了高尚。“德厚者流光”，大学生要在奉献社会中积极发光发热，使我们的社会更加美好和谐。

促和谐。民主法治、公平正义、诚信友爱、充满活力、安定有序、人与自然和谐相处的社会，是国家富强、民族复兴、人民幸福的重要保证。对于大学生来说，促和谐就是要促进自我身心的和谐、个人与他人的和谐、个人与社会的和谐、人与自然的和谐等。大学生要用和谐的态度对待人生实践，使崇尚和谐、维护和谐内化为自己的思想意识和行为习惯，推动人与人之间、人与社会之间融洽相处，实现人与自然之间友好共生。

社会文明状况是社会风尚的重要体现。各种创建文明城市、文明村镇、文明单位、文明家庭、文明校园的活动，就是要在全社会推动形成知荣辱、讲正气、作奉献、促和谐的社会风尚。新时代的大学生作为实现中华民族伟大复兴重任的中坚力量，其道德状态和精神风貌在很大程度上影响着整个社会的道德状态和精神风貌。大学生要以高度的主人翁态度，弘扬劳动精神、奋斗精神、奉献精神、创造精神、勤俭节约精神，积极参与各种文明培育、文明实践、文明创建活动，为家庭谋幸福、为他人送温暖、为社会作贡献，不断引领社会风尚，提升道德境界。

思考讨论

1. 道德的力量是无穷的，国无德不兴，人无德不立。结合实际，谈谈道德的作用。

2. 社会主义道德是人类道德发展史上一种崭新类型的道德，谈谈社会主义道德为什么要以为人民服务为核心、以集体主义为原则。

3. 中华传统美德是社会主义道德建设的源头活水，中国革命道德是社会主义道德的红色基因。结合实际，谈谈新时代大学生如何传承中华传统美德和弘扬中国革命道德。

4. 社会公德、职业道德、家庭美德、个人品德是新时代公民道德建设的着力点。结合自身实际，谈谈如何理解社会公德、职业道德、家庭美德、个人品德的基本要求。

文献阅读

1. 中共中央党史和文献研究院：《习近平关于社会主义精神文明建设论述摘编》，中央文献出版社 2022 年版。

该书分 10 个专题，共计 512 段论述，摘自习近平 2012 年 11 月 17 日至 2022 年 6 月 8 日期间的报告、讲话、说明、演讲、谈话、贺信、指示、批示等 240 篇重要文献。习近平围绕加强社会主义精神文明建设发表的一系列重要论述，深刻揭示了社会主义精神文明建设的特点规律，丰富和发展了党关于社会主义精神文明建设的科学理论，是习近平新时代中国特色社会主义思想的重要组成部分。

2.《新时代公民道德建设实施纲要》，人民出版社 2019 年版。

《新时代公民道德建设实施纲要》明确了新时代公民道德建设的总体要求、重点任务，强调要深化道德教育引导、推动道德实践养成、抓好网络空间道德建设、发挥制度保障作用及加强组织领导。

第六章　学习法治思想　提升法治素养

法治是人类文明进步的重要标志，是治国理政的基本方式。法治兴则国兴，法治强则国强。在全面依法治国、建设法治中国的进程中，大学生要学习马克思主义法治理论，特别是习近平法治思想，深刻理解社会主义法律的本质特征和运行机制，整体把握中国特色社会主义法治道路、法治体系的精髓，尊重和维护宪法法律权威，不断提升法治素养，努力做尊法学法守法用法的模范。

第一节　社会主义法律的特征和运行

我国社会主义法律是党的主张和人民意志的共同体现，是维护人民利益和公民权利的有力武器，是国家机关、社会组织和全体公民的活动规则和行为准绳。我们要在学习法律及其历史发展的基础上，准确把握社会主义法律的本质特征和运行机制，正确认识中国特色社会主义法律的时代价值，不断增强建设社会主义法治国家的责任感和使命感。

一、法律的含义及其历史发展

在漫长的文明演进中，法律发挥着特殊的社会规范作用。了解法律的含义及其历史，是学习法治理论、增强法治观念的基础。

（一）法律的含义

法律是由国家创制和实施的行为规范。国家创制法律规范的方式主要有两种：一是国家机关在法定的职权范围内依照法定程序，制定、修改、废止规范性文件；二是国家机关赋予某些既存社会规范法律效力，或者赋予先前的判例法律效力。法律不但由国家制定和认可，而且由国家强制力保证实施。也就是说，法律具有国家强制性，这既表现为国家对合法行为的肯定和保护，也表现为国家对违法行为的否定和制裁。在保证法律实施的过程中，法律意识、道德观念、价值观念、纪律观念也发挥着重要作用。

法律是什么？最形象的说法就是准绳。用法律的准绳去衡量、规范、引导社会生活，这就是法治。

——习近平

法律由一定的社会物质生活条件所决定。法律作为上层建筑的重要组成部分，不是凭空出现的，而是产生于特定社会物质生活条件基础之上。社会物质生活条件是指与人类生存相关的物质资料生产方式、地理环境和人口因素等。其中，物质资料生产方式既是决定社会面貌、性质和发展的根本因素，也是决定法律本质、内容和发展方向的根本因素。物质资料生产方式包括生产力与生产关系两个方面，对法律产生决定性影响。在阶级社会中，有什么样的生产关系，就有什么性质和内容的法律。同时，生产力的发展水平也制约着法律的发展程度。例如，在生产力水平较低的奴隶社会，不可能有专门保护科技发明创造的知识产权法，也不可能有完备的现代企业法律制度。

法律是统治阶级意志的体现。法律所体现的统治阶级意志具有整体性，不是统治阶级内部个别人的意志，也不是统治者个人意志的简单相加。统治阶级不仅迫使被统治阶级服从和遵守法律，而且要求统治阶级的成员也遵守法律。法律所体现的统治阶级意志，并不是统治阶级意志的全部，仅仅是上升为国家意志的那部分意志。除了法律，统治阶级的意志还体现在国家政策、统治阶级的道德、最高统治者的言论等形式中。

法律规范与其他社会规范

调整人们行为的社会规范有多种，除了法律规范，还有道德规范和纪律规范等。与道德规范和纪律规范不同，法律规范的实施是由国家强制力来保障的。虽然道德规范和纪律规范的实施也具有一定程度的强制力，但这些强制力并不以国家强制为后盾。国家强制性是法律规范区别于其他社会规范的一个重要特征。

综上所述，可以将法律定义为：法律是由国家制定或认可并由国家强制力保证实施的，反映由特定社会物质生活条件所决定的统治阶级意志的规范体系。

（二）法律的历史发展

法律不是从来就有的，也不是永恒存在的。它随着私有制、阶级和国家的产生而产生，也将随着私有制、阶级和国家的消亡而消亡。法律作为上层建筑的重要组成部分，其基本内容和性质总是与所在社会的生产关系相适应。奴隶制法律、封建制法律、资本主义法律都是建立在私有制经济基础之上的剥削阶级类型法律，而社会主义法律则是人类历史上以公有制为基础的新型法律。

奴隶制法律。在奴隶制社会的经济结构中，奴隶主阶级占有生产资料，同时也占有作为生产劳动者的奴隶。因此，奴隶制法律是奴隶主阶级专政的国家意志的表现，是奴隶主阶级对广大奴隶实行统治的工具。奴隶制法律通常采用最极端的经济剥削和政治压迫的方式，其基本特征有：一是具有明显的原始习惯残留痕迹，二是否认奴隶的法律人格，三是存在严格的等级划分，四是刑罚方式极其残酷。

封建制法律。封建社会是以农业为基础的自然经济占主导地位的社会。在封建社会的经济结构中，封建地主阶级占有生产资料，同时不完全占有作为生产劳动者的农奴或农民。封建制法律是封建地主阶级意志的体现，是封建地主阶级统治农民阶级的工具，维护封建地主阶级的共同利益。封建制法律的基本特征有：一是确立农民对封建地主的人身依附关系，二是实行封建等级制度，三是维护专制皇权，四是刑罚严酷。

资本主义法律。资本主义法律是资产阶级共同意志的体现，是资产阶级统治工人阶级和其他劳动人民的工具，其根本任务是维护资产阶级的政治、经济和社会秩序。资本主义法律规定的自由、民主、平等等价值原则是形式上的，归根结底是为了维护资产阶级根本利益，所以属于剥削阶级类型的法律。资本主义法律的基本特征主要体现为四个原则：一是与资本主义私有制相适应的私有财产神圣不可侵犯原则，二是与资本主义市场经济相适应的契约自由原则，三是与资本主义民主政治相适应的法律面前人人平等原则，四是与资产阶级人道主义相适应的人权保障原则。

拓展

《关于林木盗窃法的辩论》

19世纪40年代在普鲁士，小农、短工及城市居民由于贫困和破产而不断去采集和砍伐林木，按传统这是他们的“习惯权利”。普鲁士政府便想制定新的法律，采取严厉措施，以惩治这种被林木所有者看作“盗窃”的行为。莱茵省议会在1841年6月15日至17日曾就林木盗窃法草案展开了辩论。各阶层代表在辩论中发表的修改意见，均倾向于加重处罚，以给林木所有者更多的好处。1842年，马克思发表了《关于林木盗窃法的辩论》一文，对历史上和普鲁士国家的法律问题以及现存的半封建的法律关系和法律观点进行了深入的分析和研究，抨击了封建等级的代表所持的观点，第一次公开地站在贫苦群众一边维护他们的物质利益。他指出：“凡是在法为私人利益制定了法律的地方，它都让私人利益为法制定法律。”[①] 这深刻揭示和批判了剥削阶级法律对私人利益的维护。

社会主义法律。社会主义法律是新型的法律制度，有着与以往剥削阶级类型法律制度不同的经济基础与阶级本质。社会主义法律以公有制为经济基础，保障全体劳动者共同占有生产资料，通过解放生产力和发展生产力来推动社会物质财富和精神财富的日益丰富，从而实现人的全面发展和全体社会成员的共同富裕。社会主义法律是最广大人民群众意志的集中体现，是实现人民当家作主、实行人民民主专政的重要保证。社会主义法律反映了社会主义生产关系的本质要求，为实现普遍意义的平等、自由奠定了坚实基础，开辟了广阔空间，实现了对历史上各种类型法律制度的超越。

二、我国社会主义法律的本质特征

我国社会主义法律，是在中国共产党领导新民主主义革命时期孕育、在中华人民共和国成立后不断形成和发展起来的。改革开放以来，我国法治建设进入了快速发展时期，形成了以宪法为核心的中国特色社会主义法律体系，为中国共产党领导人民当家作主、推进改革开放和建设社会主义现代化国家提供了坚实法治保障。中国特色社会主义进入新时代以来，社会主义法治国家建设深入推进，全面依法治国总体格局基本形成，中国特色社会主义法治体系加快建设，司法体制改革取得重大进展，社会公平正义保障更为坚实，法治中国建设开创新局面。

① 《马克思恩格斯全集》第一卷，人民出版社 1995 年版，第 288 页。

拓展

中国特色社会主义法律体系

中国特色社会主义法律体系，是以宪法为核心，以宪法相关法、民法商法、行政法、经济法、环境资源法、社会法、军事法、刑法、诉讼与非诉讼程序法等多个法律部门的法律为主干，由法律、行政法规、地方性法规等多个层次的法律规范构成的有机统一整体。2011 年 3 月，十一届全国人大四次会议庄严宣布，一个立足中国国情和实际、适应改革开放和社会主义现代化建设需要、集中体现党和人民意志的中国特色社会主义法律体系已经形成。党的十八大以来，中国特色社会主义法律体系日趋完善。

我国社会主义法律体现了党的主张和人民意志的统一。我国社会主义法律既具有鲜明的阶级性，又具有广泛的人民性，体现了阶级性与人民性的统一。我国是中国共产党领导下的社会主义国家，人民是国家的主人，制定法律的权力属于人民。中国共产党是中国工人阶级的先锋队，同时是中国人民和中华民族的先锋队，是中国特色社会主义事业的领导核心。社会主义法律维护人民的根本利益，巩固中国共产党的领导地位，体现了党的主张和人民意志的统一。党领导人民制定宪法法律，党领导人民实施宪法法律，党自身必须在宪法法律范围内活动，这就是党的领导力量的体现，也是我国社会主义法律最本质特征的具体表现。

要保证人民在党的领导下，依照法律规定，通过各种途径和形式管理国家事务，管理经济和文化事业，管理社会事务。要把体现人民利益、反映人民愿望、维护人民权益、增进人民福祉落实到依法治国全过程，使法律及其实施充分体现人民意志。

——习近平

我国社会主义法律具有科学性和先进性。在剥削阶级占统治地位的社会中，法律受少数人狭隘利益的局限，容易与客观规律和历史发展趋势相背离。我国社会主义法律反映的不是少数人的特殊利益，而是全体人民的共同利益，尽管其具体内容会随着经济社会的发展而调整变化，但它与历史发展的基本方向和规律是一致的。因此，从本质上说，我国社会主义法律更能尊重和反映社会发展规律，具有科学性和先进性。我国法律坚持马克思主义世界观和方法论，并指导人们在法律实践中尊重和反映客观规律。我国法律适应时代发展要求，改革创新立法体制、立法程序、立法技术，使立法的质量和水平不断提高。

我国社会主义法律是中国特色社会主义建设的重要保障。法的社会作用是从法在社会生活中要实现的目的角度来认识的。我国法律的社会作用体现了社会主义的本质要求，经济发展、政治清明、文化昌盛、社会公正、生态良好，都离不开社会主义法律的引领、规范和保障。经济建设方面，我国法律维护和巩固社会主义基本经济制度，促进社会主义市场经济持续健康发展，保障现代化经济体系建设顺利推进。政治建设方面，我国法律维护和巩固社会主义政治制度，保障全过程人民民主顺利推进，保证人民享有广泛的民主权利和自由，坚持人民民主专政的国体和人民代表大会制度的政体不动摇。文化建设方面，我国法律坚持马克思主义在意识形态领域指导地位的根本制度，倡导社会主义核心价值观，弘扬社会主义道德，促进文化事业和文化产业的繁荣发展，推动社会主义文化强国建设。社会建设方面，我国法律确保改革发展成果更多更公平惠及全体人民，保障和促进社会公平正义，形成有效的社会治理、良好的社会秩序，使人民获得感、幸福感、安全感更加充实、更可持续、更有保障。生态文明建设方面，我国法律遵循尊重自然、顺应自然、保护自然的要求，践行绿水青山就是金山银山的理念，推动绿色发展，推进环境污染防治，促进人与自然和谐共生。

三、我国社会主义法律的运行

法律的运行是一个从创制、实施到实现的过程。这个过程主要包括法律制定、法律执行、法律适用、法律遵守等环节。法律制定是国家对权利和义务，即社会利益和负担进行的权威性分配；法律的执行、适用、遵守则把法律规范转化为法律实践，把法定的权利和义务转化为现实的权利和义务。我国社会主义法律的运行具有鲜明的中国特色。

法律制定。法律制定是指有立法权的国家机关，依照法定职权和程序制定规范性法律文件的活动，是法律运行的起始性和关键性环节。根据宪法规定，全国人民代表大会和全国人民代表大会常务委员会行使国家立法权，全国人民代表大会负责修改宪法、制定基本法律，全国人民代表大会常务委员会负责解释宪法、制定其他法律。国务院有权根据宪法和法律制定行政法规。国家监察委员会有权根据宪法和法律制定监察法规。中央军事委员会有权根据宪法和法律制定军事法规。国务院各部门可以根据宪法、法律和行政法规，在本部门的权限范围内，制定部门规章。省、直辖市的人民代表大会和它们的常务委员会，在不同宪法、法律、行政法规相抵触的前提下，可以制定地方性法规，报全国人民代表大会常务委员会备案。设区的市的人民代表大会和它们的常务委员会，在不同宪法、法律、行政法规和本省、自治区的地方性法规相抵触的前提下，可以依照法律规定制定地方性法规，报本省、自治区人民代表大会常务委员会批准后施行。省、自治区、直辖市、设区的市的人民政府可以根据法律、行政法规和本省、自治区、直辖市的地方性法规，制定地方政府规章。自治区、自治州、自治县的人民代表大会有权依照当地民族的政治、经济和文化的特点，制定自治条例和单行条例。特别行政区立法机关有权依据基本法规定并依照法定程序制定法律。我国立法贯彻公正、公平、公开原则，坚持科学立法、民主立法、依法立法，表达人民的共同意志和诉求。立法活动必须遵循法定程序。就全国人民代表大会的立法程序而言，大体包括法律案的提出、法律案的审议、法律案的表决和法律的公布四个环节。

随着我国经济社会持续发展和人民生活水平不断提高，人民群众对民主、法治、公平、正义、安全、环境等方面的要求日益增长，要积极回应人民群众新要求新期待，坚持问题导向、目标导向，树立辩证思维和全局观念，系统研究谋划和解决法治领域人民群众反映强烈的突出问题，不断增强人民群众获得感、幸福感、安全感，用法治保障人民安居乐业。

——习近平

法律执行。广义上，法律执行是指国家机关及其公职人员，在国家和公共事务管理中依照法定职权和程序，贯彻和实施法律的活动；狭义上，法律执行则是指国家行政机关及其公职人员执行法律的活动，也被称为行政执法。行政执法是法律实施和实现的重要环节，必须坚持合法性、合理性、信赖保护、效率等基本原则。我国大部分的法律法规都是由行政机关执行的，行政执法的主体通常是国家行政机关。我国行政执法的主体大体分为两类：一是中央和地方各级政府，包括国务院和地方各级人民政府；二是各级政府中享有执法权的下属行政机构。此外，法律授权的社会组织、行政机关依法委托的社会组织可以在一定范围内执行法律并承担相应的法律责任。

法律适用。法律适用是指国家司法机关及其公职人员依照法定职权和程序适用法律处理案件的专门活动。在我国，司法机关是指国家审判机关和检察机关。人民法院依照法律规定独立行使审判权，人民检察院依照法律规定独立行使检察权，不受行政机关、社会团体和个人的干涉。人民法院和人民检察院依据宪法法律公正司法，保护自然人、法人和其他组织的合法权利，解决法律纠纷，惩治违法犯罪行为，维护法律秩序。司法的基本要求是正确、合法、合理、及时。司法原则主要有：司法公正；公民在法律面前一律平等；以事实为根据，以法律为准绳；司法机关依法独立公正行使司法权等。

法律遵守。法律遵守是指国家机关、社会组织和公民个人依照法律规定行使权力或权利以及履行职责或义务的活动。守法不仅意味着履行法律义务，还意味着一切组织和个人都要依照法律的要求规范自己的行为。守法就是依法享有并行使权利、依法承担并履行义务。守法是法律实施和实现的基本途径。一切组织和个人都必须遵守宪法和法律，任何公民享有宪法和法律规定的权利，同时必须履行宪法和法律规定的义务。

第二节 坚持全面依法治国

全面依法治国是坚持和发展中国特色社会主义的本质要求和重要保障，是国家治理的一场深刻变革。全面依法治国，必须坚持以习近平法治思想为指导，坚定不移走中国特色社会主义法治道路，建设中国特色社会主义法治体系，建设社会主义法治国家，为全面建设社会主义现代化国家、实现中华民族伟大复兴的中国梦提供有力法治保障。

全面依法治国是国家治理的一场深刻革命，关系党执政兴国，关系人民幸福安康，关系党和国家长治久安。必须更好发挥法治固根本、稳预期、利长远的保障作用，在法治轨道上全面建设社会主义现代化国家。

——习近平

一、全面依法治国的根本遵循

2020 年 11 月，中央全面依法治国工作会议正式提出习近平法治思想，并将其确立为全面依法治国的指导思想和根本遵循。

（一）习近平法治思想的形成和意义

20世纪以来，马克思主义在中国获得广泛传播和深入发展。中国共产党人把马克思主义的基本原理同中国具体实际相结合、同中华优秀传统文化相结合，产生了毛泽东思想、邓小平理论、“三个代表”重要思想、科学发展观、习近平新时代中国特色社会主义思想，其中都蕴含着丰富而深刻的法治理论。

党的十八大以来，习近平高度重视全面依法治国，创造性提出了一系列全面依法治国新理念新思想新战略，形成习近平法治思想，指导和推动了社会主义法治建设发生历史性变革、取得历史性成就，全面依法治国实践取得重大进展。习近平法治思想，立足新时代中国特色社会主义伟大实践，全面系统地创新发展了中国特色社会主义法治理论，实现了马克思主义法治理论中国化时代化的新飞跃。

十八届四中全会 2014年10月20日至23日	专门研究全面依法治国，审议通过《中共中央关于全面推进依法治国若干重大问题的决定》，对全面依法治国进行顶层设计
党的十九大 2017年10月18日至24日	提出到2035年基本建成法治国家、法治政府、法治社会，确立了新时代法治中国建设的路线图、时间表
十九届二中全会 2018年1月18日至19日	审议通过《中共中央关于修改宪法部分内容的建议》，强调由宪法及时确认党和人民创造的伟大成就和宝贵经验
十九届三中全会 2018年2月26日至28日	审议通过《中共中央关于深化党和国家机构改革的决定》和《深化党和国家机构改革方案》，决定组建中央全面依法治国委员会
十九届四中全会 2019年10月28日至31日	审议通过《中共中央关于坚持和完善中国特色社会主义制度、推进国家治理体系和治理能力现代化若干重大问题的决定》，对提高党依法治国、依法执政能力作出专门部署
十九届五中全会 2020年10月26日至29日	审议通过《中共中央关于制定国民经济和社会发展第十四个五年规划和二〇三五年远景目标的建议》，其中对推进法治中国建设进行了部署
十九届六中全会 2021年11月8日至11日	审议通过《中共中央关于党的百年奋斗重大成就和历史经验的决议》，其中强调发展全过程人民民主，坚持全面依法治国
党的二十大 2022年10月16日至22日	提出坚持全面依法治国，推进法治中国建设，在法治轨道上全面建设社会主义现代化国家，全面推进国家各方面工作法治化

习近平法治思想是经过长期发展而形成的内涵丰富、论述深刻、逻辑严密、系统完备的法治理论体系，为建设法治中国指明了前进方向，在中国特色社会主义法治建设进程中具有重大政治意义、理论意义、实践意义。习近平法治思想从历史和现实相贯通、国际和国内相关联、理论和实际相结合上深刻回答了新时代为什么实行全面依法治国、怎样实行全面依法治国等一系列重大问题，是顺应实现中华民族伟大复兴时代要求应运而生的重大理论创新成果，是马克思主义法治理论中国化时代化的最新成果，是习近平新时代中国特色社会主义思想的重要组成部分。

习近平法治思想深刻揭示了社会主义法治的生命力和优越性，推动了中国特色社会主义法治理论创新发展。这一思想擘画了新时代全面依法治国的宏伟蓝图，增强了全党全国各族人民走中国特色社会主义法治道路的信心，增强了新时代全面依法治国的政治定力、前进动力，引领着法治中国建设迈向良法善治新境界。

（二）习近平法治思想的主要内容

2020 年 11 月，习近平在中央全面依法治国工作会议上的重要讲话中，用“十一个坚持”对全面依法治国进行了系统阐释、部署。这“十一个坚持”涉及的都是全面依法治国方向性、根本性、全局性的重大问题，从全面依法治国的政治方向、战略地位、工作布局、主要任务、重大关系、重要保障等方面提出了一系列新理念新观点新论断，构成了习近平法治思想的主要内容。

关于政治方向，这一思想深刻回答全面依法治国由谁领导、依靠谁、走什么道路等大是大非问题，指明了中国特色社会主义法治的前进方向；关于战略地位，这一思想深刻回答为什么要全面依法治国的问题，深刻揭示全面依法治国是新时代坚持和发展中国特色社会主义的基本方略，是党领导人民治理国家的基本方式；关于工作布局，这一思想深刻回答全面依法治国如何谋篇布局的问题，明确全面依法治国的总目标、总抓手和基本思路；关于主要任务，这一思想深刻回答全面依法治国如何突破的问题，指明中国特色社会主义法治的战略安排；关于重大关系，这一思想深刻回答如何正确处理政治与法治、改革与法治、德治与法治等重大问题，揭示法治中国建设的认识论和方法论；关于重要保障，这一思想深刻回答全面依法治国需要什么保障的问题，指明全面依法治国的人才支撑和“关键少数”。习近平法治思想，坚持马克思主义的立场、观点、方法，为马克思主义法治理论发展作出了独创性、原创性、集成性贡献，是习近平新时代中国特色社会主义思想的“法治篇”。

习近平在中央全面依法治国工作会议上的重要讲话中精辟概括的“十一个坚持”

- 坚持党对全面依法治国的领导
- 坚持以人民为中心
- 坚持中国特色社会主义法治道路
- 坚持依宪治国、依宪执政
- 坚持在法治轨道上推进国家治理体系和治理能力现代化
- 坚持建设中国特色社会主义法治体系
- 坚持依法治国、依法执政、依法行政共同推进，法治国家、法治政府、法治社会一体建设
- 坚持全面推进科学立法、严格执法、公正司法、全民守法
- 坚持统筹推进国内法治和涉外法治
- 坚持建设德才兼备的高素质法治工作队伍
- 坚持抓住领导干部这个“关键少数”

二、坚持走中国特色社会主义法治道路

推进全面依法治国，必须走对路，如果走错路，那再提什么要求和举措也都没有意义。每一条法治道路底下都有一种政治立场，每一种法治模式当中都有一种政治逻辑。中国特色社会主义法治道路的核心要义，就是要坚持党的领导，坚持中国特色社会主义制度，贯彻中国特色社会主义法治理论，这充分体现了我国社会主义性质，具有鲜明的中国特色、实践特色、时代特色。

中国特色社会主义法治道路本质上是中国特色社会主义道路在法治领域的具体体现。既要立足当前，运用法治思维和法治方式解决经济社会发展面临的深层次问题；又要着眼长远，筑法治之基、行法治之力、积法治之势，促进各方面制度更加成熟更加定型，为党和国家事业发展提供长期性的制度保障。

——习近平

（一）为什么要走中国特色社会主义法治道路

走中国特色社会主义法治道路，是历史的必然结论。要不要走法治道路、走什么样的法治道路，是近代以来中国人民面临的历史性课题。鸦片战争后，许多仁人志士也曾想变法图强，但都以失败告终，法治只是镜花水月。中国共产党在领导中国人民进行新民主主义革命的伟大斗争中，不断探索适合中国国情的法治道路，制定了《中华苏维埃共和国宪法大纲》以及大量法律法令，创造了“马锡五审判方式”。中华人民共和国成立后，在社会主义革命和建设时期，党领导人民制定了“五四宪法”和国家机构组织法、选举法、婚姻法等一系列重要法律法规，建立起社会主义法制框架体系，确立了社会主义司法制度。进入改革开放历史新时期，党提出“有法可依、有法必依、执法必严、违法必究”的方针，强调依法治国是党领导人民治理国家的基本方略、依法执政是党治国理政的基本方式，不断推进社会主义法治建设，最终走出了一条中国特色社会主义法治道路。党的十八大以来，以习近平同志为核心的党中央把全面依法治国作为新时代坚持和发展中国特色社会主义“四个全面”战略布局的重要组成部分，始终强调加强党的集中统一领导，坚持党领导立法、保证执法、支持司法、带头守法，在新时代不断坚持和拓展了中国特色社会主义法治道路。

拓展

马锡五审判方式

1943 年 7 月 1 日，陕甘宁边区高等法院陇东分庭审理封彦贵（封芝琴之父）与张金才（张柏之父）儿女婚姻纠纷上诉案，庭长马锡五在广泛听取群众对案件的看法和处理意见的基础上，依据刑法与婚姻法的相关规定，作出刑事附带民事判决。此案是“马锡五审判方式”的具体体现，后被改编成评剧《刘巧儿》。“马锡五审判方式”的特点是：走出窑洞，深入农村，调查研究，依靠群众，就地审判，不拘形式，解决问题，实行审判与调解相结合；坚持原则，依法办事；简便手续，便利人民诉讼。“马锡五审判方式”得到中共中央肯定，是党的群众路线在司法领域实践的典型。

走中国特色社会主义法治道路，是由我国社会主义国家性质决定的。我国宪法明确规定：“社会主义制度是中华人民共和国的根本制度。”这一根本制度保证了人民当家作主的主体地位，也保证了人民在全面依法治国中的中心地位，这是我们的最大制度优势。中国特色社会主义法治道路坚持人民主体地位，坚持法律面前人人平等，能够保证人民在党的领导下，依照法律规定，通过各种途径和形式管理国家事务，管理经济和文化事业，管理社会事务，本质上是中国特色社会主义道路在法治领域的具体体现。只有始终坚持以人民为中心，才能真正实现法治保障人民权益的根本目的。

走中国特色社会主义法治道路，是立足我国基本国情的必然选择。走什么样的法治道路，脱离不开一个国家的基本国情。从已经实现现代化的国家发展历程看，英国、美国、法国等西方国家适应资本主义市场经济和现代化发展需要，经过一二百年乃至二三百年内生演化，逐步实行法治化。就我们这个 14 亿多人口的社会主义大国而言，我们有自己的历史文化传统，有长期积累的经验和优势，要在较短时间内建成法治国家，必须走中国特色社会主义法治道路。中国特色社会主义法治道路的一个鲜明特点，就是坚持依法治国和以德治国相结合。从国情实际出发，不等于关起门来搞法治，我们要坚持以我为主、为我所用，认真鉴别、合理吸收世界上优秀的法治文明成果。

拓展

《中华人民共和国民法典》

2020 年 5 月 28 日，十三届全国人大三次会议通过《中华人民共和国民法典》。民法典包括 7 编及附则，共 1260 条，各编依次为总则、物权、合同、人格权、婚姻家庭、继承、侵权责任。这是一部体现我国社会主义性质、符合人民利益和愿望、顺应时代发展要求的民法典，是一部体现对生命健康、财产安全、交易便利、生活幸福、人格尊严等各方面权利平等保护的民法典，是一部具有鲜明中国特色、实践特色、时代特色的民法典。民法典是中华人民共和国成立以来第一部以“法典”命名的法律，是新时代我国社会主义法治建设的重大成果。

（二）坚持中国特色社会主义法治道路必须遵循的原则

中国特色社会主义法治道路，明确了建设社会主义法治国家的性质和方向，是社会主义法治建设成就和经验的集中体现，是建设中国特色社会主义法治体系、建设社会主义法治国家的正确道路。走中国特色社会主义法治道路，必须坚持中国共产党的领导，坚持人民主体地位，坚持法律面前人人平等，坚持依法治国和以德治国相结合，坚持从中国实际出发。

坚持中国共产党的领导。党的领导是中国特色社会主义最本质的特征，是社会主义法治最根本的保证。把党的领导贯彻到依法治国全过程和各方面，是我国社会主义法治建设的一条基本经验。我国是人民民主专政的社会主义国家，党的领导是中国特色社会主义法治之魂，是我们的法治同西方资本主义国家的法治最大的区别。坚持党中央权威和集中统一领导，是坚持党的领导的最高原则，是我国制度优势的根本保证。党中央每年听取全国人大常委会、国务院、全国政协、最高人民法院、最高人民检察院党组工作汇报和中央书记处工作报告，是坚持党中央权威和集中统一领导的一项重大制度性安排。国际国内环境越是复杂，改革开放和社会主义现代化建设任务越是繁重，越要运用法治思维和法治手段巩固执政地位、改善执政方式、提高执政能力，保证党和国家长治久安。全面依法治国是要加强和改善党的领导，健全党领导全面依法治国的制度和工作机制，推进党的领导制度化、法治化，通过法治保障党的路线方针政策有效实施。

明辨

为什么说“党大还是法大”是个伪命题？

“党大还是法大”是一个政治陷阱，是一个伪命题。党的领导和依法治国不是对立的，而是统一的。我国法律充分体现了党和人民意志，我们党依法办事，这个关系是相互统一的关系。从逻辑上讲，党的本质是政治组织，而法的本质是行为规则，两者不存在谁比谁大的问题，否则就会落入话语陷阱。如果说党比法大，那就是承认法治、依法治国都是虚假的，法就不存在了；如果说法比党大，那党的领导就难以实施了。因此，在党和法之间不能搞简单的比较。

当然，我们说不存在“党大还是法大”的问题，是把党作为一个执政整体、就党的执政地位和领导地位而言的，具体到每个党政组织、每个领导干部，就必须服从和遵守宪法法律。“权大还是法大”则是一个真命题。纵观人类政治文明史，权力是一把“双刃剑”，在法治的轨道上行使可以造福人民，在法律之外行使必然祸害国家和人民。

坚持人民主体地位。全面依法治国最广泛、最深厚的基础是人民，必须坚持为了人民、依靠人民。推进全面依法治国，根本目的是依法保障人民权益。必须始终牢牢把握坚持党的领导、人民当家作主、依法治国有机统一，不断发展社会主义民主政治并使之法治化、制度化，坚持和完善人民代表大会制度以及中国共产党领导的多党合作和政治协商制度、民族区域自治制度、基层群众自治制度等人民当家作主的制度体系。要积极回应人民群众新要求新期待，系统研究谋划和解决法治领域人民群众反映强烈的突出问题，不断增强人民群众获得感、幸福感、安全感，用法治保障人民安居乐业。

我国社会主义制度保证了人民当家作主的主体地位，也保证了人民在全面推进依法治国中的主体地位。这是我们的制度优势，也是中国特色社会主义法治区别于资本主义法治的根本所在。

——习近平

坚持法律面前人人平等。平等是社会主义法律的基本属性，是社会主义法治的基本要求。坚持法律面前人人平等，对于坚持走中国特色社会主义法治道路具有十分重要的意义。第一，它可以充分显示中国特色社会主义制度的优越性，使人民在依法治国中的主体地位得到尊重和保障，从而有利于增强人民群众的主人翁意识和责任感。第二，它鲜明地反对法外特权、法外开恩，对掌握公权力的人形成制约，从而有利于预防特权思想和各种潜规则的侵蚀。第三，它鲜明地反对法律适用上的各种歧视，有利于贯彻执行“以事实为根据，以法律为准绳”的司法原则。第四，它要求人人都严格依法办事，既充分享有法律规定的各项权利，又切实履行法律规定的各项义务，有利于维护法律权威、健全社会主义法治，确保实现全面依法治国的总目标。

坚持法律面前人人平等，一方面要求违法必究，一切违反宪法法律的行为都必须予以追究。法治意味着不管什么人，不管涉及谁，只要违反法律就要依法追究责任。另一方面要求非歧视，即无差别对待。只要是正当权益诉求，就应当在法律上得到平等对待；只要是合法权益，就应当依法得到平等保护。要着力反歧视，特别要强调对弱势群体合法利益的法律保护。

我国宪法关于平等权的相关规定

我国宪法规定："中华人民共和国各民族一律平等。""中华人民共和国公民在法律面前一律平等。""中华人民共和国年满十八周岁的公民，不分民族、种族、性别、职业、家庭出身、宗教信仰、教育程度、财产状况、居住期限，都有选举权和被选举权；但是依照法律被剥夺政治权利的人除外。""中华人民共和国妇女在政治的、经济的、文化的、社会的和家庭的生活等各方面享有同男子平等的权利。""国家保护妇女的权利和利益，实行男女同工同酬，培养和选拔妇女干部。"

坚持依法治国和以德治国相结合。法治和德治，是治国理政不可或缺的两种方式，如车之两轮或鸟之两翼，忽视其中任何一个，都将难以实现国家的长治久安。只有让法治和德治共同发挥作用，才能使法律与道德相辅相成，法治与德治相得益彰，做到法安天下，德润人心。坚持依法治国和以德治国相结合，既要强化道德对法治的支撑作用，重视发挥道德的教化作用，提高全社会文明程度，为全面依法治国创造良好环境；又要把道德要求贯彻到法治建设中，以法治承载道德理念。立法、执法、司法都要体现社会主义道德要求，都要把社会主义核心价值观贯穿其中，使社会主义法治成为良法善治，引导全社会崇德向善。要运用法治手段解决道德领域突出问题，依法加强对群众反映强烈的失德行为的整治。

拓展

《中华人民共和国英雄烈士保护法》第22条

禁止歪曲、丑化、亵渎、否定英雄烈士事迹和精神。

英雄烈士的姓名、肖像、名誉、荣誉受法律保护。任何组织和个人不得在公共场所、互联网或者利用广播电视、电影、出版物等，以侮辱、诽谤或者其他方式侵害英雄烈士的姓名、肖像、名誉、荣誉。任何组织和个人不得将英雄烈士的姓名、肖像用于或者变相用于商标、商业广告，损害英雄烈士的名誉、荣誉。

公安、文化、新闻出版、广播电视、电影、网信、市场监督管理、负责英雄烈士保护工作的部门发现前款规定行为的，应当依法及时处理。

坚持从中国实际出发。建设法治中国，必须从我国实际出发，同完善和发展中国特色社会主义制度、推进国家治理体系和治理能力现代化相适应，既不能罔顾国情、超越阶段，也不能因循守旧、墨守成规。坚持从实际出发，就是要突出法治道路的中国特色、实践特色、时代特色。要传承中华优秀传统法律文化，从我国革命、建设、改革的实践中探索适合自己的法治道路，同时借鉴国外法治有益成果，为全面建设社会主义现代化国家、实现中华民族伟大复兴夯实法治基础。要注意研究我国古代法制传统及其成败得失，挖掘和传承中华法律文化精华，汲取营养、择善而用。要学习借鉴世界上优秀的法治文明成果，但必须坚持以我为主、为我所用，认真鉴别、合理吸收，不能搞“全盘西化”，不能搞“全面移植”，不能照搬照抄。

拓展

中华法系

中华法系形成于秦朝，到隋唐时期逐步成熟，《唐律疏议》是代表性的法典，清末以后中华法系影响日渐衰微。中华法系是在我国特定历史条件下形成的，彰显了中华民族的伟大创造力和中华法制文明的深厚底蕴。中华法系凝聚了中华民族的精神和智慧，有很多优秀的思想和理念值得我们传承。出礼入刑、隆礼重法的治国策略，民惟邦本、本固邦宁的民本理念，天下无讼、以和为贵的价值追求，德主刑辅、明德慎罚的慎刑思想，援法断罪、罚当其罪的平等观念，保护鳏寡孤独、老幼妇残的恤刑原则，等等，都蕴含着中华优秀传统法律文化的智慧。

“为国也，观俗立法则治，察国事本则宜。”走什么样的法治道路、建设什么样的法治体系，是由一个国家的基本国情决定的。全面依法治国，决不照搬别国模式和做法，决不走西方所谓“宪政”“三权鼎立”“司法独立”的路子。实践证明，我国政治制度和法治体系是适合我国国情和实际的制度，具有显著优越性。要树立自信、保持定力，一切从我国实际出发，坚定不移沿着中国特色社会主义法治道路前进。

三、建设法治中国

全面依法治国是一个系统工程，要整体谋划，更加注重系统性、整体性、协同性。全面依法治国的宏伟目标是建设法治中国，要以建设中国特色社会主义法治体系为总抓手，围绕保障和促进社会公平正义，坚持依法治国、依法执政、依法行政共同推进，坚持法治国家、法治政府、法治社会一体建设，坚持全面推进科学立法、严格执法、公正司法、全民守法，全面推进国家各方面工作法治化。

（一）建设中国特色社会主义法治体系

全面依法治国涉及很多方面，必须有一个总揽全局、牵引各方的总抓手，这个总抓手就是建设中国特色社会主义法治体系。建设中国特色社会主义法治体系，就是要形成完备的法律规范体系、高效的法治实施体系、严密的法治监督体系、有力的法治保障体系，形成完善的党内法规体系。

完备的法律规范体系。完备的法律规范体系，是中国特色社会主义法治体系的前提，是法治国家、法治政府、法治社会的制度基础。法律规范体系，是以宪法为核心，由部门齐全、结构严谨、内部协调、体例科学、调整有效的法律及其配套法规所构成的法律规范系统。完善法律规范体系的基本要求包括：坚持立法先行，发挥立法在改革开放和经济社会发展中的引领和推动作用，加快完善法律、行政法规、地方性法规体系，为全面依法治国提供基本遵循；科学立法、民主立法、依法立法，坚持上下有序、内外协调、科学规范、运行有效的原则，立改废释并举，实现从粗放立法向精细立法转变，提高立法质量和效率。

高效的法治实施体系。建设高效的法治实施体系，是建设中国特色社会主义法治体系的重点。高效的法治实施体系，是指执法、司法、守法等各个环节有效衔接、协调高效运转、持续共同发力，织密法治之网，强化法治之力，实现效果最大化的法治实施系统。完善法治实施体系的重点内容包括：健全宪法实施制度，把树立宪法权威作为全面依法治国的重大事项抓紧抓好；全面建设职能科学、权责法定、执法严明、公开公正、智能高效、廉洁诚信、人民满意的法治政府，依法全面履行政府职能，完善行政组织和行政程序法律制度，健全依法决策机制，深化行政执法体制改革，坚持严格规范公正文明执法；深化司法体制综合配套改革，规范司法行为，提高司法公信力，努力让人民群众在每一个司法案件中感受到公平正义；着力培育公民和社会组织自觉守法的意识和责任感，充分调动全社会自觉守法的积极性、主动性，营造全社会共同守法的良好氛围。

我们的工作重点应该是保证法律实施，做到有法必依、执法必严、违法必究。有了法律不能有效实施，那再多法律也是一纸空文，依法治国就会成为一句空话。

——习近平

严密的法治监督体系。严密的法治监督体系，是指以规范和约束公权力为重点建立的有效的法治化权力监督网络。它以有权必有责、用权受监督、违法必追究，坚决纠正有法不依、执法不严、违法不究行为等为主要任务，是宪法法律有效实施的重要保障，是加强对权力运行制约和监督的迫切要求。完善法治监督体系的重点内容包括：健全宪法实施和监督制度；强化对行政权力的制约和监督；加强对司法活动的监督；发挥党内监督、人大监督、民主监督、行政监督、司法监督、审计监督、社会监督、舆论监督的合力，推进法治监督工作规范化、程序化、制度化，形成对法治运行全过程全方位的监督；深化国家监察体制改革，依法建立党统一领导的反腐败工作机构，构建集中统一、权威高效的国家监察体系，实现对所有行使公权力的公职人员监察全覆盖；加强党对法治监督工作的集中统一领导，把法治监督作为党和国家监督体系的重要内容，保证行政权、监察权、审判权、检察权得到依法正确行使，推进对法治工作的全面监督。

有力的法治保障体系。有力的法治保障体系，是全面依法治国的重要依托，是指在法律制定、实施和监督过程中形成的结构完整、机制健全、资源充分、富有成效的保障系统，包括政治和制度保障、组织和人才保障、法治文化保障等。完善法治保障体系的重点内容包括：切实加强和改进党对全面依法治国的领导，提高依法执政能力和水平，为全面依法治国提供有力的政治和制度保障；加强高素质法治专门队伍和法律服务队伍建设，提高法治工作队伍思想政治素质、业务工作能力、职业道德水准，为全面依法治国提供坚实的组织和人才保障；努力推动形成办事依法、遇事找法、解决问题用法、化解矛盾靠法的良好法治环境，为全面依法治国提供丰厚的法治文化保障。

完善的党内法规体系。建设完善的党内法规体系，是中国特色社会主义法治体系的本质要求和重要内容。完善的党内法规体系，是指内容科学、程序严密、配套完备、运行有效的党内制度及其运行、保障体系。加强党内法规体系建设，就是要形成完善的党内法规制度体系、高效的党内法规制度实施体系、有力的党内法规制度建设保障体系，党依据党内法规管党治党的能力和水平显著提高。完善党内法规体系的重点内容包括：党的组织法规制度、党的领导法规制度、党的自身建设法规制度、党的监督保障法规制度。

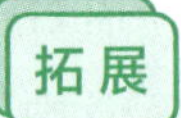

党内法规体系的框架构成

党内法规体系，是以党章为根本，以民主集中制为核心，以准则、条例等中央党内法规为主干，以部委党内法规、地方党内法规为重要组成部分，由各领域各层级党内法规组成的有机统一整体。按照“规范主体、规范行为、规范监督”相统筹相协调的原则，党内法规体系以“1+4”为基本框架，即在党章之下分为党的组织法规、党的领导法规、党的自身建设法规、党的监督保障法规四大板块。

（二）坚持依法治国、依法执政、依法行政共同推进，坚持法治国家、法治政府、法治社会一体建设

依法治国、依法执政、依法行政是一个有机整体，关键在于党要坚持依法执政、各级政府要坚持依法行政。法治国家、法治政府、法治社会相辅相成，法治国家是法治建设的目标，法治政府是建设法治国家的重点，法治社会是构筑法治国家的基础。

拓展

《法治中国建设规划（2020—2025 年）》明确的总体目标

建设法治中国，应当实现法律规范科学完备统一，执法司法公正高效权威，权力运行受到有效制约监督，人民合法权益得到充分尊重保障，法治信仰普遍确立，法治国家、法治政府、法治社会全面建成。

到 2025 年，党领导全面依法治国体制机制更加健全，以宪法为核心的中国特色社会主义法律体系更加完备，职责明确、依法行政的政府治理体系日益健全，相互配合、相互制约的司法权运行机制更加科学有效，法治社会建设取得重大进展，党内法规体系更加完善，中国特色社会主义法治体系初步形成。

到 2035 年，法治国家、法治政府、法治社会基本建成，中国特色社会主义法治体系基本形成，人民平等参与、平等发展权利得到充分保障，国家治理体系和治理能力现代化基本实现。

推进全面依法治国，法治政府建设是重点任务和主体工程，对法治国家、法治社会建设具有示范带动作用。现在，我国法治政府建设还有一些难啃的硬骨头，依法行政观念不牢固、行政决策合法性审查走形式等问题还没有根本解决。要用法治给行政权力定规矩、划界限，规范行政决策程序，健全政府守信践诺机制，加快转变政府职能。推进严格规范公正文明执法，让执法既有力度又有温度，让违法者敬法畏法，增强人们对法治的信心。

推进全面依法治国，法治社会建设是基础工程。建设信仰法治、公平正义、保障权利、守法诚信、充满活力、和谐有序的社会主义法治社会，是增强人民群众获得感、幸福感、安全感的重要举措。普法工作要在针对性和实效性上下功夫，特别是要加强青少年法治教育，不断提升全体公民法治意识和法治素养，使法治成为社会共识和基本准则。要推动更多法治力量向引导和疏导端用力，完善预防性法律制度，坚持和发展新时代“枫桥经验”，促进社会和谐稳定。

拓展

新时代“枫桥经验”

20世纪60年代初，浙江诸暨枫桥镇干部群众创造了“发动和依靠群众，坚持矛盾不上交，就地解决，实现捕人少、治安好”的“枫桥经验”。此后，“枫桥经验”在实践中不断丰富发展，特别是党的十八大以来形成了特色鲜明的新时代“枫桥经验”。其内涵是：坚持和贯彻党的群众路线，在党的领导下，充分发动群众、组织群众、依靠群众解决群众自己的事情，做到“小事不出村、大事不出镇、矛盾不上交”。

（三）坚持全面推进科学立法、严格执法、公正司法、全民守法

科学立法是全面依法治国的前提，严格执法是全面依法治国的关键，公正司法是全面依法治国的重点，全民守法是全面依法治国的基础。全面依法治国，必须从立法、执法、司法、守法四个方面统筹推进。

科学立法。“立善法于天下，则天下治；立善法于一国，则一国治。”法律是治国之重器，立法是法治的龙头环节。科学立法，要以完善以宪法为核心的中国特色社会主义法律体系、加强宪法实施为目标，坚持以民为本、立法为民理念，使每一项立法都符合宪法精神，反映人民意志，得到人民拥护。要把公正、公平、公开原则贯穿立法全过程，完善立法体制机制，增强法律法规的及时性、系统性、针对性、有效性。加强党对立法工作的领导，完善党对立法工作中重大问题决策的程序，健全有立法权的人大主导立法工作的体制机制。深入推进科学立法、民主立法，完善立法项目征集和论证制度，拓宽社会各方面有序参与立法的途径和方式。聚焦法律制度短板弱项，健全国家治理急需的法律制度、满足人民日益增长的美

好生活需要必备的法律制度，统筹推进国内法治和涉外法治。实现立法和改革决策衔接，做到重大改革于法有据、立法主动适应改革和经济社会发展需要，不断提高立法质量和效率，以高质量立法保障高质量发展、推动全面深化改革、维护社会大局稳定。

不是什么法都能治国，不是什么法都能治好国；越是强调法治，越是要提高立法质量。

——习近平

严格执法。“天下之事，不难于立法，而难于法之必行。”法律的生命力在于实施，法律的权威也在于实施。严格执法，要依法全面履行政府职能，坚持法定职责必须为、法无授权不可为，健全依法决策机制，完善执法程序，严格执法责任。把公众参与、专家论证、风险评估、合法性审查、集体讨论决定确定为重大行政决策法定程序，建立行政机关内部重大决策合法性审查机制，建立重大决策终身责任追究制度及责任倒查机制。深化行政执法体制改革，坚持严格规范公正文明执法，依法惩处各类违法行为，加大关系群众切身利益的重点领域执法力度，推行行政执法公示制度、执法全过程记录制度、重大执法决定法制审核制度，建立健全行政裁量权基准制度，全面落实执法责任制。全面推进政务公开，推进决策公开、执行公开、管理公开、服务公开、结果公开。

行政执法“三项制度”

行政执法“三项制度”是指行政执法公示制度、执法全过程记录制度、重大执法决定法制审核制度。聚焦行政执法的源头、过程、结果等关键环节，全面推行“三项制度”，对促进严格规范公正文明执法具有基础性、整体性、突破性作用，对切实保障人民群众合法权益，维护政府公信力，营造更加公开透明、规范有序、公平高效的法治环境具有重要意义。

公正司法。“理国要道，在于公平正直。”公正是法治的生命线，是司法活动最高的价值追求。公正司法是维护社会公平正义的最后一道防线。要深化司法体制综合配套改革，加强司法制约监督，健全社会公平正义法治保障制度，不断提高司法公信力，让人民群众在每一个司法案件中感受到公平正义。完善司法机关依法独立公正行使审判权和检察权的制度，建立健全司法人员履行法定职责保护机制。要优化司法职权配置，健全公安机关、检察机关、审判机关、司法行政机关各司其职，侦查权、检察权、审判权、执行权相互配合、相互制约的体制机制。要坚持严格司法，推进以审判为中心的诉讼制度改革，确保侦查、审查起诉的案件证据经得起法庭的检验，保证庭审在查明事实、认定证据、保护诉权、公正裁判中发挥决定性作用。要保障人民群众参与司法，完善人民陪审员制度，构建开放、动态、透明、便民的阳光司法机制。加强人权司法保障，强化诉讼权利保障，健全落实罪刑法定、疑罪从无和非法证据排除等法律原则的法律制度，加强对刑讯逼供和非法取证的源头预防，健全冤假错案有效防范和及时纠正机制。加强对司法活动的监督，完善人民监督员制度。规范媒体对案件的报道，防止舆论影响司法公正。对因违法违纪被开除公职的司法人员、吊销执业证书的律师和公证员，终身禁止从事法律职业。

全民守法。“邦国虽有良法，要是人民不能全部遵循，仍然不能实现法治。”法律的权威源自人民的内心拥护和真诚信仰，全民守法是法治社会的基础工程。全民守法，要增强全民法治观念、推进法治社会建设，树立宪法法律至上、法律面前人人平等的法治理念，培育全社会法治信仰。全面落实“谁执法谁普法”普法责任制，增强法治宣传教育针对性和实效性，弘扬社会主义法治精神，传承中华优秀传统法律文化，引导全体人民做社会主义法治的忠实崇尚者、自觉遵守者、坚定捍卫者，使法治成为社会共识和基本原则。深入学习宣传习近平法治思想，深入宣传以宪法为核心的中国特色社会主义法律体系，广泛宣传与经济社会发展和人民群众利益密切相关的法律法规，注重对法治理念、法治思维的培育，充分发挥法治文化的引领、熏陶作用，使人民群众自觉尊崇、信仰和遵守法律，增强全社会厉行法治的积极性和主动性，形成守法光荣、违法可耻的社会氛围，努力使尊法学法守法用法在全社会蔚然成风。

第三节 维护宪法权威

坚持依法治国首先要坚持依宪治国，坚持依法执政首先要坚持依宪执政，坚持宪法确定的中国共产党领导地位不动摇，坚持宪法确定的人民民主专政的国体和人民代表大会制度的政体不动摇。维护宪法权威，就是维护党和人民共同意志的权威；捍卫宪法尊严，就是捍卫党和人民共同意志的尊严；保证宪法实施，就是保证人民根本利益的实现。我们要深入了解我国宪法的形成和发展，正确理解宪法的地位和基本原则，充分认识加强宪法实施与监督的重大意义，不断增强宪法意识，忠实履行维护宪法尊严、保证宪法实施的职责。

法治权威能不能树立起来，首先要看宪法有没有权威。必须把宣传和树立宪法权威作为全面推进依法治国的重大事项抓紧抓好，切实在宪法实施和监督上下功夫。

——习近平

一、我国宪法的形成和发展

中国共产党领导人民制定的宪法，既不同于西方宪法，也不同于近代以来我国曾经出现的旧宪法，而是在取得新民主主义革命胜利、实现民族独立和人民解放、扫除一切旧势力的基础上制定的全新宪法。《中华人民共和国宪法》为了建设社会主义新中国应运而生，为了坚持和发展中国特色社会主义而与时俱进，在世界宪法制度史上具有开创性意义。

（一）我国宪法的形成

中国共产党登上中国历史舞台后，在推进中国革命、建设、改革的实践中，高度重视宪法和法制建设。从建立革命根据地开始，党就进行了制定和实施人民宪法的探索和实践。1931 年，中华苏维埃第一次全国代表大会通过《中华苏维埃共和国宪法大纲》。1946 年，陕甘宁边区第三届参议会第一次大会通过《陕甘宁边区宪法原则》。同年，中共中央书记处决定成立中央法律问题研究委员会，负责试拟陕甘宁边区宪法草案。我国现行宪法，可以追溯到 1949 年中国人民政治协商会议第一届全体会议通过的起临时宪法作用的《中国人民政治协商会议共同纲领》和 1954 年一届全国人大一次会议通过的《中华人民共和国宪法》。

《中国人民政治协商会议共同纲领》

1954 年宪法是中华人民共和国第一部宪法，它以《中国人民政治协商会议共同纲领》为基础并加以发展，在总结新民主主义革命历史经验和社会主义改造与社会主义建设经验的基础上，规定了国家在过渡时期的总任务，确定了建设社会主义制度的道路和目标，确立了适合中国国情的国体和政体，同时较完整地规定了公民的基本权利和义务。1954 年宪法的制定和实施，为巩固社会主义政权和进行社会主义建设发挥了重要保障和推动作用，也为我国现行宪法的制定和完善奠定了基础。

在这之后，我国宪法建设走了一些弯路，特别是“文化大革命”期间宪法形同虚设。1975 年制定的宪法，受到“四人帮”干扰破坏，比 1954 年宪法大大倒退了。1978 年制定的宪法，因受历史条件限制，还来不及对“文化大革命”的惨痛教训进行全面总结、对“左”的错误进行彻底清理，虽然恢复了 1954 年宪法的部分条文，但仍然以 1975 年宪法为基础。1979 年 7 月和 1980 年 9 月又两次进行宪法部分条文的修改，仍不能满足形势发展的需要。

党的十一届三中全会开启了改革开放和社会主义现代化建设新时期，发展社会主义民主、健全社会主义法制成为党和国家坚定不移的方针。我国现行宪法即 1982 年宪法就是在这个历史背景下产生的。这部宪法深刻总结了我国社会主义建设正反两方面经验，适应我国改革开放和社会主义现代化建设、加强社会主义民主法制建设的新要求，确立了党的十一届三中全会之后的路线方针政策，把集中力量进行社会主义现代化建设作为国家的根本任务，就社会主义民主法制建设作出一系列规定，为改革开放和社会主义现代化建设提供了有力法制保障。

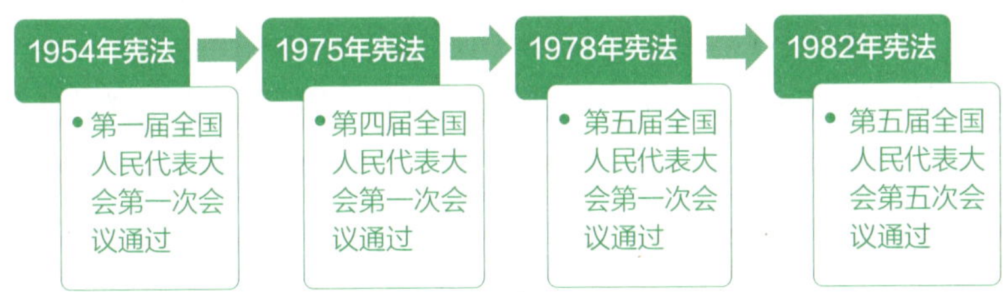

（二）我国现行宪法的修改

宪法修改是党和国家政治生活中的一件大事。我国宪法必须体现党和人民事业的历史进步，随着党领导人民建设中国特色社会主义实践的发展而不断完善发展。宪法只有不断适应新形势、吸纳新经验、确认新成果，才能具有持久生命力。1988 年、1993 年、1999 年、2004 年、2018 年，全国人大分别对我国宪法个别条款和部分内容作出必要的也是十分重要的修正，使我国宪法在保持稳定性和权威性的基础上紧跟时代前进步伐，不断与时俱进。

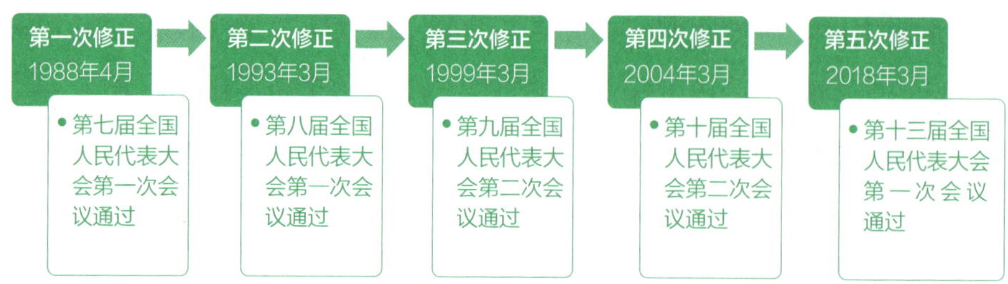

2018年，十三届全国人大一次会议通过宪法修正案，反映了党的十九大确定的重大理论观点和重大方针政策，以及党和国家事业发展的新成就新经验新要求。确立了科学发展观、习近平新时代中国特色社会主义思想在国家政治和社会生活中的指导地位，将新发展理念、建设富强民主文明和谐美丽的社会主义现代化强国、实现中华民族伟大复兴、中国共产党领导是中国特色社会主义最本质的特征、倡导社会主义核心价值观、确立宪法宣誓制度、完善国家主席任期制度、深化国家监察体制改革等载入宪法。这对于全面贯彻习近平新时代中国特色社会主义思想，深化依法治国、依宪治国，在法治轨道上更好坚持和发展中国特色社会主义，广泛动员和组织全国各族人民夺取新时代中国特色社会主义伟大胜利，具有重大而深远的意义。通过这次修改，我国宪法在中国特色社会主义伟大实践中与时俱进，不断完善，有力推动和保障了党和国家事业发展，有力推动和加强了我国社会主义法治建设。

现行宪法修改体现了中国共产党领导人民进行改革开放和社会主义现代化建设的成功经验，体现了中国特色社会主义道路、理论、制度、文化的发展成果，表明了我国宪法同党和人民进行的艰苦奋斗和创造的辉煌成就紧密相连，同党和人民开辟的前进道路和积累的宝贵经验紧密相连。回顾党领导的宪法建设史，可以得出这样几点结论。一是制定和实施宪法，推进依法治国，建设法治国家，是实现国家富强、民族振兴、社会进步、人民幸福的必然要求。二是我国现行宪法是在深刻总结我国社会主义革命、建设、改革的成功经验基础上制定和不断完善的，是党领导人民长期奋斗的历史逻辑、理论逻辑、实践逻辑的必然结果。三是只有中国共产党才能坚持立党为公、执政为民，充分发扬民主，领导人民制定出体现人民意志的宪法，领导人民实施宪法。四是党高度重视发挥宪法在治国理政中的重要作用，坚定维护宪法尊严和权威，推动宪法完善和发展，这是我国宪法保持生机活力的根本原因所在。

古人讲，“法与时移”，“法与时转则治，治与世宜则有功”，“观时而制法，因事而制礼”。宪法作为上层建筑，一定要适应经济基础的变化而变化。任何国家都不可能制定一部永远适用的宪法。

——习近平

二、我国宪法的地位和基本原则

图说

1954 年 10 月 1 日，首都各界欢度国庆，游行队伍抬着《中华人民共和国宪法》模型通过天安门检阅台。2019 年 10 月 1 日，一辆《中华人民共和国宪法》模型主题彩车被群众代表簇拥着通过天安门检阅台。

宪法在全面依法治国中具有突出地位和重要作用。我国宪法确认了党领导人民长期奋斗取得的辉煌成果，规定了人民民主专政国家政权的性质和根本制度，明确了国家未来建设发展的根本任务和总目标，是党的指导思想、中心工作、基本原则、重大方针、重要政策在国家法制上的最高体现。全面建设社会主义现代化国家、实现中华民族伟大复兴的中国梦，推进国家治理体系和治理能力现代化、提高党长期执政能力，必须更加注重发挥宪法的根本法作用。

（一）我国宪法的地位

我国宪法实现了党的主张和人民意志的高度统一，具有显著优势、坚实基础、强大生命力。宪法至上地位主要体现在其特有的作用、效力和内容等方面。

拓展

我国宪法序言的法律地位

宪法序言是我国宪法的重要组成部分，是我国宪法最重要的特征之一，也是我国宪法与其他许多国家宪法的重大区别。宪法序言是我国宪法的灵魂，同现行宪法各章节一样具有最高法律效力。宪法及其法律效力具有整体性和不可分割性，任何将宪法序言与宪法总纲、宪法具体条文割裂开来，进而认为宪法序言没有法律效力的观点，都是错误的。

我国宪法是国家的根本法，是党和人民意志的集中体现。我国现行宪法颁布以来，在坚持中国共产党领导，保障人民当家作主，促进改革开放和社会主义现代化建设，推动社会主义法治国家建设进程，维护国家统一、民族团结、社会稳定等方面发挥了有力的推动作用。实践证明，我国现行宪法是符合国情、符合实际、符合时代发展要求的好宪法，是充分体现人民共同意志、充分保障人民民主权利、充分维护人民根本利益的好宪法，是推动国家发展进步、保证人民创造幸福生活、保障中华民族实现伟大复兴的好宪法，是我们国家和人民经受住各种困难和风险考验、始终沿着中国特色社会主义道路前进的根本法制保障。

一个团体要有一个章程，一个国家也要有一个章程，宪法就是一个总章程，是根本大法。用宪法这样一个根本大法的形式，把人民民主和社会主义原则固定下来，使全国人民有一条清楚的轨道，使全国人民感到有一条清楚的明确的和正确的道路可走，就可以提高全国人民的积极性。

——毛泽东

我国宪法是国家各项制度和法律法规的总依据。宪法在中国特色社会主义法律体系中居于核心地位。宪法确立了社会主义法治的基本原则，明确规定中华人民共和国实行依法治国，建设社会主义法治国家，国家维护社会主义法制的统一和尊严。我国宪法具有最高的法律地位、法律权威、法律效力，具有根本性、全局性、稳定性、长期性。一切法律、行政法规、地方性法规的制定都必须以宪法为依据，遵循宪法的基本原则，不得与宪法相抵触。

我国宪法规定了国家的根本制度。我国宪法确立了中国共产党的领导地位，规定了国家的根本任务、领导核心、指导思想、基本原则、发展道路、奋斗目标。我国宪法确立了工人阶级领导的、以工农联盟为基础的人民民主专政的国体，确立了社会主义制度是中华人民共和国的根本制度，确立了人民代表大会制度的政体，确立了中国共产党领导的多党合作和政治协商制度、民族区域自治制度以及基层群众自治制度，确立了公有制为主体、多种所有制经济共同发展，按劳分配为主体、多种分配方式并存，社会主义市场经济体制等社会主义基本经济制度。

宪法是实现国家认同、凝聚社会共识、促进个人发展的基本准则，是维系一个国家、一个民族凝聚力的根本纽带。中国共产党领导人民制定的宪法，是中国历史上第一部真正的人民宪法，是规范国家权力运行、保障公民权利实现的根本活动准则。我们要以宪法为最高法律规范，充分发挥宪法的引领、规范和保障作用，把国家各项事业和各项工作全面纳入法治轨道，维护社会公平正义，实现国家和社会生活制度化、法治化，把依法治国、依宪治国工作提高到一个新水平。

（二）我国宪法的基本原则

宪法的基本原则是贯穿宪法规范始终，对宪法的制定、修改、实施、遵守等环节起指导作用的基本准则。我国宪法的基本原则集中反映了规范权力运行、保障公民权利的基本精神，体现了社会主义法治的根本性质。

党的领导原则。中国共产党是中国特色社会主义事业的领导核心。党的领导是人民当家作主的根本保证，是中国特色社会主义最本质的特征，是中国特色社会主义制度最大优势。中国共产党执政就是党领导、支持、保证人民当家作主，最广泛地动员和组织人民群众依法管理国家和社会事务，管理经济和文化事业，维护和实现最广大人民的根本利益。我国宪法对中国共产党领导地位和执政地位的规定，既是对中国共产党领导人民在革命、建设、改革各个历史时期奋斗成果的确认，也是对国家性质和根本制度的确认，集中体现了党的主张和人民意志的高度统一。

> 我们讲依宪治国、依宪执政，不是要否定和放弃党的领导，而是强调党领导人民制定宪法和法律，党领导人民执行宪法和法律，党自身必须在宪法和法律范围内活动。我国宪法是以根本法的形式反映了党带领人民进行革命、建设、改革取得的成果，反映了在历史和人民选择中形成的党的领导地位。
>
> ——习近平

人民当家作主原则。人民当家作主是社会主义民主政治的本质和核心。我国宪法体现了人民当家作主原则，强调国家的一切权力属于人民。这一原则在宪法中的表现是多方面的：宪法通过确认我国人民民主专政的国体，保障了广大人民群众在国家中的主人翁地位；通过确认以公有制为主体、多种所有制经济共同发展的基本经济制度，为人民当家作主奠定了经济基础；通过确认人民代表大会制度的政体，为人民当家作主提供了组织保障；通过确认广大人民依照法律规定，通过各种途径和形式，管理国家事务，管理经济和文化事业，管理社会事务的权利，把人民当家作主贯彻于国家和社会生活各个领域。

尊重和保障人权原则。法治是人权得以实现的保障。我国宪法将“国家尊重和保障人权”规定为一项基本原则，对公民的基本权利和自由作出全面规定，依法保障公民的生存权和发展权。我国宪法规定公民享有人身权、财产权、社会保障权、受教育权等权利和言论、出版、集会、结社、游行、示威等自由。由于国家机关和国家工作人员侵犯公民权利而受到损失的人，有依照法律规定获得赔偿的权利。尊重和保障人权原则入宪以来，我国在完善人权保障法律体系、依法行政保障公民合法权益、有效提升人权司法保障水平等方面取得了新进展，推动了人权事业不断进步。

拓展

人权是历史的、发展的

人权是一定历史条件下的产物，也会随着历史条件的发展而发展。各国发展阶段、经济发展水平、文化传统、社会结构不同，所面临的人权发展任务和应采取的人权保障方式也会有所不同。应当尊重人权发展道路的多样性。只有将人权的普遍性原则同各国实际相结合，才能有效地促进人权的实现。世界各国在人权保障上没有最好，只有更好；世界上没有放之四海而皆准的人权发展道路和保障模式，人权事业的发展必须也只能按照本国国情和人民需要加以推进。

社会主义法治原则。我国宪法明确规定："中华人民共和国实行依法治国，建设社会主义法治国家。"社会主义法治原则要求坚持宪法法律至上、法律面前人人平等，推进国家各项工作法治化，维护社会公平正义，维护社会主义法制的统一和尊严。国家立法权、行政权、监察权、审判权和检察权都必须在法治轨道上有序运行。任何组织和个人都要在宪法和法律范围内活动，一切违法行为都应受到法律的追究。

民主集中制原则。民主集中制是我国国家组织形式和活动方式的基本原则，是我国国家制度的突出特点和优势，也是集中全党全国人民集体智慧，实现科学决策、民主决策的基本原则和主要途径。我国宪法规定："中华人民共和国的国家机构实行民主集中制的原则。"国家权力统一由全国人民代表大会和地方各级人民代表大会行使，全国人民代表大会和地方各级人民代表大会由民主选举产生，对人民负责，受人民监督。广大人民的共同意志通过民主形式集中起来，并通过法定程序上升为国家意志。国家行政机关、监察机关、审判机关、检察机关都由人民代表大会产生，对它负责，受它监督。中央和地方国家机构职权的划分及其活动，遵循在中央统一领导下，充分发挥地方的主动性、积极性的原则。

三、加强宪法实施和监督

宪法的生命在于实施，宪法的权威也在于实施。

——习近平

我国宪法发展的历程说明，只要我们切实尊重和有效实施宪法，党和国家事业就能顺利发展。反之，如果宪法受到漠视、削弱甚至破坏，党和国家事业就会遭受挫折。因此，我们要采取更加有力的措施，加强宪法实施与监督。

（一）加强宪法实施

全国各族人民、一切国家机关和武装力量、各政党和各社会团体、各企业事业组织，都必须以宪法为根本活动准则，并且负有维护宪法尊严、保证宪法实施的职责。任何组织或者个人都不得有超越宪法法律的特权。一切违反宪法法律的行为，都必须予以追究。加强宪法实施，党首先要坚持依宪执政，国家权力机关要加强和改进立法工作，国家行政机关、监察机关和司法机关要严格执行法律，维护宪法法律尊严。

坚持依宪执政。宪法是中国共产党长期执政的根本法律依据，党首先要带头尊崇和执行宪法。要坚持党领导立法、保证执法、支持司法、带头守法，把依法治国、依法执政、依法行政统一起来，把党总揽全局、协调各方同人大、政府、政协、监察机关、审判机关、检察机关依法依章程履行职能、开展工作统一起来，把党领导人民制定和实施宪法法律同党坚持在宪法法律范围内活动统一起来。

拓展

宪法宣誓誓词

我宣誓："忠于中华人民共和国宪法，维护宪法权威，履行法定职责，忠于祖国、忠于人民，恪尽职守、廉洁奉公，接受人民监督，为建设富强民主文明和谐美丽的社会主义现代化强国努力奋斗！"

坚持依法立法。国家权力机关要加强和改进立法工作，继续完善以宪法为核心的中国特色社会主义法律体系，以良法促进发展、保障善治、维护人民民主权利，保证宪法确立的制度、原则和规则得到全面实施。要及时把党的路线方针政策通过法定程序转化为国家法律，加强重点领域、新兴领域、涉外领域立法，通过完备的法律体系推动宪法实施。要保证重大改革于法有据，任何立法均不得同宪法相抵触，维护社会主义法制的统一。

坚持严格执法。国家行政机关要坚持依宪施政、依法行政，严格规范政府行为，深化行政执法体制改革，推进执法规范化建设，严格规范公正文明执法，加大决策合法性审查力度，进一步提高科学决策、民主决策、依法决策水平。监察机关要在党的领导下，以宪法为根本准则，履行好对行使公权力的公职人员监察全覆盖的法定职责。司法机关要深化司法体制综合配套改革，落实司法责任制，加快构建权责一致的司法权运行新机制，坚持和完善中国特色社会主义司法制度，保证依法独立公正行使审判权、检察权，确保司法权公正高效权威，不断提高司法公信力。

（二）完善宪法监督

宪法的力量不仅因其地位崇高，更源于其有效的监督。宪法实施以来，我国不断探索并逐步建立了具有中国特色的宪法监督制度。在新的历史条件下，推进全面依法治国、加强宪法实施，对宪法监督提出了新的更高要求。

健全人大工作机制。全国人大及其常委会履行宪法赋予的宪法监督职责，要加强对宪法法律实施情况的监督检查，坚决纠正违宪违法行为。要依法行使监督权，加强对“一府一委两院”的行为是否合乎宪法的监督。要健全监督机制和程序，进一步明确全国人大及其常委会进行宪法监督的对象、范围、方式等，将原则性要求具体化、程序化，使宪法监督更规范、更有效。

健全宪法解释机制。全国人大常委会根据宪法规定行使宪法解释权，依照宪法精神对宪法规定的内容、含义和界限作出解释。要完善宪法解释程序机制，明确宪法解释提请的条件、宪法解释请求的提起和受理以及宪法解释案的审议、通过和公布等具体规定，保证宪法解释贯彻落实，积极回应涉及宪法有关问题的关切，努力实现宪法的稳定性和适应性的统一。

拓展

全国人大常委会全票通过对香港基本法第 104 条的解释

2016 年 11 月，十二届全国人大常委会第二十四次会议全票通过《全国人民代表大会常务委员会关于〈中华人民共和国香港特别行政区基本法〉第一百零四条的解释》，根据《中华人民共和国宪法》第 67 条和《中华人民共和国香港特别行政区基本法》第 158 条的规定，对《中华人民共和国香港特别行政区基本法》第 104 条“香港特别行政区行政长官、主要官员、行政会议成员、立法会议员、各级法院法官和其他司法人员在就职时必须依法宣誓拥护中华人民共和国香港特别行政区基本法，效忠中华人民共和国香港特别行政区”的规定作出解释。

健全备案审查机制。将所有的法规、规章、司法解释和各类规范性文件依法依规纳入备案审查范围，是宪法监督的重要内容和环节。要建立健全党委、人大、政府、军队间备案审查衔接联动机制，加强备案审查制度和能力建设，实行有件必备、有备必审、有错必纠。要提高备案审查机制的执行力和约束力，增强备案审查的实际效能。

健全合宪性审查机制。我国的合宪性审查，就是由有关权力机关依据宪法和相关法律的规定，对于可能存在违反宪法规定的法律法规、规范性文件以及国家机关履行宪法职责的行为进行审查，并对违反宪法的问题予以纠正。推进合宪性审查工作，要求有关方面拟出台的法规规章、重要政策和重大举措，凡涉及宪法有关规定如何解释、如何适用的，都应当事先经过全国人大常委会合宪性审查，确保同宪法规定、宪法精神相符合。

宪法的根基在于人民发自内心的拥护，宪法的伟力在于人民出自真诚的信仰。古人说：“法非从天下，非从地出，发于人间，合乎人心而已。”宪法是每个公民享有权利、履行义务的基本遵循。我们要充分认识到宪法不仅是全体公民必须遵循的行为规范，而且是保障公民权利的法律武器，更加自觉地尊崇宪法、学习宪法、遵守宪法、维护宪法、运用宪法，大力弘扬宪法精神，不断增强宪法意识，把宪法作为判断大是大非的准绳，同一切破坏宪法权威、践踏宪法尊严的行为作斗争，在宪法的阳光照耀下追求国家富强和人民幸福。

第四节 自觉尊法学法守法用法

推进全面依法治国需要全社会共同参与。大学生是未来国家建设的中坚力量，要积极培养法治思维，正确理解依法行使权利和履行义务，不断提升法治素养，自觉尊法学法守法用法，成为社会主义法治的忠实崇尚者、自觉遵守者、坚定捍卫者。

一、培养社会主义法治思维

尊法学法守法用法，增强法治意识，提高法治素养，必须养成良好的法治思维和行为方式。大学生要准确把握法治思维的基本含义和内容，提高运用法治思维分析、解决问题的能力。

（一）法治思维及其内涵

法治思维是指以法治价值和法治精神为导向，运用法律原则、法律规则、法律方法思考和处理问题的思维模式。法治思维将法律作为判断是非和处理事务的准绳，要求崇尚法治、尊重法律，善于运用法律手段协调关系和解决问题。

法治思维包含以下几层含义。第一，法治思维以法治价值和法治精神为指导，蕴含着公正、平等、民主、人权等法治理念，是一种正当性思维。第二，法治思维以法律原则和法律规则为依据指导人们的社会行为，是一种规范思维。第三，法治思维以法律手段与法律方法为依托分析问题、处理问题、解决纠纷，是一种逻辑思维。第四，法治思维是一种符合规律、尊重事实的科学思维。因此，法治思维是一种融法律的价值属性和工具理性于一体的特殊的高级法律意识。

法治和人治问题是人类政治文明史上的一个基本问题，也是各国在实现现代化过程中必须面对和解决的一个重大问题。综观世界近现代史，凡是顺利实现现代化的国家，没有一个不是较好解决了法治和人治问题的。相反，一些国家虽然也一度实现快速发展，但并没有顺利迈进现代化的门槛，而是陷入这样或那样的“陷阱”，出现经济社会发展停滞甚至倒退的局面。后一种情况很大程度上与法治不彰有关。

——习近平

法治思维是基于对法律的尊崇和对法治的信念判断是非、权衡利弊、解决问题的思维方式，其要义是把对法治的尊崇、对法律的敬畏转化成思维方式和行为方式，坚持宪法法律至上，坚守法治底线，切实做到依法治国、依法执政、依法行政、依法治军、依法办事、依法维权。对公民而言，法治思维就是当自己的理想目标、思想感情、行为方式、权利诉求和利益关系等与法律的价值、规则或要求发生冲突时，能够服从法律，作出符合法律的选择，按照法律的指引实施自己的行为。

（二）法治思维的基本内容

法治思维的内涵丰富、外延宽广，主要表现为价值取向和规则意识两个方面。价值取向是指如何看待和对待法律，规则意识是指如何用法律看待和对待自身。一般来讲，法治思维主要包括法律至上、权力制约、公平正义、权利保障、程序正当等内容。

法律至上。法律至上是指在国家或社会的所有规范中，法律是地位最高、效力最广、强制力最大的规范。这里的法律，既包括宪法，也包括其他一般法律。法律至上尤其指宪法至上，因为宪法具有最高的法律效力，是其他一切法律的依据。法律至上具体表现为法律的普遍适用、优先适用和不可违反。法律的普遍适用，是指法律在本国主权范围内对所有人具有普遍的约束力。所有国家机关、社会组织和公民个人都必须遵守法律，依法享有和行使法定职权与权利，承担和履行法定职责与义务。法律的优先适用，是指当同一项社会关系同时受到多种社会规范的调整而多种社会规范又相互矛盾时，要优先考虑法律规范的适用。法律的不可违反，是指法律必须遵守，违反法律要受到惩罚。任何人不论权力大小、职位高低，只要有违法犯罪行为，就要受到法律制裁。养成法律至上思维，对于自觉遵守法律、维护法律权威意义重大。

党纪国法不能成为“橡皮泥”、“稻草人”，无论是因为“法盲”导致违纪违法，还是故意违规违法，都要受到追究，否则就会形成“破窗效应”。

——习近平

权力制约。权力制约是指国家机关的权力必须受到法律的规制和约束。在我国，国家权力是人民的，即一切权力为民所有；国家权力是为人民服务的，即一切权力为民所用。因此，只有依法对权力的配置和运行进行有效制约和监督，才能防止权力私用、权力滥用和权力腐败。国家工作人员就职时应当按照法律规定公开进行宪法宣誓。权力制约包括权力由法定、有权必有责、用权受监督、违法受追究四项要求。权力由法定，即法无授权不可为，是指国家机关的职权必须来自法律明确的授予。国家机关必须严格依照法律规定的权限行使职权，不得行使法律未授予的权力。有权必有责，是指国家机关在获得权力的同时必须承担相应的职责和责任。当发生了属于其职权范围内的事项时，国家机关必须履行相应的管理职责。用权受监督，是指国家权力的运行和行使必须接受各种形式的监督，让人民监督权力，让权力在阳光下运行。违法受追究，是指国家工作人员违法行使权力必须受到法律的追究和制裁。养成权力制约思维，要求自觉运用权力、勇于监督权力，同时自觉监督宪法、法律的实施。

公平正义。公平正义是指社会的政治利益、经济利益和其他利益在全体社会成员之间合理、公平分配和占有。一般来讲，公平正义主要包括权利公平、机会公平、规则公平和救济公平。权利公平包括三重含义：一是权利主体平等，国家对每个权利主体"不偏袒""非歧视"；二是享有的权利特别是基本权利平等；三是权利保护和权利救济平等。机会公平是指生活在同一社会中的成员拥有相同的发展机会和发展前景，反对任何形式的歧视。机会公平包括：国家和社会要积极为社会成员的发展创造条件，并努力创造平等的起点；社会成员的发展进步权要受到同等尊重，不断拓展社会成员的发展领域；不仅要关注当代人的机会平等，还要考虑后代人的机会平等。规则公平是指对所有人适用同一规则和标准，不得因人而异。规则公平包括：法律规则面前人人平等、法律内容面前人人平等和法律保护面前人人平等；任何人不得享有法律之外的特权；任何人也不会被法律排除在保护之外。救济公平是指为权利受到侵害或处于弱势地位的公民提供平等有效的救济。救济公平包括：司法救济公平，即司法要公正对待每一个当事人，致力于实现司法公正；行政救济公平，即政府对需要救济的社会成员提供的救济服务要一律平等，不得区别对待；社会救济公平，即社会对需要救济的社会成员提供的社会救济服务要一律平等，不得厚此薄彼。养成公平正义思维，要求增强实现公平正义的责任感，为促进全社会的公平正义而奋斗。

权利保障。权利保障主要是指对公民权利的法律保障，具体包括公民权利的宪法保障、立法保障、行政保障和司法保障。宪法保障是权利保障的前提和基础。宪法表明尊重和保障人权的鲜明态度，确立保障权利的有效机制，明确列出宪法保障的公民基本权利，能够推动整个国家和法律体系加强权利保障。立法保障是权利保障的重要条件。宪法有关基本权利的规定一般较为原则，各项具体权利的保障由立法机关通过立法作出明确规定。行政保障是权利保障的关键环节，行政机关在行使行政管理权的过程中必然要涉及处置社会成员的利益问题，很容易发生损害或侵犯公民权利的现象。行政机关是否能够有效地保护公民权利，直接反映出一个国家的权利保障状况。司法保障是公民权利保障的最后防线，既是解决个人之间权利纠纷的有效渠道，也是纠正和遏制行政机关侵犯公民权利的有力机制。

拓展

国民受教育权利得到保障

教育投入大幅增长，办学条件显著改善，办学水平不断提高，农村教育得到加强，教育公平迈出重大步伐。城乡免费义务教育全面实现，2020 年，我国义务教育普及程度达到世界高收入国家的平均水平，高中阶段教育毛入学率超过中等偏上收入国家平均水平，职业教育快速发展，高等教育由大众化阶段向普及化阶段迈进。

程序正当。做一件事情，往往需要按照一定的程序，只有按照程序做，才能防止主观任性、无序混乱。程序法包括民事诉讼、刑事诉讼、行政诉讼和仲裁等方面的法律。只有严格按照法律程序办事办案，处理结果才可能公正并具有公信力和权威性。程序的正当，表现在程序的合法性、中立性、参与性、公开性、时限性等方面。合法性是指程序运行合乎法律的规定，有关机关或个人不得违反或变相违反；中立性是指程序设计和运行应平等地对待双方当事人，不得偏向任何一方；参与性是指案件或纠纷的利害关系人都有机会进入办案程序，充分表达自己的利益诉求和意见主张，为解决纠纷发挥作用；公开性是指程序运行的过程和结果应当向当事人和社会公开，以接受各方监督，防止办案不公和暗箱操作，让正义以人们看得见的方式实现；时限性是指程序的运行必须有合理的期限，符合时间成本和效率原则的要求，不得无故拖延。如诉讼案件应当在法定的期限内作出裁判，如无法定事由，诉讼期限不得延长。

二、依法行使权利与履行义务

什么是法律权利和法律义务，公民应该如何理解法律权利和法律义务的关系，如何依法行使法律权利和履行法律义务，以及滥用法律权利和违反法律义务后要承担什么法律责任等，是我们日常生活中经常遇到的法律问题。大学生应依法行使权利和履行义务，妥善处理学习、生活中遇到的法律问题和各种矛盾。

（一）法律权利与法律义务

权利和义务问题是人们经常遇到的现实问题，权利和义务关系也是社会关系的法律表现。权利和义务的内容、种类是不同的，其中被法律规定或认可的，称为法律权利和法律义务。享有法律权利的主体称为权利人，承担法律义务的主体称为义务人。我国公民享有广泛的权利，同时承担相应的义务；公民的权利和义务是平等的，任何人不得享有法外特权；公民的权利和义务是统一的，不允许任何人只享受法律权利，不履行法律义务；任何公民都是享有权利和履行义务的统一体，并把自己依法履行义务作为他人依法享受权利的实现条件。

法律权利。法律权利是指由一定的社会物质生活条件所制约的行为自由，是法律所允许的权利人为了满足自己的利益而采取的、由其他人的法律义务所保障的法律手段。权利的产生、发展和实现，都必须以一定的社会经济条件为基础，即“权利决不能超出社会的经济结构以及由经济结构制约的社会的文化发展”[①]。强调社会的物质生活条件对权利的制约和决定作用，这是马克思主义权利观与其他权利观的根本区别。

法律权利具有以下四个方面的特征。一是法律权利的内容、种类和实现程度受社会物质生活条件的制约。不能脱离一个国家或地区的经济社会发展阶段和水平而空谈权利及其实现。二是法律权利的内容、分配和实现方式因社会制度和国家法律的不同而存在差异。同样一种权利，在不同的社会制度下和不同的国家法律中表现形式有所不同。如关于财产权，资本主义法律规定私有财产神圣不可侵犯，而社会主义法律首先规定公共财产神圣不可侵犯，同时规定公民合法的私有财产不受侵犯。三是法律权利不仅由法律规定或认可，而且受法律维护或保障，具有不可侵犯性。由国家强制力保障其实现，这是法律权利区别于其他权利的根本所在。四是法律权利必须依法行使，不能不择手段地行使法律权利。国家机关行使权力不得任性，公民个人行使法律权利也不得任性。

法律义务。义务与权利相对应，法律义务与法律权利相对应。法律义务是指由一定的社会物质生活条件所制约的社会责任，是保证法律所规定的义务人按照权利人要求从事一定行为或不从事一定行为以满足权利人利益的法律手段。只有承担法律义务的人履行法律义务，享有法律权利的人才能实现自己的合法权益。法律义务的履行表现为两种形式：一种是作为，是指义务人实施积极的行为，如子女通过经常看望和提供财物等行为履行赡养父母的义务等；另一种是不作为，是指义务人不得实施某种行为，如未经许可不得公开他人的隐私等。法律义务具有法定的强制性，违反法律义务必须承担法律责任。

法律义务具有以下四个特点。第一，法律义务是历史的。法律义务的内容和履行方式随着经济社会的发展和人权保障的进步而不断调整和变化。第二，法律义务源于现实需要。一个国家或地区的制度性质、历史传

① 《马克思恩格斯文集》第三卷，人民出版社2009年版，第435页。

统、文化背景、宗教信仰和安全形势等因素，会对法律义务的设定产生重要影响。第三，法律义务必须依法设定。法律义务必须由具有法定职权的国家机关依照法律程序设定，其他国家机关不得对公民违法设定法律义务。坚持义务法定，是建设法治国家和保障人权的重要方面。第四，法律义务可能发生变化。公民和社会组织承担的法律义务，在履行的过程中可能会基于法定情形而变更、消灭，或产生新的法律义务。

法律权利与法律义务的关系。法律权利与法律义务就像一枚硬币的两面，不可分割，相互依存。在社会生活中，每个人既是享受法律权利的主体，又是承担法律义务的主体。在法治国家，不存在只享受权利的主体，也不存在只承担义务的主体。法律权利的实现必须以相应法律义务的履行为条件；法律义务的设定和履行也必须以法律权利的行使为根据。离开了法律权利，法律义务就失去了履行的价值和动力；离开了法律义务，法律权利也形同虚设。有些法律权利和法律义务具有复合性的关系，即一个行为可以同时是权利行为和义务行为，如劳动的权利和义务、接受义务教育的权利和义务等。

没有无义务的权利，也没有无权利的义务。

——马克思

在法律权利与法律义务相一致的情况下，一个人无论是行使权利还是履行义务，实际上都是对自己有利的。总之，法律上的权利和义务，不能只是写在纸上的条文，要让它们成为现实中的权利和义务。大学生应当正确把握依法行使权利、履行义务的基本要求，既珍惜自己权利又尊重他人权利，既善于行使权利又自觉履行义务。

（二）我国宪法法律规定的权利

依法行使法律权利，是体现权利正当性和保障权利实现的充分必要条件。在日常生活中，人们行使任何权利、做任何事情都不能超越法律界限。我国宪法法律规定了公民享有的一系列权利，主要包括政治权利、宗教信仰自由、人身权利、财产权利、社会经济权利及文化教育权利等。

政治权利，是公民参与国家政治活动的权利和自由的统称。它的行使主要表现为公民参与国家、社会组织与管理的活动。公民的政治权利构成了实现人民主权原则及各种具体民主制度不可或缺的前提条件，反过来又体现了人民主权原则及各种具体民主制度的必然要求。政治权利主要包括以下几方面内容。一是选举权，即选举权与被选举权，是指人们依法享有的参加创设或组织国家权力机关、代表机关的权利。二是表达权，即公民依法享有的表达自己对国家公共生活的看法、观点、意见的权利。表达权对于一个国家的政治、经济、文化、科技、道德的发展具有基础性作用。三是民主管理权，即公民根据宪法法律规定，管理国家事务、经济和文化事业以及社会事务的权利。四是监督权，即公民依据宪法法律规定监督国家机关及其工作人员活动的权利。

宗教信仰自由，是指公民依据内心的信念，自愿地信仰宗教的自由。具体内容包括信仰宗教的自由、从事宗教活动的自由、举行或参加宗教仪式的自由等。公民既有信仰宗教的自由，也有不信仰宗教的自由；既有信仰这种宗教的自由，也有信仰那种宗教的自由；在同一宗教里，既有信仰这个教派的自由，也有信仰那个教派的自由；既有过去信教而现在不信教的自由，也有过去不信教而现在信教的自由。同时，公民行使宗教信仰自由的权利也必须受宪法法律约束。我国宪法规定："国家保护正常的宗教活动。任何人不得利用宗教进行破坏社会秩序、损害公民身体健康、妨碍国家教育制度的活动。宗教团体和宗教事务不受外国势力的支配。"

人身权利，是指公民的人身不受非法侵犯的权利。它是公民参加国家政治、经济与社会生活的基础，是公民权利的重要内容。人身权利主要包括以下几方面内容。一是生命健康权，即维持生命存在的权利。生命权是人最基本、最原始的权利，具有神圣性与不可转让性，不可非法剥夺，享有生命权是人享有其他各项权利的前提。健康权是在公民享有生命权的前提下，确保自身肉体健全和精神健全、不受任何伤害的权利。二是人身自由权，即公民的人身自由不受非法搜查、拘禁、逮捕等行为侵犯的权利。人身自由是人们一切行动和生活的前提条件，包括人的身体不受拘束，人的行动自由、人身自由不受非法限制和剥夺等。三是人格尊严权，即与人身有密切联系的名誉、姓名、肖像等不容侵犯的权利。人格尊严是人之为人所应当享有的地位、待遇或尊重的总和，集中表现为人的自尊心和自爱心。人格尊严权的基本内容有姓名权、肖像权、名誉权、荣誉权、隐私权等。四是住宅安全权，也称住宅不受侵犯权，即公民居住、生活、休息的场所不受非法侵入或搜查的权利。这里的“住宅”既包括固定居住的住宅，也包括临时性的住所。五是通信自由权，即公民通过书信、电报、传真、电话及其他通信手段，根据自己的意愿进行通信，不受他人干涉的权利。

隐私权的保护

身处数字化时代，我们的大多数言行都变成了数据。移动支付信息、人脸识别记录、信用卡消费记录、论坛发帖记录、微博和朋友圈内容、交通违章记录、医疗记录、纳税记录甚至经过红绿灯路口的记录，都是足以“定义”个体的数据。一旦这些数据遭遇“人肉搜索”，轻则让当事人不堪其扰，重则可能变成“杀人不见血”的“子弹”与“飞刀”。

根据2013年修订的消费者权益保护法、2014年公布的《最高人民法院关于审理利用信息网络侵害人身权益民事纠纷案件适用法律若干问题的规定》和2016年通过的网络安全法等规定，“人肉搜索”已经被定性为一种违法和侵权行为。

《中华人民共和国民法典》第1032条规定：“自然人享有隐私权。任何组织或者个人不得以刺探、侵扰、泄露、公开等方式侵害他人的隐私权。隐私是自然人的私人生活安宁和不愿为他人知晓的私密空间、私密活动、私密信息。”

财产权利，是指公民、法人或其他组织通过劳动或其他合法方式取得财产和占有、使用、收益、处分财产的权利。对个人而言，财产权是公民权利的重要内容，是公民在社会生活中获得自由与实现经济利益的必要途径。财产权主要包括以下几方面内容。一是私有财产权，即公民个人所有的以财产利益为内容，直接体现财产利益的民事权利。我国宪法规定："公民的合法的私有财产不受侵犯。"公民一切具有财产价值的权利，不管是生活资料还是生产资料，不管是物权、债权还是知识产权，都应当受到保护。公民在其财产权受到侵犯时，有权要求侵权行为人停止侵害、返还财产、排除妨害、恢复原状、赔偿损失，或依法向人民法院提起诉讼。二是继承权，是指继承人依法取得被继承人遗产的资格。在我国，继承人有的是法律明确规定的，有的是被继承人通过订立合法有效的遗嘱指定的。

社会经济权利，是指公民要求国家根据社会经济的发展状况，积极采取措施干预社会经济生活，加强社会建设，提供社会服务，以促进公民的自由和幸福，保障公民过上健康而有尊严的生活的权利。社会经济权利主要包括以下几方面内容。一是劳动权，是指一切有劳动能力的公民有获得劳动的机会和适当的劳动条件和报酬的权利。劳动权是公民赖以生存的基础，是行使其他权利的物质保障，包括平等就业和选择职业的权利、取得劳动报酬的权利、休息休假的权利、获得劳动安全卫生的权利、提请劳动争议处理的权利等。二是休息权，是指劳动者在付出一定的劳动以后所享有的休息和休养的权利，是劳动权存在和发展的基础。休息权和劳动权是密切联系的，休息权是提高劳动效率、保障劳动者的生活和身体健康所必需的。三是社会保障权，是指公民享有的要求国家提供维持有尊严的生活条件的权利，如我国宪法规定的退休人员生活受到国家和社会的保障、国家建立健全同经济发展水平相适应的社会保障制度等。四是物质帮助权，是指公民在法定条件下有从国家和社会获得物质帮助的权利，如国家发展为公民享受这些权利所需要的社会保险、社会救济和医疗卫生事业等。

文化教育权利，是公民按照宪法的规定在文化和教育领域享有的权利，主要包括教育方面的权利和文化活动方面的权利。教育方面的权利主要表现为受教育权。受教育权是公民在教育领域享有的基本权利，是公民接受文化、科学等方面训练的权利。文化活动方面的权利主要表现为公民的文化权利，主要包括科学研究的自由、文学艺术创作的自由、进行其他文化活动的自由三方面内容。文化权利有个人的文化权利和集体的文化权利之分，前者如由任何科学、文学或艺术作品所产生的精神上和物质上的利益受到保护的权利；后者如少数民族群众享有保留和发展其文化特性及其文化的各种形式的权利。

（三）依法行使法律权利

依法行使法律权利要求公民行使权利时应严格依据法律进行，以法律的相关规定为界限，超出这个界限就可能侵犯到他人的权利或者损害到国家、社会的利益。

权利行使目的的正当性。公民在行使法律权利时，不仅要在形式上符合相关法律的规定，也要符合立法意图和精神，不得违反宪法法律确定的基本原则，保障权利行使的正当性。此外，行使权利不得破坏公序良俗，妨碍法律的社会功能和法律价值的实现。如赋予公民言论自由权的目的在于保障思想自由，不能将该权利作为打击不同意见、钳制思想自由的手段；赋予公民宗教信仰自由的目的在于保障精神自由，不能借此宣传邪教和迷信思想。

全国首例侵害英雄烈士名誉、荣誉刑事案

2021 年 2 月 19 日，被告人仇某某在卫国戍边官兵誓死捍卫国土的英雄事迹被报道后，为博取眼球，获得更多关注，使用其新浪微博账号“辣笔小球”（粉丝数 250 余万），先后发布 2 条微博，歪曲卫国戍边官兵祁发宝、陈红军、陈祥榕、肖思远、王焯冉等人的英雄事迹，诋毁、贬损卫国戍边官兵的英雄精神，侵害英雄烈士名誉、荣誉。微博在网络上迅速扩散，造成恶劣社会影响，引发公众强烈愤慨。

2021年5月31日，江苏省南京市建邺区人民法院以侵害英雄烈士名誉、荣誉罪判处被告人仇某某有期徒刑8个月，并责令其公开赔礼道歉，消除影响。宣判后，仇某某未提出上诉。本案是全国首例侵害英雄烈士名誉、荣誉的刑事案件，引发社会广泛关注。亵渎、诋毁英雄烈士，不仅侵害英雄烈士的名誉、荣誉，也伤害公众的民族情感和精神信仰，严重损害社会公共利益。

权利行使的必要限度。任何权利的行使都不是绝对的，都有其相应的限度，必须依照法律规定的限度来行使权利。我国宪法规定："中华人民共和国公民在行使自由和权利的时候，不得损害国家的、社会的、集体的利益和其他公民的合法的自由和权利。"如果因行使自己权利而损害了国家、集体或他人的利益，超出了国家法律所许可和保障的范围与界限，则不再是行使权利而是侵权，会受到法律追究。

拓展

关于言论自由的法律规定

言论自由不是绝对的，公民在行使言论自由权时必须遵守我国宪法法律的有关规定：不得以造谣、诽谤或者其他方式煽动颠覆国家政权、推翻社会主义制度；不得捏造事实诬告陷害其他公民；不得用言论侮辱、诽谤、诋毁其他公民的人格尊严；不得泄露国家秘密、商业秘密和个人隐私；不得教唆他人实施违法犯罪行为；不得发表猥亵性、淫秽性的言论；不得编造、故意传播虚假恐怖信息。

权利行使方式的法定性。权利行使的方式分为口头方式、书面方式和行为方式，有时口头方式和书面方式可以兼用。如根据我国民事诉讼法规定，起诉应当向人民法院递交起诉状，但书写起诉状确有困难的，可以口头起诉，由人民法院记入笔录，并告知对方当事人。权利行使的方式还可分为直接行使和间接行使。前者指权利主体直接行使权利；后者则指由其法定代理人或者委托代理人代为行使权利。比如，根据我国选举法规定，选民如果在选举期间外出，经选举委员会同意，可以书面委托其他选民代为投票。每一选民接受的委托不得超过三人，并应当按照委托人的意愿代为投票。

权利行使的正当程序。由于一个人行使权利的过程可能就是另一个人履行义务的过程，所以程序正当原则同样适用于权利行使过程。通常情况下，行使权利的程序是法律规定的。如我国选举法对选举程序作了规定，包括确定选民资格、选民登记、发放选民证、推荐候选人、选举投票、确定当选人等流程；我国专利法对专利的申请、审查和批准程序作了规定，公民应当严格依照法律规定的程序行使相关权利。

（四）依法履行法律义务

法律权利的行使必须伴随着法律义务的履行，但法律义务更需要由法律加以规定。义务法定，一方面是说义务的设定必须有法律依据，另一方面是说法定的义务应当履行，否则会承担不利的法律后果。

维护国家统一和民族团结的义务。维护国家统一是整个社会共同体存在和发展的基础，也是以宪法为核心的整个法律制度存在的基础。同时，国家统一也是公民实现法律权利与自由的前提。宪法和相关法律规定，禁止对任何民族的歧视和压迫，禁止破坏民族团结和制造民族分裂的行为；一切破坏民族团结和制造民族分裂的行为都将受到法律的追究。《反分裂国家法》明确规定：“维护国家主权和领土完整是包括台湾同胞在内的全中国人民的共同义务。”当代大学生应自觉同破坏国家统一、威胁国家公共安全的行为作坚决斗争。在维护和促进民族团结方面，要尊重少数民族的风俗与文化习惯，参与乃至帮助不发达地区少数民族进行政治经济文化等方面的建设与发展，同一切危害民族团结的言论与行为作斗争，做有利于促进各民族文化交流的事。

遵守宪法和法律的义务。我国宪法规定了公民遵守宪法和法律的义务，还规定了若干具体义务，主要包括以下几方面内容。一是保守国家秘密。国家秘密是指涉及国家的安全与利益，尚未公开或不准公开的政治、经济、军事、公安、司法等秘密事项以及应当保密的文件、资料等。违反我国保守国家秘密法的规定，故意或过失泄露国家秘密，构成犯罪的，按照刑法有关规定追究刑事责任；泄露国家秘密，不够刑事处罚的，可以酌情给予行政处分。二是爱护公共财产。公共财产是指全民所有财产和劳动群众集体所有财产。社会主义的公共财产神圣不可侵犯，禁止任何组织或者个人用任何手段侵占或者破坏国家和集体的财产。三是遵守劳动纪律。劳动者在从事社会生产和工作时，必须遵守和执行劳动规则及其工作程序，维护劳动秩序。四是遵守公共秩序。公共秩序包括社会秩序、生产秩序、教学科研秩序等。每位公民必须维护公共秩序，并同一切违反公共秩序的行为作斗争。五是尊重社会公德。就是要尊重在社会交往和公共生活中应当遵守的道德标准和法律标准。

拓展

为境外非法提供国家秘密被判刑

近年来，境外间谍情报机关在网络上以求职招聘、学术研究、商务合作、交友婚恋等各种名义为掩护，巧言令色，欺骗、勾连我社会人员甚至在校学生窃取、出卖国家秘密。

2019 年 3 月，在校大学生庄某在某 QQ 群中寻找兼职，一位成员主动申请添加庄某为 QQ 好友。庄某先后 8 次应对方要求拍摄我国军事目标等，每次拍摄 100 至 200 张照片，通过邮箱发送给对方，并先后 10 次对我某海军舰队实施预警观察搜集。在此期间，境外间谍情报机关还对庄某进行了安全培训。2019 年 12 月，舟山市中级人民法院以为境外非法提供国家秘密罪判处庄某有期徒刑 5 年 6 个月，剥夺政治权利 1 年。

维护祖国安全、荣誉和利益的义务。国家安全是指国家的领土完整和主权不受侵犯，国家政权不受威胁。国家安全是国家政权稳定和公民依法行使权利与自由的根本保障。国家荣誉是指国家的声誉和尊严。维护国家荣誉是指维护国家的声誉和尊严不受损害，对有辱祖国荣誉、损害祖国利益的行为给予法律制裁。国家利益通常分为对外和对内两个方面。对外主要是指民族的政治、经济、文化等方面的权利和利益；对内主要是指公共利益。公民在享受宪法法律规定的权利与自由的同时，必须自觉地维护祖国利益，正确处理国家、集体与个人利益之间的关系，不得有危害祖国安全、荣誉和利益的行为，并同损害祖国利益的行为作斗争。如我国国家安全法规定，公民、一切国家机关和武装力量、各政党和各人民团体、企业事业组织和其他社会组织，都有维护国家安全的责任和义务。

依法服兵役的义务。我国实行义务兵与志愿兵相结合、民兵与预备役相结合的兵役制度。我国公民都有义务依法服兵役。根据我国兵役法规定，每年 12 月 31 日以前年满 18 周岁的男性公民，应当被征集服现役。同时，我国兵役法对服兵役的主体作了限制性规定。有严重生理缺陷或者严重残疾不适合服兵役的人，免服兵役；依照法律被剥夺政治权利的人，不得服兵役；应征公民是维持家庭生活唯一劳动力的，可以缓征；应征公民正在被依法侦查、起诉、审判的或者被判处徒刑、拘役、管制正在服刑的，不征集；普通高等学校毕业生的征集年龄可以放宽至 24 周岁。

拓展

服兵役是公民应尽的法律义务

根据《中华人民共和国兵役法》第 66 条，有服兵役义务的公民有下列行为之一的，由县级人民政府责令限期改正；逾期不改的，由县级人民政府强制其履行兵役义务，并可以处以罚款：（一）拒绝、逃避兵役登记和体格检查的；（二）应征公民拒绝、逃避征集的；（三）预备役人员拒绝、逃避参加军事训练、执行军事勤务和征召的。有前款第二项行为，拒不改正的，不得录用为公务员或者参照公务员法管理的工作人员，两年内不得出国（境）或者升学。

依法纳税的义务。在现代社会中，税收是国家财政收入的主要来源，纳税是公民应该履行的一项基本义务。根据我国个人所得税法的规定，在中国境内有住所，或者无住所而在境内居住满一年的个人，从中国境内和境外取得的所得，依法缴纳个人所得税。自觉纳税是爱国行为，偷税等行为是违法的、可耻的。纳税人既要自觉履行纳税的义务，也要有监督税务机关的执法行为、关心国家对税收的使用、维护自己的合法权益的意识。

民事责任、行政责任和刑事责任

有义务就意味着责任，公民、法人未能依法履行义务的，根据情节轻重，应当承担相应的法律责任。法律责任主要包括民事责任、行政责任和刑事责任。

民事责任是指由于违反民事法律规定、违约或者基于民事法律规定所应承担的一种法律责任。行政责任是指因违反行政法或基于行政法规定而应承担的责任。对行政违法者的制裁包括行政处罚和行政处分。刑事责任是指行为人因其犯罪行为所必须承担的由国家司法机关代表国家依法确定的否定性法律后果，即行为人实施刑事法律禁止的行为所必须承担的法律后果，承担刑事责任意味着应受刑罚处罚。

三、不断提升法治素养

新时代大学生的法治素养，关系全民族法治素养的总体水平，关系法治中国建设的进程。提升法治素养是大学生成长成才的内在需要。大学生要尊重法律权威、学习法律知识、养成守法习惯、提高用法能力，不断提升自己的法治素养。

（一）尊重法律权威

法律通过调整社会关系，规范人的行为，保障社会成员的利益，实现稳定合理的社会秩序。法律的权威源自人民的内心拥护和真诚信仰。人民权益要靠法律保障，法律权威要靠人民维护。人民是国家的主人，是法治国家的建设者和捍卫者，尊重法律权威是其法定义务和必备素质。就大学生而言，作为一个公民，要在尊重法律权威方面加强砥砺，在学习和生活中积极作为，养成敬畏法律的良好品质，努力成为尊重法律权威、信仰法律的先锋。

尊重法律权威，就要信仰法律，对法律常怀敬畏之心；就要遵守法律，用实际行动捍卫法律尊严，保障法律实施；就要服从法律，拥护法律的规定，接受法律的约束，履行法定的义务，服从依法进行的管理，承担相应的法律责任；就要维护法律，争当法律权威的守望者、公平正义的守护者、具有良知的护法者。

（二）学习法律知识

学习和掌握基本的法律知识，是提升法治素养的前提。一个对法律知识一无所知的人，不可能具备法治素养。法律知识通常包括法律法规方面的知识和法律原理、原则方面的知识，这两部分法律知识对于培养法治思维、提升法治素养都很重要。只有既了解法律法规在某个问题上的具体规定，又了解法律的原理、原则，才能更好地领会法律精神，提升法治素养。除了从书本上获取法律知识，还可以通过收听收看法治广播电视节目、阅读法律类报纸杂志，尤其是运用新媒体等途径学习法律知识。

拓展

《今日说法》

《今日说法》诞生于1999年1月2日，是中央电视台一档法制栏目。该栏目采取以案说法、大众参与、专家评说的节目样式，连续20多年为大众传播法律常识，用事实解说法律，用简单朴实的语言让老百姓懂得法律知识，已经成为家喻户晓的品牌栏目。

参与法治实践是学习法律知识的有效途径。法治实践有助于加深个人对法律知识的认识，脱离了生动的实践，法治素养就成了空中楼阁。只有通过参与各种法律活动，在实践中运用法律知识和方法思考、分析、解决法律问题，才能养成自觉的法治思维习惯，提升法治素养。现在，参与法治实践的方式和途径越来越多。一是参与立法讨论。我国国家或地方的很多立法都要广泛征求意见或者进行听证，可以参与这些立法的讨论，发表自己的有关意见。二是旁听司法审判。凡是人民法院公开审判的案件，都允许公民旁听，大学生可以向人民法院申请旁听法院庭审，了解案件的审判过程。三是参与校园法治文化活动。大学生可以通过参与模拟法庭、法律诊所、法律辩论等方式，增长法律知识，锻炼法治思维，提升法治素养。

图说

模拟法庭通过案情分析、角色划分、法律文书准备、预演、正式开庭等环节模拟刑事、民事、行政审判及仲裁的过程，是法律实践教学的重要方式。

（三）养成守法习惯

守法，就是任何组织或者个人都必须在宪法和法律范围内活动，任何公民、社会组织和国家机关都要以宪法和法律为行为准则，依照宪法和法律行使权利或权力、履行义务或职责。养成守法习惯，不仅要有基本的法律知识，更要有遵守规则的意识，坚持从具体事情做起。

增强规则意识。养成规则意识、坚持守法守规是每一个法治国家公民的基本素养。大学生参与社会活动，实施个人行为，都要以法律为依据，不得违反法律规范。处理问题、作出决定时，要先问问在法律上“是什么”和“为什么”，是否合法可行。在处理守法与违法的关系时，要防微杜渐，防止因小失大。在面临选择的重大关头，要依法冷静权衡，防止因头脑发热或心存侥幸而铸成大错。在学习和生活中，大学生应做到懂规矩、守规则、依规范，坚持依法办事。

守住法律底线。法律红线不可逾越，法律底线不可触碰，一切触犯法律底线的行为都要受到追究。如国家公职人员以权谋私、徇私枉法，是触犯法律底线的具体表现；公民应当依法纳税，而偷税漏税也是触犯法律底线的具体表现。因此，大学生应当坚持从我做起，从身边做起，形成底线思维，严守法律底线，带头遵守法律。

（四）提高用法能力

学法是为了更好地用法，把对法治的尊崇、对法律的敬畏转化成思维方式和行为方式，做到在法治之下，而不是法治之外，更不是法治之上想问题、作决策、办事情。通过运用法律，提高解决问题的能力，使法律内化于心、外化于行。

维护自身权利。大学生要增强权利意识，用法处理纠纷，依法维权护权。当自身的合法权益受到侵害或者威胁时，既要有遇事找法、解决问题用法、化解矛盾靠法的意识，又要掌握维护权利的途径和手段，如自力救济、协商、和解、调解、仲裁、诉讼等。在具体生活中，面对校园暴力、网贷欺诈、用工纠纷等现象，除了提高防范意识外，还要善于留存法律证据，通过法律途径解决问题，理性维权。

维护社会利益。大学生除了要运用法律维护自身权利外，还要通过法律维护社会公共利益，对违法犯罪行为要敢于揭露、勇于抵制，消除袖手旁观、畏缩不前的恐惧心理，抵制遇事回避的惧法现象。如帮扶弱者、见义勇为，不仅是一种道德要求，也是一种法律规范，为我国的民法典、残疾人保障法、老年人权益保障法、未成年人保护法等法律所保护，对践行法律、弘扬正气起到了重要的推动作用。大学生要遵法守规、遇事找法、善于用法，做新时代的守法人、护法人。

思考讨论

1. 联系实际谈谈为什么说我国社会主义法律是党的主张和人民意志的共同体现。

2. 2020 年 11 月，中国共产党历史上首次召开中央全面依法治国工作会议，将习近平法治思想明确为全面依法治国的指导思想。谈谈你对习近平法治思想核心要义的理解。

3. 有人说，宪法规定的大多是一些原则性内容且很抽象，而且司法判决一般也不援引宪法条文，因而宪法是一部与公民生活关系不大、高高在上的“闲法”。谈谈如何看待这一说法。

4. 结合实际谈谈大学生应怎样依法行使权利与履行义务以及如何提升法治素养。

文献阅读

1. 习近平:《论坚持全面依法治国》,中央文献出版社 2020 年版。

党的十八大以来,习近平围绕坚持全面依法治国发表了一系列重要论述,深刻回答了新时代为什么实行全面依法治国、怎样实行全面依法治国等一系列重大问题,形成了习近平法治思想,明确了全面依法治国的指导思想、发展道路、工作布局、重点任务,是全面依法治国的根本遵循和行动指南,必须长期坚持、不断丰富发展。该书收入党的十八大以来习近平关于坚持全面依法治国的文稿共 54 篇,其中许多文稿是首次公开发表。

2. 中共中央宣传部、中央全面依法治国委员会办公室:《习近平法治思想学习纲要》,人民出版社、学习出版社 2021 年版。

该书全面反映了习近平新时代中国特色社会主义思想在法治领域的原创性贡献,系统阐释了习近平法治思想的基本精神、基本内容、基本要求,是深入学习贯彻习近平法治思想的权威辅助读物。

后　记

本教材在高校思想政治理论课教材编写领导小组领导下组织编写。在编写过程中，得到了马克思主义理论研究和建设工程咨询委员会的指导，得到了中央有关部门和有关专家学者的帮助和支持。同时，广泛听取了高校思想政治理论课教师和大学生的意见和建议。

本教材2006年出版，由首席专家罗国杰主持编写，首席专家夏伟东、唐凯麟、陈秉公、吴潜涛，主要成员王小锡、王易、卢黎歌、李培超、陈大文、陈勇、武东生、罗映光、郑永廷、赵军华、黄文艺参加编写。参加统稿和修改工作的同志还有：张磊、徐维凡、杨明、关健英、杨宗元、申存良、卓泽渊、赵修义、江畅、郑定、沈壮海、李海荣、刘书林、詹万生、唐建军、邵文辉、刘贵芹、陈矛、陈睿等。

本教材2006年出版以来，为了更及时、更充分地反映党的理论创新和实践创新成果，中宣部、教育部组织课题组在广泛调研的基础上，分别于2007年7月、2008年1月、2009年5月、2010年5月、2013年7月、2015年8月、2018年3月、2021年8月组织了8次修订。2007年，由课题组首席专家罗国杰主持修订，首席专家唐凯麟、陈秉公、吴潜涛，主要成员李培超、陈大文、武东生、王易参加修订。2008年，由课题组首席专家罗国杰主持修订，首席专家唐凯麟、陈秉公、吴潜涛、虞云耀、沈春耀，主要成员武东生、李培超、陈勇、王小锡、黄文艺、陈大文、王易参加修订。2009年、2010年，课题组又分别对教材进行了修订。2013年，由唐凯麟主持修订，陈秉公、吴潜涛、王小锡、王易、李培超、陈大文、陈勇、武东生、黄文艺参加具体修订工作；参加审看的专家有：胡树祥、王树荫、王学俭、张红峻、彭庆红、冯秀军、魏续臻、戴秀丽、李志强、杜宴林、葛明珍、翟国强、艾国等。2015年，由胡云腾主持修订，吴潜涛、王学俭、王易、沈壮海、冯秀军、王小锡、李培超、陈大文、汪习根、熊秋红、蒋惠岭、刘新玲、关健英、沈永福、李志强、刘水静参加修订；参加审看的专家有：陈秉公、闫志民、朱景文、常光民、张新、秦宣、颜晓峰、于沛、姜辉、邢云文、葛明珍、初明利、赵民胜、赵光珍、边和平、郝凤军、赵军华、戴秀丽、艾国、贾少英等。2018年，沈壮海主持修订，王易、陈大文、武东生、冯秀军、胡铭、廖奕、戴木才、李志强、魏强、刘水静、葛明珍、邢国忠参加修订；参加审看的专家有：韩震、胡树祥、王树荫、王利明等。2021年，沈壮海主持修订，王易、廖奕、彭庆红、宇文利、张瑜、冯秀军、邢云文、邢国忠、李志强、张彦、陈大文、陈柏峰、戴秀丽、余一凡、谢玉进、艾国参加修订。

马克思主义理论研究和建设工程办公室具体组织实施了本教材编写和历次审阅修订工作。其中，2013年，张磊主持审阅修改工作，邵文辉、宋凌云、田岩、王昆、冯静、范为、李军、魏学江、宋义栋、潘顺照、吴伟珍参加具体审改工作。2015年，夏伟东、邵文辉主持审改定稿工作，田岩、冯静、宋凌云、王昆、邢国忠、曹守亮、陈硕、杨荣、冯潇然、陈培永、严文波参加具体审改工作。2018年，夏伟东、邵文辉主持工程办公室组织的审改定稿工作，田岩、冯静、曹守亮、宋凌云、王昆、王勇、蒋岩桦、卢江、马文武、刘小丰、薛向军、陈瑞来等参加了具体审改工作。2021年，徐李孙、陈启清主持工程办公室组织的审改定稿工作，田岩、冯静、王昆、王勇、吴学锐、石文磊、刘儒鹏、余立、刘志刚、张明、贾鹏飞等参加了具体审改工作。

2022年10月，为进一步推动习近平新时代中国特色社会主义思想进教材、进课堂、进头脑，贯彻落实党的二十大和十九届六中全会精神，中宣部、教育部组织对教材进行修订。沈壮海主持修订，王易、廖奕、彭庆红、宇文利、张瑜、冯秀军、邢云文、邢国忠、李志强、余一凡、谢玉进、陈柏峰、侯猛、陈柳裕参加修订。徐李孙、陈启清主持工程办公室组织的审改定稿工作，王勇、王昆、吴学锐、石文磊、曾庆桃、史泽源、胡晓宇、刘水静、黄刚等参加了具体审改工作。

2023 年 1 月

郑重声明

高等教育出版社依法对本书享有专有出版权。任何未经许可的复制、销售行为均违反《中华人民共和国著作权法》，其行为人将承担相应的民事责任和行政责任；构成犯罪的，将被依法追究刑事责任。为了维护市场秩序，保护读者的合法权益，避免读者误用盗版书造成不良后果，我社将配合行政执法部门和司法机关对违法犯罪的单位和个人进行严厉打击。社会各界人士如发现上述侵权行为，希望及时举报，我社将奖励举报有功人员。

反盗版举报电话 （010）58581999 58582371

反盗版举报邮箱 dd@hep.com.cn

通信地址 北京市西城区德外大街 4 号 高等教育出版社法律事务部

邮政编码 100120

读者意见反馈

为收集对教材的意见建议，进一步完善教材编写并做好服务工作，读者可将对本教材的意见建议通过如下渠道反馈至我社。

咨询电话 400-810-0598

反馈邮箱 gjdzfwb@pub.hep.cn

通信地址 北京市朝阳区惠新东街 4 号富盛大厦 1 座
高等教育出版社总编辑办公室

邮政编码 100029

防伪查询说明

用户购书后刮开封底防伪涂层，使用手机微信等软件扫描二维码，会跳转至防伪查询网页，获得所购图书详细信息。

防伪客服电话 （010）58582300